KINDLER KOMPAKT
DEUTSCHE LITERATUR 19. JAHRHUNDERT

Ausgewählt von Helmut Koopmann

Verlag J.B. Metzler

Kindler Kompakt bietet Auszüge aus der dritten, völlig neu bearbeiteten Auflage von *Kindlers Literatur Lexikon*, herausgegeben von Heinz Ludwig Arnold. – Die Einleitung wurde eigens für diese Auswahl verfasst und die Artikel wurden, wenn notwendig, aktualisiert.

Dr. Dr. h.c. Helmut Koopmann ist Professor em. für Neuere deutsche Literatur an der Universität Augsburg.

Inhalt

Die deutsche Literatur im 19. Jahrhundert

Helmut Koopmann

»Wo beginnt unser Jahrhundert? Doch nicht etwa mit dem 31. December 1800? Oder wol gar schon bei der französischen Revolution oder mit Napoleon oder erst mit dem Wiener Congreß? Mit der Demokratie, mit dem Militairdespotismus, mit der Diplomatie?« So fragte Karl Gutzkow, einer der Wortführer des Jungen Deutschland, jener in den dreißiger Jahren literarisch tätigen Gruppe von jüngeren, liberal denkenden Schriftstellern, noch 1837 in seinen *Säkularbildern*. Er wußte es nicht. Denn was er nannte, konnte kaum beanspruchen, Wendepunkt zweier Jahrhunderte zu sein. Sicher schien nur: das 19. Jahrhundert war etwas Neues, war ein Jahrhundert *nach* der Französischen Revolution, diese »der Schluß eines labyrinthischen Perioden, der die verworrenen Ideen des achtzehnten Jahrhunderts ausdrückte«. Aber war sie wirklich 1789 abgeschlossen worden? Weitere Revolutionen schienen möglich. Und sie kamen. Heinrich Heine meinte, daß mit der Julirevolution von 1830 erst vollendet worden sei, was 1789 begonnen worden war, und gleicher Ansicht war Ludwig Börne. Beendet war die Französische Revolution noch lange nicht; es folgte die Revolution von 1848. Eduard Mörike sah in der »eine böse Wetterwolke«, sah Aufruhr, Plünderung und Gesetzlosigkeit, die Wiederkehr einer Katastrophe, wie sie die Französische Revolution für ihn gewesen war.

Wann also begann das 19. Jahrhundert wirklich? Manche meinten: es habe eigentlich erst mit Goethes Tod 1832 begonnen. Der war ein wahrhaft säkulares Ereignis, und er verkündete mehr als nur eine literarische Zeitenwende. Varnhagen von Ense, guter Chronist seiner Zeit, hat berichtet, daß für Friedrich von Gentz, politischer Publizist unter dem Einfluß Metternichs, Goethes Tod ein »Weltereignis, eine ungeheure Veränderung« war: mit ihm sei ein ganzes Äon zu Ende gegangen. Es war unwiderruflich das Ende des alten Jahrhunderts – so hat auch Ludolf Wienbarg Goethes Tod gedeutet, und seine Frage, wer denn nun die Sonne des neuen Jahrhunderts am deutschen Himmel heraufführe, blieb ohne Antwort. Heine sah das 1833 ähnlich: nicht nur er, sondern viele glaubten, so berichtete er in seiner *Romantischen Schule*, daß mit dem Tod Goethes auch das alte Deutschland zu Grabe gegangen sei. Doch ob der nun als bedrückendes Ereignis oder aber als Befreiung von einem alle Welt lähmenden Dasein empfunden wurde, als Beginn einer neuen literarischen Periode: sein Tod signalisierte das Ende einer ganzen Epoche. Und Heine bezeichnete noch genauer, was das bedeutete: es war der Abschluß der »Kunstperiode«. Goethes Tod war nicht nur das Ende eines der großen »Renommeen«; Heine schrieb an Varnhagen schon 1830: »Nur unsere ästhesirende, philosophirende Kunstsinnzeit war dem Aufkommen Goethes günstig; eine Zeit der Begeisterung und der That kann ihn nicht brauchen«. Nun sei die aristokratische Zeit der Literatur zu Ende, »die demokratische beginne«, schrieb er in seiner *Romantischen Schule* auch. Aber das 18. Jahrhundert schien dennoch weit über den kalendarischen Anfang des 19. Jahrhunderts in dieses hinauszureichen.

Versuch, die geistige Physiognomie des Jahrhunderts umreißen

Doch wann immer man das 19. Jahrhundert beginnen lassen wollte: es hatte seine eigene unverwechselbare geistige Physiognomie, und die war alles andere als glatt. Das 18. Jahrhundert war ein relativ homogenes gewesen: die Aufklärung dominierte das geistige Leben, sie war spätestens seit den dreißiger Jahren in Literatur und Philosophie fest etabliert und setzte sich fast gradlinig fort bis in die Zeit der deutschen Klassik – und sie war ein einziger Triumph. »Wie schön, o Mensch, mit deinem Palmenzweige / stehst du an des Jahrhunderts Neige, / in edler stolzer Männlichkeit, / mit aufgeschloßnem Sinn, mit Geistesfülle, / voll milden Ernsts, in thatenreicher Stille, / der reifste Sohn der Zeit, / frey durch Vernunft, stark durch Gesetze« – so beginnt Schillers Gedicht *Die Künstler* aus dem Jahr 1788. Es war der Triumph des Menschen, der in der Antike ein kulturelles Vorbild sah und der dem Glauben an eine bessere Welt huldigte, die das neue Jahrhundert bringen sollte. Doch selten ist eine Überzeugung so gründlich widerlegt worden wie die Schillers von der Unbesiegbarkeit der Vernunft. Das neue Jahrhundert war alles andere als vernünftig oder gar einheitlich, es war in sich zerrissen wie kaum ein früheres – der scheinbar monolithische Block des neuen Jahrhunderts enthüllt sich bei genauerem Hinsehen als Gebilde voller Widersprüche: nichts, das zueinander paßt, keine leitende Idee und kein zentrales Interesse, dafür ein schwer überschaubares Nebeneinander tiefreichender Widersprüche. Im ersten Drittel des Jahrhunderts gab es viel Revolutionäres – aber zugleich Reaktionäres, und von Fortschrittsgläubigkeit war im Verlauf der folgenden Jahrzehnte weniger denn je zu spüren. Karl Gutzkow, wortgewandter Interpret des »Zeitgeistes«, hat das vielleicht am deutlichsten zum Ausdruck gebracht, als er schon die Restaurationsperiode, also die Zeit von 1815 bis 1830, als »ein wirres Chaos von Licht und Finsterniß, von Freiheit und Gewaltthätigkeit, von Ohnmacht und Kraft« bezeichnete. Es waren die Unsicherheiten der »Moderne« – damals kam erstmals das Schlagwort »Moderne« auf breiter Front als Gegenwartsetikett auf, und auch das spricht dafür, das 19. Jahrhundert eigentlich erst in den 30er Jahren beginnen zu lassen.

Die dreißiger Jahre: trotz aller Proklamationen der »Moderne« eine resignative Zeit. In sie fiel 1835 das Verbot des Jungen Deutschland – ein Versuch, eine ganze Gruppe junger Schriftsteller mundtot zu machen. Die Jungdeutschen reagierten mit einem politisch unverfänglichen Programm: sie wollten »Kunst«, »Wissenschaft« und »Leben« wieder miteinander versöhnen, vor allem in ihren Journalen. Aber ihre Ziele blieben verschwommen; Hamlet wurde zum Symbol für die Einsicht in die Schwächen, Zweifel, Unentschlossenheit und Irrtümer der eigenen Epoche. Auch in den darauffolgenden Jahrzehnten machte sich Pessimismus breit, Skepsis, Freudlosigkeit und die Einsicht in die Scheinhaftigkeit alles Wirklichen – Schopenhauer wird ihr beredtester Fürsprecher. Ihm folgt später Nietzsche: Zeitkritik und Skepsis bestimmen auch sein Werk, und erst am Ende des Jahrhunderts kam wieder etwas Zukunftsoptimismus auf; aber der blieb verhalten, gründete sich vor allem auf den beginnenden Siegeszug der Naturwissenschaften, nicht auf eine neue Philosophie.

Eindeutigkeit also gewiß nicht das Merkmal dieses Jahrhunderts. Keine seiner großen Gestalten blieb frei von einem gewissen Zwielicht: Schopenhauer erfuhr Zustimmung und Kritik, Nietzsche ein gleiches. Wagner erschien in seiner Doppelgesichtigkeit: er galt den einen als vollkommener Revolutionär, als »stürmisch-progressiver Schöpfergeist«, wie Thomas Mann sich einmal ausgedrückt hat, aber für diesen ist er auch Reaktionär, rückwärtsgewandt, herumstochernd in einer dunklen Vergangenheit, angetan von Wundern und Glaubensinbrunst, ein später Mittelalterbegeisterter, der sich zurückorientiert in irgendeinen nicht ganz geheuren Urgrund hinein. Konnte man beides zugleich sein? Ja – und da war noch mehr. In Wagner brach sich auch ein protestantischer

Nationalismus Bahn (in den *Meistersingern*), und auf der anderen Seite war er (im *Parzival*) erzkatholisch, er war Deutscher und Europäer zugleich, er war an Macht, Geld und Gewalt interessiert und gleichzeitig einem mythengläubigen Tempeldienst verpflichtet, also: eine »kontradiktorische Natur«, wie Thomas Mann gleichsam abschließend feststellte.

Doch in sich kontradiktorisch war das gesamte Jahrhundert in seiner Zwiespältigkeit, janusgesichtig in seinen Gestalten, kontrovers in seinen Ansichten. Und es war gewiß nicht Thomas Mann allein, der so das Jahrhundert seiner Herkunft charakterisierte. Auch Philosophen und Historiker haben es in seiner Widersprüchlichkeit gesehen, haben es als Übergangszeit verstanden, wie sich sonst vielleicht nur das 16. Jahrhundert präsentiert hat. Jacob Burckhardt hat in seinen *Weltgeschichtlichen Betrachtungen* das ganze neunzehnte Jahrhundert ein »Revolutionsjahrhundert« genannt, Franz Schnabel charakterisierte es in seiner *Deutschen Geschichte im neunzehnten Jahrhundert* als Jahrhundert der »Weltwende«, das die seit 1789 zum Durchbruch gekommene geistige und gesellschaftliche Auflösung nicht habe zurückhalten können. Aber schon für Hegel waren Relativismus und Kulturkrisis Ingredienzien des neuen Jahrhunderts, sie prägten bereits dessen frühes Erscheinungsbild. Widersprüchliches blieb. Das Jahrhundert war in den folgenden Jahrzehnten über weite Strecken hin ein bürgerliches Jahrhundert – und gleichzeitig wurde die Bürgerlichkeit mit ihm immer gründlicher verabschiedet, war das Bürgerhaus von »Auflösung und Endzeit« bedroht. Dabei ging es nicht nur, wie in Thomas Manns *Buddenbrooks*, um das Ende einer bürgerlichen Familie; das Buch, 1901 erschienen, kündete von einem weit tieferen sozialgeschichtlichen Einschnitt. Denn es präsentierte auf seine Art auch die Geschichte des 19. Jahrhunderts, begann doch alles, was erzählt werden sollte, 1835 – also in der Zeit, in der man sich darüber verständigt hatte, daß das Jahrhundert eigentlich erst jetzt, nach Goethes Tod, begonnen habe. Am Ende des Jahrhunderts kam dann das Schlagwort von der inzwischen eingetretenen »Entartung« auf; daneben aber gab es die Wiederentdeckung des Mythischen bei Wagner (und anderen), und was Wagner mit deutschen Mythen recht war, das war Grillparzer mit seiner österreichischen Geschichte, die bis ins Mythische zurückreichte, nur billig. Aber auch die Aufklärung reichte noch tief in das 19. Jahrhundert hinein, es gab es Spiegelungen, Verwerfungen und Verlängerungen des aufklärerischen

Denkens – bis hin zu Sigmund Freud und seiner Entdeckung des Un- und Unterbewußten. Auch das war »Aufklärung«.

Fast ein Jahrhundertthema: die Französische Revolution und ihre Folgen

Vor allem aber wirkte die Französische Revolution fort: sie hat gerade in den dreißiger Jahren des neuen Jahrhunderts den Blick für gerade erst Vergangenes geschärft. Georg Büchner verfolgte, als er 1835 sein Drama *Dantons Tod* veröffentlichte, nur eine Absicht: »der Geschichte, wie sie sich wirklich begeben, so nahe als möglich zu kommen«. Aber da war zugleich mehr. Im Brief an seine Familie vom 28. Juli 1835 schrieb er: »Der dramatische Dichter ist in meinen Augen nichts als ein Geschichtsschreiber, steht aber *über* letzterem dadurch, daß er uns die Geschichte zum zweiten Mal erschafft und uns gleich unmittelbar, statt eine trockene Erzählung zu geben, in das Leben einer Zeit hinein versetzt [...]«. Diese in *Dantons Tod* wiedererschaffene Geschichte ist eine ebenso düstere wie blutige: es ist die zerstörerische Macht der Französischen Revolution, die tief bis in das Bewußtsein der dramatischen Figuren hineinreicht, und mehr als das: Geschichte wird nicht mehr als unablässiger Weg nach oben, als Fortschritt in ein besseres Leben verstanden, sondern als bedrohliche Zirkularbewegung: die Französische Revolution schien nur zu wiederholen, was in der Antike schon einmal geschehen war – für ein verklärtes Altertum ist hier kein Raum mehr, die alte Geschichte wird entheroisiert, das konventionelle Bild von der antiken Mythologie als Falsifikat entlarvt, und die Revolution – die zahlreichen Hinweise auf Vorgänge und Gestalten der Antike machen das nur zu deutlich – erscheint in Büchners Drama als Saturn, da sie ihre eigenen Kinder frißt. Es ist Geschichtspessimismus, der sich hier Bahn bricht, und so wird denn die Französische Revolution als Untergang erlebt, nicht als Befreiung, als Menetekel, nicht als Offenbarung. Geschichte: am Ende nur ein trostloser Kreislauf.

Die Geschichte als ewige Wiederkehr, die Französische Revolution (wie alle Revolutionen) als Katastrophe: Spuren finden sich auch anderswo. In leicht zu durchschauender exotischer Verhüllung ist die Französische Revolution bereits 1807 als säkulares Verhängnis mit tödlichen Folgen auch für Unschuldige in Kleist Erzählung *Das Erdbeben in Chili* zu erkennen: um Rousseaus Optimismus und Naturgläubigkeit ist es geschehen, erscheint das Erdbeben doch als »allgemeines Verderben«, und in der »als-ob«-Struktur des Textes, die das reale Geschehen immer wieder transparent macht auf den eigentlichen Hintergrund hin, also auf die Französische Revolution, scheinen sich deren Ziele für einen kurzen Moment zu erfüllen, um sogleich wieder ad absurdum geführt zu werden: die Menschheitsträume der Aufklärung sind weder in noch nach der Französischen Revolution verwirklicht worden. Kleists Novelle zeigt nichts Geringeres als eine trostlose Wiederkehr vorrevolutionärer Zustände, und in der Verfolgungswut des »fanatischen Mordknechts«, der nichts als töten will, werden auch die Ideale der Französischen Revolution hingerichtet. Wie ein vorweggenommener Kommentar nimmt sich aus, was Jean Paul in seinem *Freiheitsbüchlein* schon 1804 schrieb: »Das stumme Frankreich bekam plötzlich eine Zunge, wie der stumme Sohn des Krösus; nur anders, theils *vor* einem Morde des Vaterlandes, theils *zu* einem eines Vaterlandsvaters. Aber desto schlimmer, wenn die ungestüme Nothwendigkeit spricht, nicht die lange sanfte Freiheit, wenn nicht der fromme Kirchner, sondern ein Erdbeben die Glocken läutet«. *Das* geschichtliche Ereignis der Neuzeit als ein Erdbeben: das Naturgleichnis war weitverbreitet; auch nach der Julirevolution von 1830 wurde die Revolution wiederholt als Naturkatastrophe verstanden, und so ist Kleist denn nur ein Berichterstatter unter anderen über das, was die Revolution eigentlich bedeutete und wohin sie führte.

Ein weiterer war Eichendorff. In seiner Erzählung *Das Schloß Dürande* von 1837 steht schon zu Beginn ein Gewitter »bleifarben hinter den grauen Türmen des Schlosses«, und wenn bei Kleist das Erdbeben eine Chiffre für die Revolution war, so ist es hier ein Naturereignis, das sich schon früh durch wirres Wetterleuchten am Himmel ankündigt. Auch die Revolution war eine Urgewalt, und am Ende der Erzählung bricht die alte Welt zusammen. Die Revolution ist hier aber nicht nur Weltgeschichte, sondern ist eigentlich ein Ereignis aus der Seelengeschichte, das hier zur Weltgeschichte geworden ist. Es war das »wilde Tier« im Menschen, das losgelassen worden war, und es war losgelassen, als sich der Mensch absolut setzte und das Ich zur dämonischen Gewalt wurde. Eichendorffs Mahnung war: »Du aber hüte dich, das wilde Tier zu wecken in der Brust, daß es nicht plötzlich ausbricht und dich selbst zerreißt«. Eine Revolutionswarnung.

Das 19. Jahrhundert: literarisch über Jahrzehnte hin immer noch eine Gewitterzeit, die Revolution als bleibende Drohung – es waren die Befürchtungen vor allem im konservativen Lager, die nicht nur unmittelbar nach 1789, sondern vor allem in den 30er Jahren des 19. Jahrhunderts hochkamen. Joseph Görres hatte 1821 seine Schrift *Europa und die Revolution* veröffentlicht, wo sich bereits das Gewitterbild findet. Selbst Nietzsche sprach noch von »jener schauerlichen und, aus der Nähe betrachtet, überflüssigen Posse« der Französischen Revolution. Aber für Mörike war es alles andere als eine Posse: sein Feuerreiter als Person gewordene Revolution, schon durch seine rote Mütze, das *bonnet rouge*, als Radikalist ausgezeichnet, kommt in seiner Ballade (1824, erweitert 1841) in eben dem Feuer um, das er selbst besprochen hat. Von einer reinen »naturmagischen Ballade«, wie man früher oft meinte, kann keine Rede sein. Aber etwas anderes wird durch diese Revolutionsgeschichte hindurch auch sichtbar: Wahnsinn. Er lodert auf, wo die Ordnung des Lebens, und im 19. Jahrhundert hieß das vor allem: die bürgerliche Ordnung, gefährdet war. Und Wahnsinn spielt auch in Mörikes *Maler Nolten* eine Rolle: nicht so sehr Ausdruck der seelischen Erkrankung eines Einzelnen, sondern ebenfalls eine im weitesten Sinne politische Metapher: das Sozialsystem der Gesellschaft ist zusammengebrochen, und das führt zu psychischen Gefährdungen bis zur Todesnähe.

Geschichtspessimismus, ein ganzes Jahrhundert hindurch

Die Unsicherheiten des eigenen Zeitalters bestärkten den Blick zurück, aber dieser Blick war nicht selten mit dem Bewußtsein verbunden, vor den Qualitäten des Vergangenen nicht bestehen zu können: das 19. Jahrhundert sah sich, wie es der Titel eines Romans von Karl Immermann ausdrückte, als ein Zeitalter der Epigonen. »Nachahmender Dilettantismus« – so ein Urteil Gutzkows auch über zeitgenössische Malerei in Deutschland; »bloße Nachahmung«.

Schon früh kamen Vorstellungen vom Kreislauf der Kulturen auf. Heinrich Heine schrieb bereits Anfang der dreißiger Jahre: »Die einen sehen in allen irdischen Dingen einen trostlosen Kreislauf; im Leben der Völker wie im Leben der Individuen; in diesem, wie in der organischen Natur überhaupt, sehen sie ein Wachsen, Blühen, Welken und Sterben: Frühling, Sommer, Herbst und Winter. ›Es ist nichts Neues unter der Sonne!‹ ist ihr Wahlspruch, und selbst dieser ist nichts Neues, da schon vor zwei Jahrtausenden der König des Morgenlandes ihn hervor geseufzt«. Es seien die Weltweisen der Historischen Schule und die Poeten aus der Goetheschen Kunstperiode, die dieser Ansicht zugetan gewesen seien. Heine schloß sich ihr nicht an, verteidigte das Leben

»gegen den erstarrenden Tod, gegen die Vergangenheit«. Aber was war »Leben«? Nietzsche meinte 1874 in seinen *Unzeitgemäßen Betrachtungen*, daß »das Übermaß an Historie« alle Lebenskraft und Sicherheit unterdrücke und »das rasend-unbedachte Zersplittern und Zerfasern aller Fundamente, ihre Auflösung in ein immer fließendes und zerfließendes Werden, das unermüdliche Zerspinnen und Historisieren alles Gewordenen« jede Zukunftsgläubigkeit zerstöre. Und 1882 in seiner *Fröhlichen Wissenschaft*: »Wir Europäer befinden uns im Anblick einer ungeheueren Trümmerwelt, wo einiges noch hoch ragt, wo vieles morsch und unheimlich dasteht, das meiste aber schon am Boden liegt, malerisch genug – wo gab es je schönere Ruinen? – und überwachsen mit großem und kleinem Unkraute«. Historiker wie Jacob Burckhardt und andere (Berthold Niebuhr, Karl Vollgraff, Ernst von Lasaulx, Nikolaj Danilewskij) haben Jahrzehnte nach Heine ebenfalls vom Kreislauf der Kulturen gesprochen, die Analogie als historisches Werkzeug genutzt und den Untergang der antiken Kultur als Muster gesehen, dem auch die eigene Zeit unterworfen

war. Bedeutende historische Werke erschienen über den Untergang der alten Welt, und im Spiegel dieser Verfallsgeschichten der Antike wurde der Verfall der eigenen Zeit beschrieben. Und selbst Wagner meinte, daß angesichts der Entwicklung schrecklicher Vernichtungswaffen ein zerstörerisches Potential sondergleichen entstehe, und: »Man sollte glauben, dieses Alles, mit Kunst, Wissenschaft, Tapferkeit und Ehrenpunkt, Leben und Habe, könnte einmal durch ein unberechenbares Versehen in die Luft fliegen«. Ein prophetischer Blick.

Das alles mündete gegen Ende des Jahrhunderts in eine fin-de-siècle-Stimmung, in Jahre der Décadence, in »Kulturpessimismus«. Der Soziologe Ferdinand Tönnies schrieb im Schlußkapitel seines Buches *Gemeinschaft und Gesellschaft* 1887: »Und da die gesamte Kultur in gesellschaftliche und staatliche Zivilisation umgeschlagen ist, so geht in dieser ihrer verwandelten Gestalt die Kultur selbst zu Ende«. »Die Kultur kann sterben« war die pessimistische Einsicht des bedeutenden Berliner Altphilologen Ulrich von Wilamowitz-Moellendorff, 1897 verkündet. Das 19. Jahrhundert eine Zeit des Abstiegs, der Degeneration, von Schopenhauer und Nietzsche philosophisch markiert, von anderen Autoren drastisch ausgeleuchtet – so von Max Nordau in seinem berühmt-berüchtigten Buch *Entartung*, in zwei Bänden 1892/1893 erschienen, weltweit verbreitet noch vor dem Ende des Jahrhunderts. Nordaus Diagnose, daß die Entartung als »eine krankhafte Abweichung von einem ursprünglichen Typus« vorzustellen sei, daß Entartung irreversibel sei, vererbt werden könne und sich von Generation zu Generation steigere, wurde ebenso ausführlich wie heftig diskutiert. Boten nicht Thomas Manns *Buddenbrooks* überzeugendes Anschauungsmaterial?

Es sind Folgeerscheinungen einer tiefen Verunsicherung, die sich schon in den 30er Jahren des Jahrhunderts breitgemacht hatte.

Kunsttheorien. Statt Ästhetiken nun Manifeste und Aphorismen

Auflösung alter Formen auch anderswo. Schon das frühe 18. Jahrhundert philosophierte gewissermaßen systematisch, und 1750 brachte Baumgarten mit seiner *Aesthetica* in ein streng logisches System zusammen, was das Jahrhundert bis dahin an ästhetischen Erkenntnissen gewonnen hatte. Kant systematisierte seine philosophischen Anschauungen in den drei großen Kritiken (*Kritik der reinen Vernunft, Kritik der praktischen Vernunft, Kritik der Urteilskraft*), und ein später Nachfahre dieser Ästhetiken war Ernst Friedrich Theodor Vischers ebenso voluminöse wie epigonale *Ästhetik* von 1850, die diese als philosophisches System erneut zu begründen versuchte. Doch an die Stelle einer gesicherten philosophischen Grundlegung und durchgängig akzeptierter Ordnungsvorstellungen, wie sie in die großen Ästhetiken oder umfangreichen philosophische Entwürfe mündeten, waren schon seit 1800 scheinbar unzusammenhängende ästhetische Anschauungen getreten: Manifeste, Fragmente, Merksprüche, Aphorismen, häufig in Zeitschriften veröffentlicht. Sie ersetzten die Systematisierungen der Aufklärungszeit, und an die Stelle jener »Kunstrichter« des 18. Jahrhunderts, die nach philosophischen Grundsätzen urteilten, trat nun eine Generation junger Schriftsteller, die aus dem Widerspruch heraus schrieb und denen jede allgemeinverbindliche Festlegung ästhetischer Grundsätze veraltet erschien. Scheinbar unzusammenhängende Äußerungen, wie sie sich in Schlegels *Kritischen Fragmenten* oder in Novalis' verstreuten Bemerkungen zur Kunst fanden, ersetzten ein Gesetzbuch der Ästhetik, und das läßt erkennen, daß es mit Systematisierungen, von Vischers *Ästhetik* abgesehen, vorerst ein Ende hatte. Schlegels *Gespräch über die Poesie* war ein Gesetzbuch der Ästhetik in neuer Form. Statt einer Ästhetik hat Jean Paul nur eine *Vorschule der Ästhetik* auf den Markt gebracht, und Ludolf Wienbarg veröffentlichte 1834 *Ästhetische Feldzüge* – nur eine Reihe von Vorlesungen, nicht mehr. Kurz zuvor hatte Schleiermacher *Vorlesungen über Ästhetik* gehalten (1832/33), und selbst

Hegel erarbeitete kein System, sondern hielt ebenfalls bloß Vorlesungen über Ästhetik. Dabei wurde auch Neues entdeckt: Kleist versuchte schon 1810 mit seiner Schrift *Über das Marionettentheater* ein Phänomen einzufangen, das in Ästhetiken vorher keinen Platz gefunden hatte: die Entscheidungsfähigkeit des Unbewußten und Unterbewußten. Aber es gab keine Zusammenfassungen, Proklamationen, allgemeingültige Theorien. Es ist kein Zufall, daß sich auch in der zweiten Hälfte des 19. Jahrhunderts, in der Zeit des sogenannten »Realismus«, keine verbindlichen Programme finden lassen; Fontane, Raabe, Meyer, Keller haben sich so gut wie nirgendwo zu einer Theorie des »Realismus« herbeigefunden. Das lag nicht nur am Widerwillen allen Theorien gegenüber, sondern auch daran, daß der Künstler, hochrangige Identifikationsfigur noch zu Zeiten Schillers, allmählich an den Rand der Gesellschaft gerückt war, von dem man keine ästhetischen Gesetzbücher erwartete, sofern er nicht schon zum psychopathischen Fall geworden war. Geschichten wie *Der arme Spielmann* von Franz Grillparzer oder auch Kellers *Der grüne Heinrich* lassen erkennen,

daß das Genie dem Bürgerlichen nicht entkommen konnte, sondern von diesem entweder stigmatisiert wurde oder keine Lebensmöglichkeit mehr erhielt. Selbst Mozart erscheint in Mörikes Erzählung *Mozart auf der Reise nach Prag* in seiner Vulnerabilität und seiner Außenseiterstellung. Der Künstler als fragwürdige Randexistenz: so wird es bleiben, bis hin zu Gerhart Hauptmanns Künstlertragödie *Michael Kramer*, an der Jahrhundertwende geschrieben.

Und von dorther war es nicht mehr sehr weit zur Beschreibung seelischer Erkrankungen und damit auch des Wahnsinns als Ausbruch geradezu tellurischer Mächte. Der Wahnsinn lauert bereits in Büchners *Lenz*, einer der frühesten literarischen Darstellungen einer Geistesentgrenzung in den Irrsinn, eine psychiatrische Studie wie (auf andere Weise und vor einem anderen Hintergrund) schon Goethes *Die Leiden des jungen Werther*: ein Einzelner, der an sich zugrunde geht. Wahnsinn lauert auch schon in Grillparzers Novelle vom armen Spielmann, der eigentlich zum irren Spielmann wird. Wahnsinn umloderte schon Kleists Friedrich von Homburg, als der in sein eigenes Grab blickte. Eichendorff hat Gedichte vom irren Spielmann geschrieben – und bekannt, daß er selbst dergleichen sei. In Heines *Romanzero* verabschiedet sich die Romantik ins Nichts: der Himmel ist »ein blauer Kirchhof, entgöttert und stumm«, und eine (romantische) Nixe entflieht, »als sei ihr ein Gespenst erschienen«. Wahnsinn, Melancholie und Langeweile, auch die bei Büchner zuerst zu konstatieren, Lebensüberdruß – es sind die Begleiterscheinungen eines Jahrhunderts, in dem sich die strahlenden Menschheitsideale und Ziele von einst verabschiedet hatten.

Romantische Fluchtwege und (andere) Aufbrüche, mit Vorbehalten

Angesichts der unterschwelligen Bedrohungen durch eine jederzeit wieder mögliche Revolution bot sich der Blick in eine bessere Vergangenheit nur zu sehr an. Das 18. Jahrhundert war bis in die letzten Jahre hinein fortschrittsgläubig, und es waren Utopien, in denen man sich eine zukünftig bessere Welt vorstellte – der Gegenwart kam eigentlich keine besondere Rolle zu, sie war weitgehend von der antiken Vergangenheit geprägt, trug allenfalls Keime des zukünftig Möglichen in sich. Gemessen daran bedeutete das Ende dieser Epoche gleichsam eine Schubumkehr: Vergangenes wurde wichtig, und damit kam das auf, was als »Historismus« zum Etikett für das ganze Jahrhundert wurde. Anders gesagt: war Denken und Schreiben des 18. Jahrhunderts, generell gesehen, zukunftsorientiert, so das des 19. Jahrhunderts erinnerungsträchtig. In fast gradliniger Fortsetzung der Schillerschen Suche nach dem »Naiven« als dem Ursprünglichen, wie er es in seinem Essay *Über naive und sentimentalische Dichtung* beschrieben hatte, kam die Vergangenheit als das ursprünglich Einfache wieder vielfach ins Visier. In Grimms *Kinder- und Hausmärchen* hat sich etwas davon bewahrt, was im »sentimentalischen« Zeitalter (das wir als Zeit der modernen Zivilisation bezeichnen würden) verlorengegangen war: ursprüngliche Zustände, einfaches Leben. Die Grimmschen *Kinder- und Hausmärchen* gehören in den großen Bereich der Vergangenheitssuche, und wenn auf der einen Seite das einfache Dasein der Bauern und Jäger von einer besseren, jetzt verlorenen Zeit kündete, so auf der anderen das Mittelalter: Novalis hat mit seinem Roman *Heinrich von Ofterdingen* den frühromantischen Mittelalterkult initiiert, es war die plötzlich aufgekommene Verehrung alles Gotischen und »Altdeutschen«, die nicht nur hinter diesem Roman stand. Novalis' Roman spielt in der Zeit der Kreuzritter, aber im Zentrum stehen nicht so sehr historische Ereignisse als vielmehr Heinrichs Entwicklung zum Dichter; der zweite Teil des Romans (er blieb unvollendet) sollte an den Hof Friedrich des Zweiten führen, zum Sängerkrieg auf der Wartburg; und dann sollte er die Romanwelt öffnen für »weckende Stimmen der höhern Natur« »die unsichtbare Welt mit dieser sichtbaren in ewiger

Verknüpfung« zeigen. Am Schluß sollte Heinrich im Tod mit der gestorbenen Mathilde vereint werden und ein Zeitalter herbeiführen, in dem sich Zeit und Ewigkeit, Geist und Natur hätten treffen sollten. Die Sehnsucht des Frühromantikers nach einer Vereinigung des Einzelnen mit dem, was Natur bedeutete: es war auch der Wunschtraum nach einem höheren Ganzen im Zeitalter einer sich immer stärker verbreitenden Individualisierung.

Eine sehnsüchtige Suche. Vieles in diesem Jahrhundert ist Erinnerungskunst, bei Eichendorff so gut wie bei Mörike, bei Grillparzer so gut wie bei Storm und Raabe. Aber es gab noch eine andere Welt, und vor allem die Spätromantiker haben das Ihre getan, um sie gebührend auszustaffieren. Sie haben das Wunderbare entdeckt, und so finden sich absonderliche Geschichten: dazu gehört die vom Dasein des Schlemihl, der seinen Schatten verloren hat, geschrieben von dem Exilanten Chamisso, der am Ende weder Franzose noch Deutscher war. Aber da ist auch E. T. A. Hoffmann, der Kater Murrs Lebensansichten verkündete, ein »Märchen in sieben Abenteuern« schrieb: eine skurrile Welt tut sich auf, bevölkert von wunderbaren Geschöpfen, Phantastisches geschieht, ein literarischer Kater betritt die poetische Bühne, und alles ist mit Humor durchtränkt. Dieser Kater ist so liebenswürdig wie selbstgefällig, er ist der Repräsentant einer Gegenwelt zu allem, was »realistisch« ist, und er imitiert die Umwelt, um ihr einen Spiegel vorzuhalten. Sein Herr ist der Kapellmeister Kreisler, dessen Lebensgeschichte mit der des literarischen Kater Murr verflochten wird: beide Lebensgeschichten geraten ineinander, und wenn auch der Kater ein Buch seines Herrn vielfältig benutzt (als Unterlage, als Löschpapier), so bleiben doch dessen Lebensansichten und seine Lebensgeschichte zur Belehrung bereit. Die Welt des Katers ist nicht von dieser Welt – aber die des Kapellmeisters auch nicht. Dennoch wird das scheinbar Zusammenhanglose zu einem Ganzen hinkomponiert, und das Durcheinander der beiden Teile enthüllt sich als Einheit im Fragmentarischen: unverkennbar nimmt der Roman moderne Erzählkompositionen des 20. Jahrhunderts vorweg. Da ist also die »unzusammenhängende« Lebensgeschichte Kreislers und die Selbstbiographie des Katers: Kreisler ist der Zerrissene, Kater Murr die klar konturierte, wenn auch animalische Persönlichkeit. Die Welt aber ist nur als Satire zu begreifen: sie ist nicht wirklich. Allem Realismus wird hier eine Absage erteilt, der humoristische Roman in der Nachfolge von Laurence Sternes *The Life and Opinions of Tristram Shandy* gewinnt mit ihm auch in Deutschland an Raum.

Romantische Irrgärten der Poesie – Hoffman hat sich mit erzählerischer Grazie darin bewegt, aber das bedeutet nicht, daß er weltabgewandt erzählt habe. Die Geschichte von Meister Floh, »ein Märchen in sieben Abenteuern zweier Freunde«, ist nicht nur die absonderliche Geschichte des Herrn Peregrinus Tyß, der sich mit Meister Floh trifft, sondern zugleich eine politische Satire: in der Gestalt des Geheimen Hofrats Knarrpanti erscheint, für jeden Leser damals leicht ersichtlich, der preußische Polizeiminister Kamptz, der Hoffman wegen angeblich demagogischer Umtriebe verfolgte und erreichte, daß die politischen Anspielungen in der ersten Fassung gestrichen wurden. Indem Peregrinus Tyß und der Floh die Welt auf den Kopf stellen, stellen sie sie eigentlich wieder auf die Füße, öffnen sie die Augen für die politische Realität selbst des phantastischen Erzählens. Über die Absurdität der Demagogenverfolgungen kann man lesen: »Auf die Erinnerung, daß doch eine Tat begangen sein müsse, wenn es einen Täter geben solle, meinte Knarrpanti, daß, sei erst der Verbrecher ausgemittelt, sich das vergangene Verbrechen von selbst finde«. Irgendein kleiner Makel sei jedem Angeklagten anzuhängen, und der sei schon »hineinzuinquirieren«.

Politische Satire! Das läßt erkennen, in welchem Ausmaß auch noch Zeitgeschichte in ein romantisches Erzählgewebe integriert werden konnte. Aber die romantische Welt blieb dabei eine Welt der Freiheit, war einer der Fluchtwege, auf denen man der düsteren Zeit der Restauration entkommen konnte.

Es gab auch sonst Aufbrüche – in romantischer Entschlossenheit, einer sich immer mehr verdunkelnden Alltagswelt oder auch den Zwängen einer frühindustrialisierten Gesellschaft zu entgehen. Es waren gleichsam produktive Fluchten, und Eichendorffs *Taugenichts* ist eines der schönsten Beispiele für ein Leben außerhalb dieser Welt. Es ist eine lustvolle Reise ins Ungewisse, Eichendorff ein Aussteiger aus einem Dasein voll fremdbestimmter Zwänge; und es ist zugleich die Geschichte eines Glückskinds: unter einem ewig blauen Himmel zieht er bis nach Rom, jede bürgerliche Tätigkeit, die ihm zwischendurch angeboten, lehnt er rigoros ab, und wenn er weiterreist: er kommt immer in ein Schlaraffenland. Ihm gelingt alles, Schatten, die gelegentlich aufsteigen, werden einfach beiseitegewischt, und so ist er denn eine romantische Gestalt, wie sie schöner nirgendwo sonst beschrieben worden ist, ein Hans im Glück, ein Gotteskind, dem in seiner Naivität alles, auch das Schlechte und Böse, schließlich zum Guten ausschlägt.

Aber im Hintergrund dieser scheinbar so erzromantischen Geschichte, die in einem poetischen Reich spielt, das nicht von dieser Welt ist, lauert noch etwas anderes, das auch die Literatur des 19. Jahrhunderts immer wieder beschäftigen wird: die Auseinandersetzung mit dem Vater, ein Generationskonflikt. Er ist nicht neu; er gehört zur bürgerlichen Gesellschaft seit ihrer Krisenzeit in den letzten Jahrzehnten des 18. Jahrhunderts, und der Vaterkonflikt, der Verlust der väterlichen Autorität ist ebenfalls in Eichendorffs Novelle abzulesen. Denn eigentlich verstößt der Vater den Sohn, der nicht bereit ist, sich in eine arbeitsteilige Gesellschaft zu fügen, hier ist ein bürgerlicher Grundvertrag, der den Menschen als Arbeitskraft innerhalb eines größeren Verbandes ansieht, außer Kraft gesetzt – und der Sohn entzieht sich dem eintönigen Kreislauf von Schlafen und Wachen um der Arbeit willen, er zieht in die Welt hinaus, der Vater bleibt zurück. Aber da ist mehr als nur ein verlorener Sohn: die bürgerliche Welt ist mitsamt ihrer Wertordnung beschädigt.

Generationskonflikte werden folgen, sie begegnen immer häufiger, je weiter es in das Jahrhundert hineingeht. In Hebbels *Maria Magdalene* sind es Vater und Tochter, deren Verhalten schließlich zum Weltunverständnis auf seiten des Vaters führt. Wie immer gibt es auch Gegenteiliges: in Keller *Grünem Heinrich* wird deutlich, was geschieht, wenn der Vater fehlt: der Sohn strandet. Aber die Streitfälle überwiegen. Zur Tragödie wird der Konflikt zwischen der väterlichen Welt und der der nachfolgenden Generation in Storms Geschichte von *Hans und Heinz Kirch*: Unverständnis, mangelnde Toleranz, Eigensinn führen in den Untergang. Auch Storms *Schimmelreiter* ist davon nicht frei. Das Reich der Väter wird immer schmaler, ihr Einfluß immer geringer, aber das endet nicht in der Emanzipation der Söhne und Töchter: am Ende zahlen die Kinder den Preis für das elterliche Beharren auf bürgerlichen Normen, die längst keine Gültigkeit mehr haben.

Bürgerlichkeit – und ihre Fassaden

Derartige Geschichten sind Teile der großen Auseinandersetzung mit der bürgerlichen Welt. Diese begegnet auch anderswo – in ihren Fragwürdigkeiten und hohlen Konventionen, die entlarvt werden. Die bürgerliche Welt, soweit sie in den literarischen Werken des 19. Jahrhunderts erscheint, ist nur scheinbar eine gesicherte, der gesellschaftlichen Norm und Ordnung verhaftete Welt, aber da ist noch mehr: spätestens seit der Französischen Revolution ist sie unterminiert, unter der glatten Oberfläche dieser Welt lauert Dämonisches, nicht mehr zu Bändigendes, Wildes, Gesetzloses, Anarchisches. Das zeigen nicht erst Fontanes Romane; die *Judenbuche* Droste-Hülshoffs beschreibt das ebenso wie in leicht komischer Variante Kellers *Kleider machen Leute*. Das Unterhöhlte der burgerlichen Welt wird gegen Ende des Jahrhunderts vielleicht noch deutlicher sichtbar als zu seinem Beginn.

Das geschieht vor allem gegen Ende des 19. Jahrhunderts: Fontane hat mit *Frau Jenny Treibel* den vielleicht kritischsten Roman der Gründerzeit geschrieben, mit dieser Geschichte einer Aufsteigerin, mit der das Fragwürdige der Wilhelminischen Ära sichtbar wird. Der Bourgeoisie, die hier erscheint (die Hochgekommenen richten sich im besten Berliner Stadtviertel ein, um jede Erinnerung an ihr Proletariertum auszulöschen), geht es vor allem um Geld, und dem Bildungsbürgertum bleibt nur der (fragwürdige) Stolz auf eine Kultur, deren Stunde aber schon längst geschlagen hat. Fontane ist nicht der Einzige, der diese Aufsteigermentalität karikiert – Heinrich Mann wird das in seinem satirischen Roman *Im Schlaraffenland. Ein Roman unter feinen Leuten* (1900) fortsetzen, wo den Gründerjahren und ihrer Gesellschaft noch erbarmungsloser die Leviten gelesen werden. Aber Skrupellosigkeit und Aufwärtsstreberei, Genußsucht und Herrscherallüren, Machtwille und Kulturbanausentum, Spekulantengesinnung und Gesinnungslosigkeit, Verschwendermentalität und Geistfeindlichkeit: das alles findet sich auch schon bei Fontane (und in einer Reihe der sogenannten »Berliner Romane«). Fontane hat das neureiche Spießbürgertum wohl am gründlichsten dekuvriert – ein »heiteres Darüberstehen«, wie es dem »poetischen Realismus« des 19. Jahrhunderts oft zugeschrieben worden ist, gibt es hier nicht.

Dafür gab es innerhalb der Gesellschaft Preußens, innerhalb deren engen Lebensregeln und innerhalb des Moralkodex der wilhelminischen Zeit schlimme Opfer. Fontane beschreibt in *Effi Briest*, dem wohl bedeutendsten psychologische Roman des ausgehenden 19. Jahrhunderts, eine Menschengruppe, die besonders zu den Opfern gehörte: Frauen. Ihre Bedürfnisse waren zum Absterben verurteilt oder konnten sich gar nicht durchsetzen; Frauen waren aus der Sicht Fontanes im preußischen Staat die eigentlich leidenden Figuren.

Effi Briest erschien 1895: der Roman einer gescheiterten Ehe und eines Ausbruchs aus den engen Fesseln der Moral, der aber ebenfalls scheitert –

Effi geht kläglich unter, stirbt früh. Der Roman gibt einen Zustandsbericht der preußischen Gesellschaft der Bismarck-Zeit, und über die Gesellschaft wird ein vernichtendes Urteil gefällt. Eine neue Gesellschaft ist nicht in Sicht. Aber Fontane seziert nicht nur die preußische Gesellschaft, sondern auch die christlichen Ordnungsstrukturen dieses wilhelminischen Preußens der Gründerzeit. Christliche Motive und Bilder durchziehen den ganzen Roman, denn Gesellschaft und Religion haben sich in der Bismarck-Ära auffällig verbunden, Religion ist geradezu zum Herrschaftsinstrument geworden, aber hier wird es entlarvt. »Meine ganze Produktion ist Psychographie und Kritik«, schrieb Fontane 1884 einmal in einem Brief, und 1894 hieß es ähnlich: »Liebesgeschichten, in ihrer schauderösen Ähnlichkeit, haben was Langweiliges –, aber der Gesellschaftszustand, das Sittenbildliche, das versteckt und gefährlich Politische, das diese Dinge haben [...], das ist es, was mich so sehr daran interessiert«.

Für den Gesellschaftszustand hatten sich vorher auch schon andere interessiert: zwischen 1840 und 1860 wurden viele soziale Romane

geschrieben, und einer von ihnen ist Raabes *Der Hungerpastor*. Die Sozialkritik ist unüberhörbar, auch, daß mit Hunger Lebenshunger gemeint ist und nicht nur Armut. Zugleich ist es ein früher Roman vom Aufstiegswillen einer kleinbürgerlichen Gesellschaft. Für die Zeit der Jahrhundertmitte (der Roman erschien 1864) ist noch bezeichnend, daß alles in einer Schlußidylle endet; auch die soziale Anklage wird schließlich umfunktioniert zugunsten eines Lebensideals im Kleinen, das in sich und mit sich zufrieden ist: da ist das Geschehen noch getragen vom hoffnungsvollen Aufstiegswillen des Kleinbürgertums. Nach dreißig Jahren ist nur noch vom Abstieg die Rede, vom Ende bürgerlicher Verhältnisse schlechthin. Daß konventionelle Moralvorstellungen nicht mehr gelten, daß Lebensverhältnisse sich radikal ändern können und menschliche Beziehungen alles andere als beständig sind, hatte selbst Goethes Roman *Die Wahlverwandtschaften* (1809) gezeigt – eine psychologische Studie in epischem Format, den Ausbruch aus scheinbar festen, unveränderlichen Beziehungen beschreibend, Naturgesetzen wie dem der chemischen Verbindungen folgend. Mörike hat in leichter Travestie des Goetheschen Romans in seinem *Maler Nolten* gesagt, um was es eigentlich geht: »Auf diese Weise standen die Personen eine geraume Zeit in der wunderlichsten Situation zueinander, indem eines das andere mit mehr oder weniger Falschheit, mit mehr oder weniger Leidenschaft zu hintergehen bemüht war.« Es war, so Mörike, eine »wunderbare Naturnotwendigkeit«, die geheimnisvolle Bande knüpft. Aber dahinter stehen (auch) gesellschaftliche Auflösungserscheinungen.

Das 19. Jahrhundert durchziehen, geistes- und sozialgeschichtlich gesehen, verschiedene Linien. Eine hauptsächliche ist die, die den Niedergang der bürgerlichen Welt beschreibt – mit ihr verschwindet die aufklärerische Zuversicht, machen sich Pessimismus und Dekadenzdenken breit, lösen sich Gesellschaftsformen auf, kommen Generationskonflikte hoch, entwickeln sich soziale Spannungen, werden Wege in die gesellschaftliche Vereinzelung sichtbar, und zudem rücken Künstler, Dichter, Maler, Schriftsteller jeglicher Couleur eher an den Rand der Gesellschaft, als daß sie sich dem Mittelpunkt zurechneten: sie werden Zaungäste, Randfiguren, geraten ins Abseits. Das macht sich sogar in den Biographien der großen Realisten des 19. Jahrhunderts bemerkbar. Raabe und Fontane sind eher Außenseiter der Gesellschaft, Storm und Stifter, selbst Mörike und C. F. Meyer sind es in unterschiedlicher Gradation. Und wo Idyllisches aufkommt, ist es meist unterminiert und unterhöhlt – so in Raabes Erzählung *Horacker*, der Geschichte vom Einbruch des Dämonischen und Lebensbedrohlichen in eine scheinbar geordnete, ja idyllische Welt. Ähnliches in Gotthelfs *Die schwarze Spinne*: festliches Geschehen wird geschildert, eine Taufe steht an – aber eine unheimliche, irrlichternde Atmosphäre umgibt die freundliche Zufriedenheit, und eine schwarze Spinne, den schwarzen Tod verkündend, ist ihr Symbol. Ein dunkles Schicksal, auch Zufall genannt, beendet in Grillparzers Tragödie *Des Meeres und der Liebe Wellen* eine heitere Liebesgeschichte (nach der griechischen Sage von Hero und Leander). Vom Einbruch des Unheimlichen in das Idyllische, vom baldigen Ende und frühem Tod handelt Mörikes Idylle *Mozart auf der Reise nach Prag*. Storms *Hans und Heinz Kirch* läßt Gleiches erkennen, seine Geschichte vom *Schimmelreiter* handelt (auch) von einer dämonischen Natur und ihrem Vernichtungspotential.

Der Grundtenor des literarischen 19. Jahrhunderts: Pessimismus, und nicht zufällig hat er von Schopenhauer über Nietzsche bis zum frühen Thomas Mann hin seine Kronzeugen gefunden. Nur selten wird ein Schicksal wie in Tiecks *Des Lebens Überfluß* in freiwilliger Resignation angenommen, erfüllt sich schließlich doch ein Märchen-Traum. In Stifters *Brigitta* zeigt ein tückisches Schicksal seine Macht – aber es kommt am Ende zu einer »verspäteten Blume des Glückes«, eine Liebesgeschichte findet ihr (etwas larmoyantes) Ende. Und in seinem *Nachsommer*, einem Bildungsroman nach dem Vorbild des Goetheschen *Wilhelm Meis-*

ter, gibt es kein Böses, keine Leidenschaft, nichts Dämonisches: das Alter (daher der Titel) bringt als Erfüllung, was in der Jugend versäumt worden, Natur ist die eigentliche Ordnungsmacht des Lebens, die »Dinge« sind wesentlich, und am Ende hat alles »und jedes [...] Einfachheit, Halt und Bedeutung«. Eine Gegenwelt zum Pessimismus des Jahrhunderts.

Eine ganz besondere Geschichte: die Lyrik des 19. Jahrhunderts

Natürlich kreuzen sich die großen Linien des 19. Jahrhunderts – der Niedergang der bürgerlichen Kultur, Sehnsucht nach dem Ursprünglichem das immer wieder aufflammende Interesse an der Geschichte und die Einsicht in deren Zirkularstruktur, Aufbruchswünsche und daneben eine sich immer stärker ausbreitende Stimmung der Dekadenz – auch in der Lyrik. Lyrik mag resistenter sein gegen Zeitströmungen und literarische Moden, weil sie Formkunst ist und Formkunst fast immer mit Überlieferungen und Mustern zu tun hat. Eines wurde im 19. Jahrhundert kaum geschrieben: Erlebnislyrik – sie gehört in die Zeit des Sturm und Drang oder auch in die der Empfindsamkeit. Dagegen gab es Zeitgedichte, »Zeitlieder«, auch kritische Zeitbilder wie Heines *Deutschland. Ein Wintermärchen*; politische Gedichte waren schon in den unruhigen Zeiten nach der Französischen Revolution aufgekommen und fanden sich vermehrt in den Jahren der Freiheitskriege, und neben Heine und Eichendorff schrieben auch Ernst Moritz Arndt, Ludwig Uhland politische Mahnungen in Versform. Aber der Kernbereich etwa der Eichendorffschen Gedichte ist anders orientiert – größere Bereiche seiner Lyrik sind rückwärts gerichtet, beschwören Vergangenes herauf, sind Erinnerungsbilder. Eichendorff hat früh schon »Fremde« erlebt, seit seinem Auszug aus dem väterlichen Lubowitz war sein Leben eigentlich immer ein Dasein im »Exil«. Viele Gedichte sind Beschwörungen der alten guten Zeit; mit ihr ist nicht die Zopfperiode des 18. Jahrhunderts gemeint, sondern weiter Zurückliegendes, geradezu Vorgeschichtliches. Hinter den Bildern des Gedichtes *Der alte Garten*, hinter Springbrunnen und Steinfiguren wird ein anderer Garten sichtbar: der Garten Eden, und der gilt als Sinnbild für eine eigentlichere Heimat. Hölderlins Gedichte gelten ebenfalls in nicht geringem Ausmaß dem Vergangenen, aber nicht einer christlichen Heimat, sondern der antiken Götterwelt, in der Dionysos eine prominente Rolle spielt. Auch Mörike beschwört Vergangenes – ihn etwa nur als Verfertiger schwäbischer Idyllen zu sehen, ist ein schlimmes Mißverständnis. Seine

Lyrik ist über weite Partien hin ebenfalls Erinnerungskunst, die lyrisch wiederauferstehende Welt der Antike erscheint als Gegenbild zur zerrissenen Moderne, zur Gefährdung sozialer Ordnungen, ja zu Wahnsinn, Verzweiflung und Untergängen, seelischen Erkrankungen, zum Dämonischen und zum Tod – Mörike hat auch davon gewußt. Mörikes »glückselige Zeit« ist kein Ewigkeitsbesitz, der Kommentar zu dieser »glückseligen Zeit« lautet: »Unaufhaltsam gehst du dahin, nie wiederzukehren«. Aber in seiner Lyrik wird das zur Utopie, was eigentlich längst vergangen ist. Eine Idylle wie die *Idylle vom Bodensee* als nahezu vollkommener Weltzustand: poetische Fiktion, nicht mehr. Doch vielleicht wird darin so etwas wie ein Aufklärungsüberschuß sichtbar, das Erbe einer Epoche, die an Utopien so reich war. Andererseits hat er die Aufklärung scharf attackiert, weil sie Zauberer und Hexen als »neumodisches gottloses Zeug« nicht zugelassen habe.

Andere, so etwa Nikolaus Lenau mit seinen *Schilfliedern* und seinen *Heidebildern* haben Naturimpressionen als Seelenzeichen genutzt oder haben in Gedichten Zwiesprache mit der Natur gehalten: so Annette von Droste-Hülshoff. Da ist Natur als heile Welt gesehen, nicht als Utopie, sondern als das Andere, der fragwürdigen Wirklichkeit gegenübergestellt. Die Dichterin fand in der Natur ihr poetisches Reich; es ist die Einsame, die auf öffentliche Wirkung keinen Wert legte, aber mit ihrem imaginären Leser ein unendliches poetisches Gespräch führt. Auch Heine lebt, allem Zeitbezug zum Trotz, in einer poetischen Welt. Er weiß, daß von der Romantik nicht mehr viel geblieben ist, schrieb mit *Waldeinsamkeit* eine *Élégie romantique*, ihr Abschiedslied, und wenn das *Buch der Lieder* noch einer intellektuell gebrochenen Romantik huldigte, so ist es auch dort ein Einzelner, außerhalb von Zeit und Gesellschaft stehend, der *Junge Leiden* beschreibt – so der Titel einer frühen Gedichtsammlung Heines.

Aber man darf nicht in den Fehler verfallen, die Lyrik des 19. Jahrhunderts nur als romantische oder als postromantische Welt zu begreifen, in der immer wieder vom Vergangenen die Rede ist. Kein anderer als Eichendorff hat bereits moderne Kompositionsprinzipien verfolgt, hat die vergangene Welt re-konstruiert; er hat Elemente seiner poetischen Welt zu immer neuen Gebilden zusammengesetzt, und so eignet den Gedichten Eichendorffs etwas Artistisches, Konstruktivistisches, und gerade dort, wo es so scheint, als sei er aus dem Stegreif heraus einer Intuition gefolgt, wird das lyrische Konstruktionsbüro sichtbar, wenn man

Fassungen eines Gedichtes betrachtet. Eichendorff ist noch kein Symbolist – aber in seiner Lyrik finden sich Vorklänge des Symbolismus. Eines ist Eichendorff nicht: ein Erlebnisdichter.

Auch Hölderlin lebt nicht nur von der Eingebung, selbst wenn seine Handwerkskunst nicht so deutlich zu verfolgen ist wie bei Eichendorff. Er beschreibt den Übergang von mythischer Zeit über eine götterlose Gegenwart zu neuer mythischer Zeit; Bilder und Bildfolgen sind oft dunkel, bezeugen immer wieder, daß er seine Welt als transitär erlebt und beschrieben hat. Aber es gibt auch bei ihm einen artistischen »Wechsel der Töne« und eine Orientierung an der Antike bis in die lyrischen Formen hinein; seine Hymnen und Oden bezeugen es. Hölderlins wie Mörikes lyrische Werke sind Erinnerungskunst, mit utopischen Elementen versetzt.

Historische Szenen finden sich auch in Meyers Lyrik, aber diese lebt eigentlich von anderen Grundmotiven: Meyer hat seine eigenen seelischen Erfahrungen vielfach verwandelt, so daß der ursprüngliche Anlaß fast in Bedeutungslosigkeit versinkt, während die poetischen Bilder ein geradezu beunruhigendes Eigenleben entfalten: häufig durch viele Fassungen hindurch wird die Substanz einer Erfahrung herausgeläutert. Auch für Meyer ist die antike Mythologie wie die Bibel ein einzigartiges Verdeutlichungsmedium, das er nutzt, um seine eigenen Erfahrungen und Erlebnisse zu transsubstantialisieren, sie in ein Bild, Gleichnis oder Symbol zu überführen und sie so einem geradezu kathartischen Prozeß zu unterziehen, und die Läuterungsmittel waren die, die die kulturelle Überlieferung ihm bot. Der Tod, das Wandern im Hochgebirge als Grenzzone zwischen Zeit und Ewigkeit, als fast unirdischer Ort, die Bergspitzen als transzendentale Punkte: das ist übersetzte Innerlichkeit, aber nicht als diffuses Gefühlsdurcheinander; seine Bilder sind glasklar ausgeschnitten und symbolisch vertieft, und die große Zahl der immer wieder verwendeten Dingsymbole spricht dafür, ihn dem Symbolismus, der letzten großen europäischen Gesamtbewegung dieses Jahrhunderts, zuzuordnen. Er hat an manchen Gedichten unendlich lange gearbeitet, und schon das reicht aus, um nicht nach dem »Erlebnis« zu suchen, das hinter einem Gedicht stehen könnte. Daß Meyer so oft Todesnähe beschrieben hat, ist eine Seite – er verstand sich aber auch zu komischen Travestien; davon zeugt seine Erzählung *Der Schuß von der Kanzel*, die nichts anderes ist als ein humoristisches Gegenstück zur *Odyssee*. In seiner Lyrik aber hatten Travestien keinen Raum.

Formkunst: im 19. Jahrhundert ist sie gepflegt worden, von August von Platen, von Eichendorff und Mörike, von C. F. Meyer – und von Friedrich Rückert. Der gilt vielen als harmloser Liebeslyriker oder als Patriotenpoet, auf jeden Fall als ein epigonaler Dichter, der einem weitverzweigten Alexandrinismus gehuldigt habe. Auch er ist alles andere als ein Erlebnisdichter, verfügt über den ganzen Formelschatz der lyrischen Tradition vom Barock bis zu seiner Zeit. Er nutzt nahezu alle poetischen Formen und Versmaße: Hexameter, Pentameter, Distichen, Sapphische Oden, alkäische Oden, Sonette, Alexandriner – alles ist Rückert wie selbstverständlich verfügbar. Mehr als das: er beherrscht, ein weltoffener Orientalist, türkische, persische, arabische, syrische, indische, sogar malaiische Sprachen, er kann Sanskrit und studiert drawidische Sprachen; aber vor allem hat er persische Dichtung grandios übersetzt – Rückerts einmalig große Leistung ist die Amalgamation morgenländischer Kunstformen, die Übertragung nahöstlicher Literatur ins Deutsche. Dazu hat er eine indische Liebesgeschichte und arabische Volkslieder übersetzt; mit ihm ist die deutsche Lyrik des 19. Jahrhunderts Weltliteratur geworden. Seine Lyrik ist im übrigen ein Lesebuch jenes außerordentlichen poetischen Reichtums, den die deutsche Lyrik seit dem Barockzeitalter besaß. Er ist ein Virtuose in der Aneignung dieses historischen Materials der deutschen Literatur, seine Variationsfähigkeit und sein Aneignungsgeschick haben im 19. Jahrhundert nichts Ähnliches. Vergleichbar ist er allenfalls mit dem Lyriker Theodor Storm, der ebenfalls Sonette, erzählende Gedichte, Ghaselen, Rätsel, Dialoggedichte, Chöre, Stammbuchblätter, Grabsprüche, Sinnsprüche in jeder Form, Märchen in Gedichtform geschrieben hat, lyrische Zwiegesänge, Zweizeiler als Strophen: ein Formenreichtum, der dem Rückerts vergleichbar ist.

Auch Mörike gehört zu den großen Kennern der abendländischen lyrischen Tradition, er übersetzt Homer, Kallinus, Tyrtäus, Theognis, Theokrit, Bion, Moschus, Catull, Horaz, Tibull, parodiert einmal den Anfang von Livius' *Ab urbe condita*; darin übertrifft er vielleicht sogar Rückerts Transpositionen. Auch er: ein Weltbürger. Nur eines ist auch seine Lyrik nicht, so wenig wie die Lyrik Heines, Eichendorffs, Mörikes: Erlebnislyrik. Das Gedicht war ihnen allen poetisches Experimentierfeld, aber darum noch keine »Gedankenlyrik«, wie sie das 18. Jahrhundert (vor allem Schiller) kannte. Mörikes, Storms und Rückerts große Verfügbarkeit über literarische Formen und Stoffe, dieses spielerische Moment in seiner Lyrik, dieses nicht immer sehr tiefgängige, aber reizvolle und kapriziöse Umgehen mit den Stoffen und Motiven der lyrischen Tradition: das gibt der Lyrik des 19. Jahrhunderts ihr eigentliches unverwechselbares Gesicht. Daß Rückert im übrigen ein Einsamer war und in einem Gedicht schrieb: »Ein Fremdling war ich und ein Fremdling bin ich / Und ein Fremdling geh ich hin« hat er mit anderen Lyrikern des 19. Jahrhunderts gemeinsam: mit Heine, Eichendorff, C. F. Meyer. Aber Einzelgänger, Einsame waren auch die großen Erzähler.

Und wohin mit Goethes »Faust«?

In das 19. Jahrhundert fällt auch das Erscheinungsjahr (1808) des größten deutschen Dramas, Goethes *Faust. Der Tragödie erster Teil*. (*Faust, II. Teil* folgte 1832). Goethe dem 19. Jahrhundert zugehörig? Zwei Drittel seines Lebens fallen in das Jahrhundert zuvor, wichtige Werke allerdings in das 19. Jahrhundert – neben seinem *Faust* seine *Wahlverwandtschaften*; ins 19. Jahrhundert fällt der *Westöstliche Divan*, den man als Fluchtdichtung vor den politischen Wirren nach der Französischen Revolution lesen kann, aber auch als Dokument einer neuen Weltliteratur, die sich nicht mehr auf den europäischen Raum beschränkt, oder aber als Beispiel für einen Exotismus, der im 19. Jahrhundert später literarisch Schule machen sollte. Aber gehört Goethes *Faust*, auch wenn das Veröffentlichungsdatum dafür spricht, wirklich ins 19. Jahrhundert, ist auch er im Kontext des 19. Jahrhunderts zu lesen?

Es ist ja eine Geschichte aus der frühen Neuzeit oder des ausgehenden Mittelalters. Faust ist ein Magier des 16. Jahrhunderts, er ist auch ein Philosoph: er ist ein Vertreter der *curiositas*, die nicht mehr als Laster angesehen wird, sondern sich von der Theologie und allen Wissenschaften abwendet, weil die nicht zum Wissen führen – auf der anderen Seite ist er der Hexenmeister, der sich mit dem Teufel einläßt: ein Suchender, ein Mensch der Renaissance, der auf Entdeckungsreise gehen will und der erkennen möchte, »was die Welt im Innersten zusammenhält«. Aber Mephistopheles, sein teuflisch-dämonischer Begleiter, ist der Böse, der den Entdeckungsdrang des Faust mißbraucht; die gemeinsame Reise, Fausts Lebensreise, führt in erst in die kleine, dann in die große Welt, aber vor allem führt sie in die Gretchenkatastrophe hinein, die ihr Kind, das auch das Kind Fausts ist, ertränkt hat und die im Kerker wahnsinnig wird – doch Faustens Reise-Leben geht weiter, es führt ihn durch alle Höhen und Tiefen des Weltkreises, bis schließlich der Pakt mit dem Teufel eingelöst werden muß: am Ende freilich wird auch er gerettet: sein »Unsterbliches« wird in der Grablegungsszene am Ende des zweiten Teils des *Faust* entführt, Mephistopheles hat sich der Seele Faustens dann doch nicht bemächtigen können. Losgesprochen und entschuldet wird er von keiner anderen als von Gretchen, der von ihm Verführten, und es ist die Mater gloriosa, die, Faustens Unsterbliches begleitend, ihr »Ist Gerettet« ausspricht.

Was macht das eigentliche Wesen Fausts aus? An dieser Frage haben sich die Geister immer geschieden, aber sicher ist: Fausts Lebensreise ist sein ständiger Aufbruch, Befreiung von Altem, Verwandlung und Steigerung ins Zukünftige hin, und so erscheint er denn als Suchender, der zunächst auf Erkenntnis aus ist und dann das Leben sucht, begleitet vom Bösen, dem Bösen; Mephistopheles ist Teil seiner selbst, auch wenn er als Führer und Verführer erscheint. Sehen wir ihn so, als einen Suchenden, der immer bereit ist, aufzubrechen, gleicht *Faust* darin den Aufbrüchen, die auch das 19. Jahrhundert literarisch beschrieben hat. Aufbrüche gab es schon im 18. Jahrhundert; 1780 veröffentlichte Jean-Jacques Rousseau seine Gespräche *Rousseau richtet über Jean-Jacques*, seine Autobiographie. Rousseau schrieb: »Der aber, der aus dem engen Kerker des persönlichen Interesses und der kleinen irdischen Leidenschaften ausbricht, sich auf seinen Flügeln der Einbildungskraft über den Dunstkreis der Erde erhebt, der, der ohne seine Kräfte und Fähigkeiten im Streit gegen das Glück und das Schicksal zu erschöpfen, sich in ätherische Gegenden versetzen, dort in erhabenen Betrachtungen sich ergehen und sich halten kann, der kann von dort aus die Schläge des Schicksals und die sinnlosen Urteile der Menschen verlachen«. Aufbruchsgelüste. Aber sie ziehen sich verstärkt durch die deutsche Romantik, Eichendorffs Taugenichts verläßt das väterliche Haus, die Helden seiner Romane ziehen nach Amerika oder auch nach Hindustan, die Liebenden in der Geschichte vom Schloß Dürande brechen aus vorgegebenen Verhältnissen aus, E.T.A. Hoffmann bricht mit seinen Erzählungen nicht weniger aus der Wirklichkeit von damals aus: in ein phantastisches Erzählen, dessen Personen und Räume nicht von dieser Welt sind. Auch Faust bricht ins Illusionäre, Phantastische und Bedenkenlose aus, und wenn er am Ende scheitert, dann gleicht sein Scheitern dem Scheitern jener vielen anderen, die unter die Räder der bürgerlichen Gesellschaftsordnung gerieten.

Doch Goethes *Faust* fügt sich noch in einen anderen Zusammenhang ein, der für das 19. Jahrhundert nicht weniger charakteristisch ist. Wir wissen, wie sehr noch die Aufklärung in das 19. Jahrhundert hineinreicht, wenngleich sie sich mit den Folgen der Französischen Revolution sichtbarlich längst verabschiedet hatte. Aber es gibt bei Heine und Eichendorff Verlängerungen aufklärerischen Denkens, andererseits wird einer aufgeklärten Selbstbestimmungssucht bei Kleist (in der Geschichte vom *Erdbeben in Chili*) ein rigoroser Prozeß gemacht. Die Auseinandersetzung mit der Aufklärung hielt sich noch über Jahrzehnte hin, sie flackerte immer wieder auf – und erhebliche Teile von *Faust* I handeln von einer mißverstandenen Aufklärung, führen diese ins Absurde oder machen sie lächerlich. Aufklärungsskepsis schon im »Prolog im Himmel«, Warnung vor aufklärerischer Selbstüberschätzung, vor allem vor falschem Gebrauch der Vernunft. Schiller hatte noch an Kant gerühmt, daß dessen »Bestimme dich aus dir selbst« das größte Wort gewesen sei, das je ein sterblicher Mensch gesprochen habe – auch Faust ist auf Selbstbestimmung aus, will sich aus Fremdbestimmungen befreien. Aber er kommt damit nicht sehr weit. *Faust* ist auch ein Abgesang auf die Aufklärung.

Das darf nicht mißverstanden werden. Goethe hat sich zur Aufklärung gelegentlich auch zustimmend geäußert, hat sogar gesagt, daß es bei ihm einiges an Gemeinsamkeiten mit Kant gebe. Aber Aufklärungsskepsis, Aufklärungskritik ist bei ihm überall herauszuhören. Das verbindet ihn sogar mit Eichendorffs erbarmungsloser Kritik an der Aufklärung, wie der sie in seinen theoretischen Schriften vorgebracht hat. Und, so betrachtet, gehört selbst Goethes *Faust* noch in das 19. Jahrhundert hinein, obwohl seine Vorgeschichte so tief im 18. Jahrhundert verwurzelt ist.

* * *

Das 19. Jahrhundert: es war kein freudiges, zukunftsgewisses Jahrhundert. Die Literatur ist reich an Untergangsgeschichten, und es will nicht als Zufall erscheinen, daß am Ende Gerhart Hauptmanns erstes Drama *Vor Sonnenaufgang* steht: die Geschichte eines Scheiterns, wo Hoffnung sein sollte, eines Versagens, wo die Möglichkeit eines Ausbruchs aus bedrückenden Verhältnissen gegeben schien. *Vor Sonnenaufgang*: in diesem Drama wird die Sonne nicht aufgehen – es führt geradewegs in die Nacht hinein, und nur hemmungslose Optimisten wie der Materialist Ludwig Büchner konnten der Ansicht sein, daß »ein unbegrenzter Fortschritt auf dem Wege der Tugend, Weisheit und Glückseligkeit möglich« sei; so war es 1898 in dessen Buch *Am Sterbelager des Jahrhunderts* zu lesen. Die Literatur wußte es besser.

Friedrich Hölderlin

* 20. März 1770 in Lauffen am Neckar (Deutschland)
† 7. Juni 1843 in Tübingen (Deutschland)

1788–1793 Studium der Theologie am Tübinger Stift; 1794 Hofmeister in Waltershausen bei Jena im Hause von Kalb; 1795 Aufenthalte in Jena und Nürtingen; 1796–1798 Hofmeister in Frankfurt im Hause Gontard; 1798–1800 Aufenthalte in Homburg, Stuttgart und Nürtingen; 1801 für kurze Zeit Hofmeister in Hauptwyl (Schweiz); 1801/02 Fußwanderung nach Bordeaux; dort Hofmeister im Hause des Konsuls Meyer; 1802 Rückkehr nach Stuttgart und Nürtingen; 1804 Aufenthalt in Homburg; wegen psychischer Erkrankung 1806 Einweisung in das Autenriethsche Klinikum in Tübingen; 1807 als ›unheilbar‹ aus dem Klinikum entlassen; Aufnahme in das Haus des Schreinermeisters Zimmer in Tübingen, wo er bis zu seinem Tod lebte.

Das lyrische Werk

Zu Hölderlins Lebzeiten blieb sein umfangreiches lyrisches Werk, das heute zu den unbestrittenen Höhepunkten der deutschsprachigen Literatur zählt, weitgehend unbekannt. Einzelne Gedichte wurden zwar in Almanachen und Taschenbüchern veröffentlicht; vieles blieb jedoch für lange Zeit ungedruckt, manche Texte wurden überhaupt erst im 20. Jh. entdeckt. Der ungesicherte Textbestand ist eine der wesentlichen Ursachen für die editorischen Auseinandersetzungen, die bis heute teils mit großer Heftigkeit um die Frage der richtigen Textgestalt geführt werden. Im 19. Jh. erschienen erste Sammlungen: Gustav Schwab und Ludwig Uhland gaben 1826 eine Ausgabe mit Hölderlins Gedichten heraus; 1846, drei Jahre nach Hölderlins Tod, unternahm Christoph Theodor Schwab einen Versuch der *Sämmtlichen Werke*. Erst mit der sechsbändigen Werkausgabe (1913–1926), die Norbert von Hellingrath begonnen hatte und die nach dessen frühem Tod von Friedrich Seebaß und Ludwig von Pigenot fortgeführt wurde, setzte jedoch die intensive Beschäftigung mit Hölderlins Gedichten ein; eine zentrale Rolle spielt dabei bis heute die Frage nach dem Status der vielen handschriftlichen Fragmente aus den Jahren nach 1800 und nach dem Verhältnis der verschiedenen Fassungen und Varianten einzelner Texte zueinander.

Die beiden großen mehrbändigen Werkausgaben haben den Anspruch, jeweils alle überlieferten Varianten eines Textes zu bieten, schlagen aber in ihrer Präsentation und vor allem in den Schlussfolgerungen für die endgültige Textgestalt jeweils sehr unterschiedliche Wege ein. Die unter Friedrich Beißner konzipierte »Große Stuttgarter Ausgabe« verfolgt das Ziel, möglichst abgeschlossene und endgültige Versionen einzelner Texte darzustellen. Die Kritik an diesem Verfahren gilt vor allem der Edition von Hölderlins lyrischem Spätwerk, in dem sich oft verschiedene Bearbeitungsschritte einzelner Hymnen in komplexer Form überlagern, so dass die Herausgeberentscheidungen für eine endgültige Fassung mehrfach auf willkürlichen Urteilen beruhen. Diesem Umstand will die 1975 von Dietrich E. Sattler begründete »Frankfurter Hölderlin-Ausgabe« Abhilfe schaffen, indem sie, moderne Reproduktionstechniken nutzend, Faksimiles bzw. fotographische Reproduktionen von allen verfügbaren Handschriften Hölderlins darbietet und so die Leser gleichsam zu Mit-Editoren werden lässt, die aus den verschiedenen Entstehungsstufen einzelner Texte die einzelnen Fassungen selbst rekonstruieren können. Der kritische Vergleich der beiden Verfahren hat die ebenso

kontroverse wie fruchtbare Diskussion innerhalb der Editionswissenschaft stark befördert und inzwischen zu einer Reihe von Ausgaben anderer Autoren (Kleist, Kafka, Keller) geführt, die demselben Prinzip der Faksimile-Treue wie die Frankfurter Ausgabe verpflichtet sind. Im Blick auf die Edition von Hölderlins Schriften ist der zunächst sehr scharf geführte Richtungsstreit inzwischen weitgehend der pragmatischen Einsicht gewichen, dass auch hochkomplexe Editionssysteme nicht letzte Sicherheit über den endgültigen Textbestand geben können und dass die offenen Fragen, die aus der Unabgeschlossenheit und Fragmenthaftigkeit von Hölderlins späten Gedichten resultieren, auch durch editorische Entscheidungen nicht restlos beantwortet werden können.

Die Kontroversen um die Prinzipien einer angemessenen Edition von Hölderlins Lyrik spiegeln die Faszination, zugleich aber auch die Schwierigkeiten, die diesem Werk bis heute innewohnen. Verschiedene Faktoren wirken dabei zusammen. Zunächst stand die Rezeption von Hölderlins Lyrik von Beginn an unter dem Eindruck seiner Biographie. Während es aus Sicht der heutigen Medizin als erwiesen gelten kann, dass Hölderlin spätestens seit seinem vierten Lebensjahrzehnt an einer schweren psychischen Störung litt, für die die häusliche Fürsorge durch die Tübinger Familie Zimmer eine hilfreiche und stabilisierende Umgebung schuf, prägte die Hölderlin-Rezeption des späten 19. und frühen 20. Jh.s das Bild des ›umnachteten Dichters‹, auf welches das abgegriffene

Klischee von Genie und Wahnsinn scheinbar genau passte. In den 1960er und 1970er Jahren setzte Pierre Bertaux der vermeintlichen Hospitalisierung des Dichters durch eine verklärende Literaturwissenschaft seine These des radikalen politischen Dichters entgegen: Hölderlin habe zeit seines Lebens mit der Französischen Revolution sympathisiert und seine angebliche Geisteskrankheit nur vorgespielt, um nicht als Jakobiner verhaftet zu werden. Diese Sichtweise wurde in der biographischen Literatur der 1970er Jahre (P. Weiss, G. Wolf, V. Braun) mit großer Sympathie aufgenommen, wie man in dieser Zeit überhaupt gern Hölderlins Außenseiterrolle in der bürgerlichen Gesellschaft und seine Opposition gegen Staat und Kirche herausstellte. Die These vom ›edlen Simulanten‹ darf inzwischen jedoch als widerlegt gelten.

Ein anderes biographisches Moment, das die Phantasie der Interpreten oftmals über Gebühr beansprucht hat, ist Hölderlins Liebe zu Susette Gontard, in deren Frankfurter Haushalt er für rund zwei Jahre als Hofmeister angestellt war. Die Idealisierung dieser Verbindung durch Hölderlin selbst und der frühe Tod der geliebten Frau führten dazu, dass man in dieser Liebe den Schlüssel für Hölderlins gesamtes Werk gefunden zu haben glaubte und dass die literarische Figur der Diotima aus dem *Hyperion* und mehreren Gedichten unbedacht mit der realen Susette Gontard in eins gesetzt wurde.

Neben diesen biographischen Aspekten sind es vor allem poetologische Faktoren, die den Zugang zu Hölderlins Lyrik erschweren können. So intensiv wie kein anderer Dichter seiner Zeit orientierte sich Hölderlin an der griechischen Antike, was sich zum einen im Stoff- und Motivbestand seiner Lyrik niederschlägt, etwa in der häufigen Beschreibung antiker Gottheiten. Unter ihnen nimmt Dionysos als Mittler der Kultur zwischen Ost und West eine herausgehobene Rolle ein; dieses Verständnis des antiken Weingottes als Kulturstifter unterscheidet sich stark von der jüngeren, bis heute populären Sichtweise Nietzsches, der in seiner Kunstphilosophie das »Dionysische« als chaotisch-ekstatische Gegenkraft gegen das als nüchtern verstandene »Apollinische« auffasste. Hölderlins Orientierung an der Antike spiegelt sich zum anderen in der Formgebung seiner Gedichte: In der Nachfolge Klopstocks verwendete er mit größter Meisterschaft antike Vers- und Strophenmaße; insbesondere seine Odendichtung erschloss in der kunstvollen Adaption der alkäischen wie der asklepiadeischen Strophe neue Ausdrucksmöglichkeiten, für die es in der älteren wie der zeitgenössischen deutschen Dichtung keine Beispiele gab. In seinen triadisch aufgebauten freirhythmischen Gedichten aus der Zeit nach 1800 orientierte sich Hölderlin schließlich stark an den großen Hymnen Pindars; dieser Zusammenhang blieb allerdings vielen damaligen Lesern verborgen, die die Gedichte dieser Schaffensperiode als regellos verstanden, sie gar als Zeichen einer vermeintlichen geistigen Zerrüttung begriffen.

Hölderlins Bestreben, in seiner Lyrik umfassende Konzepte der Weltdeutung anschaulich zur Sprache zu bringen, kann, zumindest aus heutiger Sicht, den unmittelbaren Zugang zu vielen seiner Gedichte erschweren. Dazu gehört, dass er, der teilweise in enger persönlicher Nähe zu den Denkern des deutschen Idealismus stand, in vielen seiner Gedichte versuchte, philosophische, theologische, politische und historische Betrachtungen in einer großen Synthese zusammenzuführen. Freilich war Hölderlin bei aller theoretischen Fundierung kein methodisch denkender Systematiker, vielmehr entfaltete er sein Geschichtsverständnis, das manche Brüche und Sprünge aufweist, in einer komplexen und bild-

haften Sprache, was jede Rekonstruktion eines einheitlichen, gar widerspruchsfreien ›Systems‹, das seiner Dichtung zugrunde liegen könnte, zu einer unlösbaren Aufgabe macht. Gleichwohl lassen sich einige konstante Merkmale seines poetischen Weltbildes beschreiben: Ähnlich wie einige der Autoren, die der Frühromantik zugerechnet werden, etwa Novalis, entwickelte auch Hölderlin ein triadisches Geschichtsverständnis, das nach einer vergangenen Blütezeit in der antik-christlichen Antike und einer bis in die Gegenwart reichenden Zeit der Entbehrung auf eine utopische Erfüllung hoffte. Dass er in dieser Geschichtsbetrachtung keinen prinzipiellen Bruch zwischen der griechischen Götterwelt und christlichen Glaubensinhalten sah, irritierte viele seiner zeitgenössischen Leser.

Auch in seinem Selbstverständnis als Dichter orientierte sich Hölderlin schließlich an antiken Mustern, indem er sich, wie viele seiner großen Gedichte zeigen, in die Nachfolge des Typus eines antiken ›poeta vates‹ stellte, eines Dichter-Sehers, dem die ebenso schwierige wie exklusive Aufgabe obliegt, seinen Mitmenschen die Einsicht in göttliche Offenbarungen zu vermitteln. Dass Hölderlin mehr und mehr daran zweifelte, dieser selbst auferlegten Rolle entsprechen zu können, steht offenbar in Zusammenhang mit seinem psychischen Zusammenbruch nach 1806. Sein elitäres Dichtungsverständnis jedoch wurde im frühen 20. Jh. vor allem von Stefan George und seinem Kreis begeistert aufgegriffen.

Zur näheren Charakterisierung von Hölderlins Lyrik hat sich seit längerem eine Kombination von chronologischen und formalen Kriterien bewährt. Die Jugendgedichte verraten gleichermaßen das sprachliche Talent und die Formbewusstheit des Schülers und Studenten wie seine Vertrautheit mit der literarischen Tradition. Vor allem Klopstock, Schiller und die Dichter des Göttinger Hainbundes boten Hölderlin eine wichtige Orientierung; Goethes Lyrik scheint er hingegen kaum wahrgenommen zu haben. Das Gedicht »Mein Vorsaz«, das handschriftlich in seiner ältesten erhaltenen Lyriksammlung, dem sogenannten »Maulbronner Quartheft«, überliefert ist, spiegelt den Ehrgeiz des jungen Dichters: Selbstbewusst, freilich nicht ohne Zweifel am eigenen Vermögen, beschreibt er seinen Antrieb als »schwacher Schwung nach Pindars Flug« und »kämpfendes Streben nach Klopstoksgröße«, zugleich distanziert er sich von den empfindsamen Formen der bürgerlichen Geselligkeit. Dieses Moment der Selbstreflexion, die Suche nach der eigenen dichterischen Bestimmung im Medium des Gedichts, gehört zu den Konstanten in Hölderlins Lyrik.

Andere Gedichte aus seiner Schul- und Studienzeit variieren bekannte Topoi der Liebes- und Freundschaftsdichtung, spiegeln in der religiösen Motivik protestantisch-pietistische Einflüsse, greifen Themen aus der württembergischen Geschichte auf und zeigen Hölderlins starkes Interesse an der Französischen Revolution, die dem Tübinger Studenten zunächst als verheißungsvoller Aufbruch erschien.

Die sogenannten »Tübinger Hymnen« der Jahre 1790 bis 1793 sind in ihrer Thematik eng in die philosophisch-politischen Debatten von Hölderlins Studienzeit eingebunden; ihr gleichförmiger Aufbau und das anhaltend große Pathos, das sich an Schillers Gedankenlyrik orientiert, haben schon zu Hölderlins Lebzeiten Befremden hervorgerufen. Erst in jüngerer Zeit hat man die strukturelle Selbständigkeit und die rhetorisch-ästhetische Leistung dieser Gedichte angemessener gewürdigt. Adressiert sind diese Gedichte, die nach dem Vorbild Schillers vorwiegend aus achtzeiligen trochäischen Reimstrophen aufgebaut sind, jeweils an die Personifikation einer Tugend, die zur Göttin erklärt und verehrt wird. Aufgrund dieser Adressierung bezeichnete W. Dilthey die Tübinger Hymnen folgenreich als »Hymnen an die Ideale der Menschheit«, was allerdings übersieht, dass Hölderlin die angeredeten Größen – Tugend, Freiheit, Harmonie, Menschheit, Schönheit, Freundschaft, Jugend, Kühnheit – nicht allein als abstrakte Ideale verehrt, sondern ihnen tatsächlich den Status übermenschlicher, sinnlich erfahrbarer Gottheiten zuerkennt. Damit demonstriert Hölderlin hier erstmals in größerem Umfang das mythenschaffende Vermögen des dichterischen Worts, denn trotz der Anlehnung an antike Vorstellungen gehören die hier angeredeten bzw. angesungenen Mächte nicht in das Pantheon der griechischen Mythologie. Den Tübinger Hymnen liegt ein deutlicher Geschichtsoptimismus zugrunde; sie formulieren in immer neuen Anläufen die Zuversicht, dass der Sänger eine Gemeinschaft von Gleichgesinnten stiften könne, die die gemeinsame Zuversicht auf eine bessere Zukunft eint.

Während die Tübinger Hymnen durch eine große stilistische Einheitlichkeit gekennzeichnet sind, fand Hölderlin in seiner späteren Lyrik zu einer Mischung verschiedener Stilebenen und Redeweisen. In seinen poetologischen Reflexionen bezeichnete er das zugrunde liegende Formprinzip der Variation als »Wechsel der Töne«, wobei er drei Grundtöne postulierte: einen naiven, einen idealischen und einen heroischen. Ungeachtet aller Aporien, in die die Suche nach festen poetologischen Gesetzen bei der Analyse von Gedichten führen muss, kann die Unterscheidung verschiedener »Töne« als heuristisches Instrument zur Beschreibung von Hölderlins Lyrik in Grenzen sinnvoll sein.

Seine Oden und Elegien jedenfalls zeigen eine deutlich größere stilistische und inhaltliche Vielfalt als die frühen Reimhymnen. Liebesgedichte finden sich neben umfassenden geschichtsphilosophischen Betrachtungen, das Lob der schwäbischen Heimat verbindet sich mit ausholenden Beschreibungen ferner Weltgegenden und der Vergegenwärtigung mythologischer und historischer Ereignisse. Wie schon in seiner frühen Lyrik stehen Fragen nach den Bedingungen der eigenen Existenz und den Möglichkeiten der dichterischen Verkündigung im Zentrum vieler Gedichte. Die Ode »Mein Eigentum« (1799) fasst die Sehnsucht nach einer sicheren Bestimmung des Dichters in einem Wunsch zusammen, der zugleich Ausdruck seiner Fremdheit unter den Menschen ist: »Sei Du, Gesang, mein freundlich Asyl!« Hölderlins Oden und Elegien enthalten zudem Reflexionen über die Rolle des deutschen »Vaterlandes« im Kontext der weltgeschichtlichen Veränderungen, als deren Teil er zweifellos auch die revolutionären Ereignisse in Frankreich begriff.

Hölderlin hat seine Gedichte vielfach umgeschrieben und überarbeitet; auch etliche Oden und Elegien sind in mehreren Fassungen überliefert, die in den Werkausgaben mit vollem Recht gleichberechtigt nebeneinanderstehen. Das gilt insbesondere für die Gruppe der ein- und zweistrophigen Kurzoden, die in der Frankfurter Zeit (1796–1798) entstanden sind und in konzentrierter, epigrammatischer Form einen oft antithetischen Gedanken entwickeln (z. B. »Lebenslauf«; »Die Liebenden«). In den späteren Überarbeitungen tritt die epigrammatische Verdichtung gegenüber einer stärker narrativen Gestaltung zurück.

Zu den bekanntesten Oden Hölderlins gehören Natur- und Landschaftsschilderungen, deren Sujets oftmals seinem unmittelbaren Erfahrungsraum zu entstammen scheinen (»Heidelberg«; »Der Neckar«; »Abendphantasie«). Doch erschöpfen sich die Naturschilderungen in diesen Oden niemals in idyllischer Genremalerei; vielmehr stellt Hölderlin das Konkret-Anschauliche stets in spannungsvolle Beziehung zu größeren existenziellen und geschichtsphilosophischen Zusammenhängen. So steht in der alkäischen Ode »Abendphantasie« das heitere Lob des friedlichen Abends neben der verzweifelten Frage des Sprechers »Wohin denn ich?«, die mit dem frühen Optimismus des seiner selbst gewissen Sängers nicht mehr vereinbar ist. Das bekannte Städtelob in der asklepiadeischen Ode »Heidelberg« weitet sich zu einer poetologischen Betrachtung über den Zauber des erfüllten Moments aus, der einen Ausgleich zwischen verschiedenen zentrifugalen Kräften zu schaffen vermag.

In den 1805 veröffentlichten Zyklus der »Nachtgesänge« übernahm Hölderlin mehrere Überarbeitungen früherer Oden. Am auffälligsten sind dabei – neben der sprachlich-syntaktischen Verdichtung und der Zunahme komplexer Bilder – die in geradezu rätselhafter Verknappung erscheinenden Verweise auf mythologische Gestalten (vgl. »Der blinde Sänger«; »Chiron«; »Der gefesselte Strom«; »Ganymed«). Eine ähnliche sprachliche und inhaltliche Verdichtung zeigen Hölderlins sogenannte »Pindar-Fragmente«, die ungefähr zur selben Zeit wie die »Nachtgesänge« entstanden und die in kurzer Prosa knappe Erläuterungen zu einzelnen, von Hölderlin selbst übersetzten Auszügen aus Pindars Gesängen geben.

Wie in seinen Oden griff Hölderlin in seiner Elegien-Dichtung auf antike Muster zurück; wiederum wurde Klopstock zu einem wichtigen Vorbild, da er eindrücklich die Tauglichkeit der deutschen Sprache für die antiken Metren vorgeführt hatte. In seinen sechs großen Elegien – »Der Wanderer«, »Menons Klagen um Diotima«, »Der Gang aufs Land«, »Heimkunft«, »Brod und Wein«, »Stutgard« – verbindet Hölderlin erneut individuelle Anschauung und Erfahrung mit einer größeren geschichtsphilosophischen Perspektive, ähnlich wie es Schiller in seiner berühmten Elegie »Der Spaziergang« demonstriert hatte. Gegenüber Schiller zeichnen sich Hölderlins Elegien jedoch durch eine selbständigere und kühnere Bildsprache und eine geschmeidigere Handhabung des elegischen Distichons aus.

Ein zentrales Thema von Hölderlins Elegien, die überwiegend triadisch strukturiert sind, ist neben der Liebesklage die Bestimmung des Verhältnisses von Antike und Abendland, von Hellas und Hesperien. Deutlich wird dies beispielsweise in der großen Elegie »Brod und Wein«, die in kompletter Gestalt erstmals 1894 gedruckt wurde. Der Titel evoziert das christliche Sakrament des Abendmahls; eine frühere Version verwies jedoch unter der Überschrift »Der Weingott« auf Dionysos, dessen kulturstiftendes Wirken freilich auch in der endgültigen Fassung von zentraler Bedeutung ist. Was aus Sicht der christlichen Orthodoxie als blasphemische Grenzüberschreitung erscheinen muss, ist in Hölderlins Perspektive Ausdruck des engen Zusammenhangs von Antike und Christentum, denn Christus als der letzte der antiken »Genien« habe als Zeichen der Vermittlung zwischen Himmel und Erde das Abendmahl gestiftet.

Solche synkretistischen religiösen Vorstellungen, die Hölderlin vielfach beschrieb, stehen in starkem Kontrast zu seiner theologischen Ausbildung; zugleich sind sie aber mit den Bestrebungen der jungen Intellektuellen um 1800 in Verbindung zu setzen, die vielfach eine »neue Mythologie« forderten. Der damit eng verwandte Gedanke einer »Mythologie der Vernunft« wird an zentraler Stelle in der kurzen programmatischen Schrift erwähnt, die unter dem Titel *Das älteste Systemprogramm des deutschen Idealismus* bekannt wurde, in Hegels Handschrift überliefert ist und nach neueren Erkenntnissen inhaltlich vor allem Schelling zuzuschreiben ist; der Anteil Hölderlins an dieser Programmschrift wird seit Langem diskutiert. In seiner Lyrik gelang es ihm jedenfalls, anschauliche Bilder für höchst abstrakte Überlegungen zu finden und vertraute Mythen neu zu deuten. »Nur zu Zeiten erträgt göttliche Fülle der Mensch« lautet in »Brod und Wein« die bündige Erklärung für die Entbehrungen der Gegenwart, die somit nicht als chaotische Verwirrung, sondern als Übergang zwischen Zeiten der göttlichen Präsenz verstanden wird. Diese dichterische Beschreibung eines zielgerichteten Geschichtsverlaufs war für Hölderlin stets auch ein Versuch, eigene Lebenserfahrungen als sinnhaft zu deuten und mit dem allgemeinen Gang der Geschichte in Einklang zu bringen. Mehr und mehr stellen seine Gedichte aber die Gewissheit eines solchen Sinnzusammenhangs in Frage.

»Weh mir, wo nehm ich, wenn / Es Winter ist, die Blumen, und wo / Den Sonnenschein, / Und Schatten der Erde?« – lautet die unbeantwortet bleibende Frage in Hölderlins wohl bekanntestem Gedicht »Hälfte des Lebens«, das zu dem bereits erwähnten Zyklus der »Nachtgesänge« gehört. Die Form dieses kleinen Gedichts – reimlose Verse in freien Rhythmen – verweist auf die Werkgruppe, die seit langem als das Zentrum von Hölderlins dichterischem Œuvre gilt und für die es keine Parallelen in der zeitgenössischen Lyrik gibt.

Die umfangreichen freirhythmischen Hymnen aus der Zeit nach 1800 werden in älteren Ausgaben häufig unter dem Begriff »Vaterländische Gesänge« rubriziert. Diese Bezeichnung geht auf Hölderlin selbst zurück, der 1803 in einem Brief an seinen Verleger Wilmans mit Blick auf seine aktuellen Pläne das »hohe und reine Frohloken vaterländischer Gesänge« beschreibt; neutraler und mit weniger Konnotationen belastet ist die Beschreibung der betreffenden Gedichte als »Späte Hymnen«.

Zu diesen Hymnen, die wie die Elegien oft triadisch gebaut sind, zählen elf abgeschlossene, umfangreiche Gedichte (u. a. »Der Rhein«; »Die Friedensfeier«; »Andenken«). Hinzu kommen zahlreiche Entwürfe und Vorstufen, deren Verhältnis zueinander trotz der intensiven editorischen Anstrengungen bis heute nicht in jedem Fall völlig geklärt ist. Der thematische Horizont in diesen Hymnen ist noch weiter als Hölderlins Oden- und Elegiendichtung; poetologische, christlich-mythologische und geschichtsphilosophische Gedanken sind eng miteinander verflochten. Die inhaltliche und formale Komplexität dieser Hymnen eröffnet einen weiten Deutungsspielraum; dass sich umfangreiche Monographien mit einzelnen dieser Gedichte oder auch nur mit Teilen davon beschäftigen, ist ein Spezifikum der umfangreichen und vielseitigen Hölderlin-Philologie, deren Erträge seit langem in vorbildlicher Vollständigkeit im Stuttgarter Hölderlin-Archiv gesammelt werden.

Zu den Besonderheiten der späten Hymnen gehören der häufige schroffe Wechsel zwischen verschiedenen »Tönen« und das Stilmittel der asyndetischen Reihung bzw. der Entgegensetzung; seit Hellingrath hat sich dafür – in Anlehnung an Pindar – der Begriff der »harten Fügung« etabliert. Kennzeichnend ist weiter der gnomische Stil, der häufig kurze Sentenzen, die Sinnsprüchen ähneln, in einen größeren Zusammenhang einfügt. Zu den inhaltlichen Gemeinsamkeiten der späten Hymnen zählt zudem die häufige Selbstreflexion, die das Dichten und die Bedingungen seiner Entstehung zum Thema macht. Der selbstbewusste Schluss von

»Andenken« formuliert die apodiktische Erkenntnis: »Was bleibet aber, stiften die Dichter.«

Diese Selbstthematisierung des Dichtens findet sich freilich schon in Hölderlins Oden und Elegien, ebenso wie die Hochschätzung Griechenlands und das Motiv der imaginären Reise, das die großen Kulturräume der Antike und des Abendlandes miteinander verbindet. Eine hohe Bedeutung misst Hölderlin in seiner poetischen Kulturgeographie den Flüssen und Strömen bei, deren Verlauf er sinnbildlich mit dem Gang der menschlichen Kultur in Verbindung bringt. Hatte er in den Oden bereits den Main und den Neckar beschrieben, sind einzelne Hymnen nun mit »Am Quell der Donau«, »Der Rhein« und »Der Ister« überschrieben – diese letzte Bezeichnung ist der antike Name für die Donau, die wegen ihres West-Ost-Verlaufs für Hölderlin zum besonders anschaulichen Sinnbild für die Wanderung zwischen den Kulturräumen wird.

Mit der Idee des »Brautfestes« bzw. der »Friedensfeier« – die Reinschrift des gleichnamigen Gedichts wurde erst 1954 in London aufgefunden – verbindet Hölderlin die Vorstellung, dass sich die Geschichte jeweils in kurzen Momenten der Epiphanie erfüllt, in denen Götter und Menschen ungestraft einander begegnen können und die sonst unversöhnlichen Gegensätze und Widersprüche für kurze Zeit aufgehoben sind. Hölderlin scheint jedoch zunehmend an der Verwirklichung solcher erfüllter Momente zu zweifeln; der Fragment gebliebene Text »Wie wenn am Feiertage« schildert in Anlehnung an den antiken Semele-Mythos die Hybris, das Göttliche von Angesicht schauen zu wollen.

Die Gruppe der häufig als »Christushymnen« bezeichneten Texte – gemeint sind »Der Einzige«, »Patmos« und evtl. noch »Die Friedensfeier« und einzelne Fragmente wie »An die Madonna« – sind wiederum nicht als dichterische Ausgestaltung christlicher Dogmen zu verstehen, sie betrachten Christus vielmehr im Kontext der Antike und verstehen sein Auftreten als Markierung der zeitgeschichtlichen Wende von der Antike zur christlichen Gegenwart. Anders als Schiller in seinem bekannten geschichtsphilosophischen Gedicht »Die Götter Griechenlands«, das das Christentum als kulturellen Bruch mit der sinnenfrohen Antike auffasst, versteht Hölderlin den Übergang zwischen beiden Glaubenssystemen als Kontinuität. In einer späten Variante der Hymne »Der Einzige« bildet Christus mit Dionysos und Herakles in einer kühnen Formulierung gar das »Kleeblatt« der antiken Heroen.

Zunehmend formuliert Hölderlin in der späten hymnischen Dichtung freilich auch den Gedanken, dass sich der Dichter vor einer allzu großen Identifikation mit dem Himmlischen zu schützen habe, um der Gefahr der Selbstzerstörung zu entgehen. Dieser paradoxe Zusammenhang wird am Ende von »Der Einzige« in der Forderung zusammengefasst: »Die Dichter müssen auch / Die geistigen weltlich sein.«

Die stete Selbstthematisierung des Dichtens in den späten Hymnen steht in engem Zusammenhang mit den wiederholten Hinweisen auf die Notwendigkeit der Erinnerung. Die letzten ausgearbeiteten Hymnen Hölderlins, »Andenken« und »Mnemosyne« (die endgültige Textgestalt dieses Gedichtes ist freilich noch immer umstritten), weisen bereits in ihrem Titel auf die Notwendigkeit des Gedenkens hin. Verschiedene Formen des Gedächtnisses werden dabei miteinander verbunden: das Totengedächtnis, die Memoria, in der Erinnerung an den Tod der Helden vor Troja (»Am Feigenbaum ist mein / Achilles mir gestorben«), ebenso wie die Fama, die Stiftung eines ruhmreichen Angedenkens für spätere Zeiten, wie es die bereits zitierten Schlusszeilen von »Andenken« als Aufgabe der Dichter postulieren. »Andenken« kann zugleich auch als Form der persönlichen Erinnerung gelesen werden, da die im Gedicht geschilderte Topographie erstaunlich genau derjenigen von Bordeaux und seiner Umgebung entspricht, das Hölderlin aus persönlicher Anschauung kannte. Zugleich übersteigt diese Hymne allerdings den Rahmen persönlicher Reminiszenzen, vielmehr öffnet sie in der Frage nach der Aufgabe der Dichter einen weiten poetologischen Horizont.

Solche knappen Hinweise auf thematische und strukturelle Gemeinsamkeiten der späten Hymnen Hölderlins geraten zwangsläufig in die Gefahr zu starker Vereinfachung. Die umfangreiche, stetig wachsende Forschungsliteratur zu den späten Hymnen und den Fragmenten des »Homburger Folioheftes«, Hölderlins letztem großen Manuskript, spiegelt dagegen die große Komplexität dieser Werkstufe, die der Komplexität der an sie herangetragenen Fragestellungen in nichts nachsteht. So bildet Hölderlins dichterisches Spätwerk (womit zumeist der Abschnitt zwischen 1803 und 1806 bezeichnet wird) bis heute eine der größten editorischen und hermeneutischen Herausforderungen in der Geschichte der deutschen Lyrik.

Die späte Hymnik bildet freilich nicht das Ende von Hölderlins Dichtung. Aus seiner letzten Lebensphase, den 37 Jahren im Tübinger Turm, hat sich ein Corpus von knapp 50 Gedichten erhalten – offenbar nur ein geringer Teil seiner lyrischen Produktion dieser Jahrzehnte. Der schlichte Bau dieser Gedichte – es handelt sich überwiegend um vierzeilige Reimstrophen mit parataktischem Satzbau – wurde für lange Zeit als Zeichen ihrer ästhetischen Minderwertigkeit und als Beweis für Hölderlins Geisteskrankheit genommen. Befremdlich für Hölderlins Zeitgenossen wie für spätere Leser war auch die rasche Entstehung der Gedichte, die Hölderlin oftmals im Beisein seiner Besucher auf deren Wunsch niederschrieb, und die Verwendung eines fremden Namens – Hölderlin unterzeichnete einen Teil dieser Gedichte mit dem Phantasienamen »Scardanelli« –, mitunter in Kombination mit weit zurückliegenden oder zukünftigen Daten. Doch hatte schon Gustav Schwab eine Auswahl dieser Gedichte in seine Werkausgabe von 1846 aufgenommen; in der Mitte des 20. Jh.s setzte sich dann allmählich eine gewandelte Betrachtung dieser Werkgruppe durch, indem die pathologische Betrachtung einem strukturalistisch-hermeneutischen Vorgehen wich. Dabei wurde zunehmend der ästhetische Eigenwert dieser spätesten Gedichte betont, die vor allem das ruhige Gleichmaß der Jahreszeiten beschreiben. Die großen Fragen nach dem Weltlauf und der Aufgabe des Dichters spielen im Kontext der Turmgedichte keine Rolle mehr; stattdessen wird eine harmonische, geschichtslose Welt ohne Irritationen beschrieben. »Und ferne steht des Zweifels dunkle Frage«, heißt es beruhigend am Ende des achtzeiligen Gedichts »Aussicht«; eines der »Herbst«-Gedichte schließt noch umfassender mit der Behauptung »Und die Vollkommenheit ist ohne Klage«. SABINE DOERING

Friedrich von Schlegel

* 10. März 1772 in Hannover (Deutschland)
† 12. Januar 1829 in Dresden (Deutschland)

(d. i. Carl Wilhelm Friedrich von Schlegel) – 1790 Beginn eines Theologiestudiums an der Universität Göttingen, 1791 Fortsetzung des Studiums in Leipzig; nach Studienabbruch 1794 freischaffender Autor in Dresden, Jena und Berlin; mit seinem Bruder August Wilhelm Schlegel Gründung der frühromantischen Zeitschrift *Athenaeum* (1798–1800); 1800 Habilitation; 1802–1808 Privatgelehrter in Paris und Köln; 1808 Konversion zum Katholizismus, Übersiedlung nach Wien; ab 1809 im österreichischen Staatsdienst; 1815 geadelt; bedeutender Literaturkritiker und -theoretiker, Philologe, Dichter, Philosoph und Historiker; romantischer Vordenker.

Fragmente

Seit Ende 1797 sammelte Friedrich Schlegel für die von ihm und seinem Bruder August Wilhelm Schlegel herausgegebene Zeitschrift *Athenaeum* (1798–1800) kurze Prosatexte, die dort im Juni 1798 (Bd. 1, Heft 2) anonym unter dem Titel *Fragmente* erschienen. Er folgte damit einem Vorschlag seines Bruders, der nach Friedrichs im *Lyceum* (1797) veröffentlichten *Kritischen Fragmenten* angeregt hatte, gemeinschaftlich Fragmente für ihre neue Zeitschrift zu verfassen. Außer den Brüdern beteiligten sich Friedrich Schleiermacher und Novalis an dem ›symphilosophischen‹ Projekt. Der entscheidende Beitrag stammte jedoch von F. Schlegel, der bei der Anfertigung eigener Fragmente aus Notizheften schöpften konnte, die er zu unterschiedlichen Themen führte. Schließlich brachte er die insgesamt 451 Fragmente in die endgültige Ordnung, in der sie dann erschienen.

Literarhistorische Bedeutung erlangten die *Fragmente* durch ihre Grundlegung einer romantischen Poetik. Sie sind Teil einer Kritik, die F. Schlegel in *Lessings Gedanken und Meinungen* als »Organon« einer im Entstehen begriffenen Literatur charakterisiert. Der Titel sowie die thematische Vielfalt der *Fragmente* – neben Literatur und Kunst spielen u. a. Philosophie, Religion, Staat und Gesellschaft in ihnen eine Rolle – verweisen auf eine Totalität, deren systematische Erkennbarkeit die Fragmente selbst allerdings infrage stellen, indem sie sich wechselseitig modifizieren oder widersprechen. »Es ist gleich tödlich für den Geist, ein System zu haben, und keins zu haben. Er wird sich also wohl entschließen müssen, beides zu verbinden«, so das Fragment Nr. 53.

Die *Fragmente* sind Ausdruck eines beweglichen Denkens, sollen als »fermenta cognitionis« (Nr. 259) aber auch den Leser zum ›Symphilosophieren‹ anregen. Ihr wichtigstes Mittel dazu ist der scharfsinnige Witz, den F. Schlegel u. a. als »chemischen Geist« (Nr. 366) definiert. Indem er scheinbar entfernteste Dinge ›synthetisiert‹, bringt er mit einem Schlag neuartige Verbindungen hervor, die ihrerseits den Witz des Lesers herausfordern. Mit dem Witz vergleicht F. Schlegel im berühmten 116. Fragment auch die romantische Poesie. Als »progressive Universalpoesie« sei sie dazu bestimmt, nicht nur verschiedene Gattungen, sondern alles Getrennte in einem unendlichen Progress zu vereinigen: »Die romantische Dichtart ist noch im Werden; ja das ist ihr eigentliches Wesen, daß sie ewig nur werden, nie vollendet sein kann.«

F. Schlegel zufolge ist hierfür neben ihrem Streben nach Universalität der »transzendentalpoetische« Charakter romantischer Poesie verantwortlich. In Analogie zur Transzendentalphilosophie, welche die Bedingung der Möglichkeit von Erkenntnis reflektiert, solle die Dichtung »in jeder ihrer Darstellungen sich selbst mit darstellen« (Nr. 238). Ihre Reflexion müsse sich »immer wieder potenzieren und wie in einer endlosen Reihe von Spiegeln vervielfachen«, so Schlegel im 116. Fragment. Auf diese Weise entstehe eine »Poesie der Poesie« (Nr. 238), die sich im Akt der Selbstobjektivierung gewissermaßen über sich selbst erhebe. Dasselbe Moment der Distanznahme prägt auch F. Schlegels Begriff der Ironie. Im Unterschied zur rhetorischen bringe die ›romantische Ironie‹ das Spannungsverhältnis zwischen ›endlicher‹ Darstellung und ›unendlichem‹ Darzustellenden zum Ausdruck.

In der Forschung wird kontrovers diskutiert, ob es sich bei den *Fragmenten* um Aphorismen handelt oder um eine eigenständige Gattung. Gezeigt werden konnte aber immerhin, dass sie Hamann, Herder und Lessing stärker verpflichtet sind als der aphoristischen Tradition. Gemessen an den *Lyceumsfragmenten* zeichnen sich die Athenaeumsfragmente schon formal durch eine größere Vielfalt aus; unter ihnen finden sich neben apodiktisch formulierten Sentenzen z. B. konzentrierte Abhandlungen und Dialoge. Die widersprüchlichen Definitionen des Fragments (Nr. 206, 259) geben auf die Frage nach ihrer Gattung ebenfalls keine eindeutige Antwort. Dies entspricht aber gerade dem Grundgedanken eines in Bewegung bleibenden Denkens, so dass sich die Interpretation zentraler Begriffe der Athenaeumsfragmente als unabschließbare Aufgabe erweist.

1800 veröffentlichte F. Schlegel unter dem Titel *Ideen* seine letzte Fragmente-Sammlung, in deren Mittelpunkt nunmehr religiöse Fragen rücken. Ob auch seine aus dem Nachlass publizierten Notizen als Fragmente gelten können, ist umstritten. Für viele Autoren der Moderne (z. B. Rilke, Hofmannsthal, Benn) wurde die von F. Schlegel und Novalis entwickelte fragmentarische Schreibweise wegweisend, ebenso übte sie im Bereich der Ästhetik (Adorno, Derrida) ihren Einfluss aus.

JULIA ABEL

Gespräch über die Poesie

Die ästhetische Schrift, entstanden 1799, erschien 1800 im dritten Band des *Athenaeum*. Dieses bedeutende kunsttheoretische Werk der Frühromantik ist abgefasst als Aufzeichnung eines Gesprächs unter Freunden (Amalia, Camilla, Antonio, Andrea, Lothario, Ludoviko und Marcus), denen Caroline und August Wilhelm Schlegel, Schelling, Fichte und Schleiermacher einige Züge geliehen haben. Die Art, wie hier in geselliger Form Probleme der Kunst erörtert werden, ist kennzeichnend für das ›Symphilosophieren‹ der frühromantischen Zirkel. Im Zentrum des poetologischen *Gesprächs* steht der Versuch, die historischen Erscheinungsformen und die verborgene Wurzel und Quelle der Kunst und Poesie dadurch näher zu bestimmen, dass »ganz verschiedene Ansichten gegen einander« gestellt werden, »deren jede aus ihrem Standpunkte den unendlichen Geist der Poesie in einem neuen Lichte zeigen kann«.

Andrea eröffnet die Reihe von vier Gesprächsbeiträgen, an die sich jeweils eine lebhafte Diskussion anschließt, mit der Darstellung und Würdigung der »Epochen der Dichtkunst« von der Antike bis zu Goethe. Er endet mit dem Postulat, dass man den »hohen Geist« der alten Dichtkunst wissenschaftlich erforschen und verlebendigen müsse, um – am Vorbild geschult – eine neue Poesie begründen zu können. Der Einfluss von Fichtes *Wissenschaftslehre* (1794) ist unverkennbar. »Die Kunst ruht auf dem Wissen, und die Wissenschaft der Kunst ist ihre Geschichte.«

Im Gegensatz zu Andreas literaturgeschichtlichem Rückblick untersucht Ludoviko in seiner »Rede über die Mythologie« die Voraussetzungen für die Wiedergewinnung eines einheitlichen geistigen Mittelpunkts aller zukünftigen Kunst und Poesie. Er geht von der Behauptung aus, dass die Grundlage, auf welcher die antike Dichtkunst beruhte, die Mythologie gewesen sei, und beklagt deren Fehlen in der modernen Dichtkunst. Im Idealismus, »dem großen Phänomen des Zeitalters« und

›revolutionärem Geist‹, der alle Wissenschaft und Kunst ergreifen wird, erblickt Ludoviko nun aber die Möglichkeit, eine »neue Mythologie« zu formen, die transzendentalen Ursprungs ist und »aus der tiefsten Tiefe des Geistes herausgebildet« wird. Im »ewigen Wechsel« des aus sich herausgehenden und in sich zurückkehrenden Geistes begründet dieser Idealismus einen »neue[n] Realismus«, der, »weil er doch idealischen Ursprungs seyn, und gleichsam auf idealischem Grund und Boden schweben muß, als Poesie erscheinen wird, die ja auf der Harmonie des Ideellen und Reellen beruhen soll«. In der anschließenden Diskussion wird das Wesen der Poesie als »diese höhere idealische Ansicht der Dinge, sowohl des Menschen als der äußern Natur« hervorgehoben.

Gegen Amalias Vorwurf, Jean Pauls Romane seien keine Romane, sondern nur ein »buntes Allerley von kränklichem Witz« und außerdem sentimental, wendet sich Antonio in seinem »Brief über den Roman«. Er verteidigt das Arabeske und Groteske als »ganz bestimmte und wesentliche Form oder Äußerungsart der Poesie« und verweist dabei auf den »göttlichen Witz« bei Ariost, Cervantes, Shakespeare, Sterne und Diderot. Das »Sentimentale« bestimmt Antonio gerade als Kern des Romantischen: »Denn nach meiner Ansicht und nach meinem Sprachgebrauch ist eben das romantisch, was uns einen sentimentalen Stoff in einer fantastischen Form darstellt.« Das Sentimentale sei daher im Gegensatz zu einer platten Gefühligkeit ein »geistiges Gefühl« und deren Quelle der »Geist der Liebe«, welcher in der romantischen Dichtkunst überall »unsichtbar sichtbar« schweben müsse. Dieser Geist sei ein alles Individuelle transzendierendes »unendliches Wesen«; alle individuellen Personen, Begebenheiten und Situationen aber seien »nur Hindeutung auf das Höhere, Unendliche, Hieroglyphe der Einen ewigen Liebe und der heiligen Lebensfülle der bildenden Natur«. Mit der Verteidigung des Arabesken und Sentimentalen gibt Antonio zugleich eine nähere Bestimmung des »Romantischen« und des Romans, die er miteinander identifiziert. Für ihn ist das Romantische »nicht sowohl eine Gattung [...] als ein Element der Poesie, das mehr oder minder herrschen und zurücktreten, aber nie ganz fehlen darf«. Alle Poesie solle daher romantisch sein, und so definiert er den Roman gattungsübergreifend als »ein romantisches Buch«, »gemischt aus Erzählung, Gesang und andern Formen«. Als ein »verhülltes Selbstbekenntniß« des Verfassers soll diese allumfassende, ideale Mischform dem Inhalt nach Bekenntnis und der Form nach Arabeske – Ausdruck der Phantasie – sein.

In dem »Versuch über den verschiedenen Styl in Goethe's früheren und späteren Werken« beschäftigt sich Marcus mit der künstlerischen Entwicklung des großen Vorbildes. Er unterscheidet drei Perioden in Goethes Schaffen: die Mischung von Subjektivem und Objektivem im *Götz von Berlichingen*, die objektive Ausführung im *Tasso* und die »idealische Haltung« in *Hermann und Dorothea*. Er kommt dann auf den *Wilhelm Meister* zu sprechen. Dieses Werk, das sich durch die »Harmonie des Classischen und des Romantischen« auszeichnet und somit als Beispiel für »die höchste Aufgabe aller Dichtkunst« gelten kann, ist in zweierlei Hinsicht bedeutsam: Es ist ein individuelles Werk und zugleich Vorbild für eine Gattung. Der Beitrag über Goethe endet mit der Aufforderung, sich dessen »universelle Tendenz« und »progressive Maximen« zu eigen zu machen: Auf diese Weise könnte er »der Stifter und das Haupt« einer neuen Poesie sein, die Antike und Moderne umfassen müsste.

Mit diesem programmatischen Werk, das eine umfassende Wesensbestimmung der romantischen Poesie zu leisten versucht, erreicht die romantische Kunsttheorie einen ersten Höhepunkt. Es leitet eine Phase der deutschen Literatur ein, die August Wilhelm Schlegel folgendermaßen kennzeichnete: »Die Poesie der Alten war die des Besitzes, die unsrige ist die der Sehnsucht; jene steht fest auf dem Boden der Gegenwart, diese wiegt sich zwischen Erinnerung und Ahndung.« In den *Sämmtlichen Werken* Friedrich Schlegels (1823) ist das *Gespräch* in einer vom Verfasser überarbeiteten Fassung enthalten, welche die »neue Mythologie« als eine neue »Symbolik« präzisiert. STEFFEN EWIG

Novalis

* 2. Mai 1772 auf Gut Oberwiederstedt bei Mansfeld (Deutschland)
† 25. März 1801 in Weißenfels/Saale (Deutschland)

(d. i. Georg Philipp Friedrich Freiherr von Hardenberg) – 1790 Jura- und Philosophiestudium in Jena (Vorlesungen u. a. bei Schiller und K. L. Reinhold), ab 1791 in Leipzig und ab 1793 in Wittenberg; 1792 Bekanntschaft mit Friedrich Schlegel; 1794 juristisches Staatsexamen, anschließend Amtsaktuar in Tennstedt/Thüringen; Bekanntschaft mit der zwölfjährigen Sophie von Kühn; 1795 inoffizielle Verlobung; Begegnung mit Fichte und Hölderlin in Jena; 1796 Akzessist bei der Salinendirektion in Weißenfels; 1797 nach Sophies Tod existenzielle Krise; ab Dezember Studium der Bergwerkskunde, Chemie und Mathematik an der Bergakademie Freiberg; Bekanntschaft mit August Wilhelm Schlegel und Schelling; 1798 Verlobung mit Julie von Charpentier; 1799 Salinenassessor in Weißenfels; enge Kontakte zu Tieck und den Brüdern Schlegel, Mitarbeit an deren Zeitschrift *Athenaeum*; 1800 Erkrankung an Tuberkulose, im Dezember Ernennung zum Amtshauptmann für den Thüringischen Kreis; wichtiger Philosoph, Lyriker, Erzähler und Essayist der Jenaer

Heinrich von Ofterdingen

Der Fragment gebliebene Roman wurde 1802 aus dem Nachlass veröffentlicht. Vollendet sind der erste, im April 1800 abgeschlossene Teil »Die Erwartung« und das Anfangskapitel des zweiten Teils (»Die Erfüllung«), dessen geplante Weiterführung handschriftliche Notizen von Novalis und ein von Tieck aus Gesprächen mit Novalis und aus dessen Nachlass rekonstruierter Bericht skizzieren.

Im Mittelpunkt steht der Novalis aus Chroniken bekannt gewordene Minnesänger Heinrich von Ofterdingen, dessen Reife zum Dichter der Roman als träumerischen Weg »nach Innen« erzählt. Doch Heinrichs exemplarischer ›Bildungsweg‹ ist zugleich Einweihung ins Weltgeheimnis und somit Entwurf einer universalen Erlösungsutopie. Der Roman beginnt mit dem im vorgeschichtlichen Dunkel liegenden Initiationsereignis: Ein fremder Reisender hat dem gerade 20-jährigen Sohn bürgerlicher Eltern im thüringischen Eisenach von geheimnisvollen Fernen und von einer wunderbaren »blauen Blume« erzählt; Heinrich ist fortan, als wäre er »in eine andere Welt hinübergeschlummert«. Im Traum verwandelt sich ihm dieses Sehnsuchtssymbol zu einem »blauen ausgebreiteten Kragen«, in dem ein Mädchengesicht schwebt; es wird zum lockenden Ziel seines Weges. Heinrich fühlt, dass dieser Traum in seine Seele »wie ein weites Rad hineingreift, und sie in mächtigem Schwunge forttreibt«. Seine poetische Bildungsreise nimmt hier seinen Ausgang; sie folgt dem Muster des Traums, wenn sich im Nacheinander bildhafter Episoden die gewöhnliche Wirklichkeit zunehmend potenziert und einen geheimen Beziehungsgrund der Dinge hervortreten lässt.

Heinrichs Mutter reist mit ihrem zunehmend in sich gekehrten Sohn und einigen befreundeten Kaufleuten zunächst nach Augsburg zu ihrem Vater, um Heinrichs »trübe Laune« zu vertreiben. Doch die mit Erzählungen verkürzte Reise trägt vor allem zum »leisen Bilden der inneren Kräfte« bei, die den »Geist der Poesie« entfalten. Ein Aufenthalt auf einer fränkischen Ritterburg macht Heinrich mit der kriegerischen Welt der Kreuzzüge bekannt, die dort gefangene Morgenländerin Zulima hingegen erzählt ihm von ihrer verlorenen, friedvoll-glücklichen Vergangenheit in ihrem Vaterland. Am Beispiel des Bergbaus, jenes »ernsten Sinnbilds des menschlichen Lebens«, weiht ihn ein alter böhmischer Bergmann später in die Geheimnisse der Natur und die »Tiefen« der Erde ein. Der unter der Erde lebende Einsiedler Graf von Hohenzollern schließlich erklärt Heinrich die »geheime Verkettung des Ehemaligen und Künftigen«, das Wesen der geschichtlichen Welt, deren Entwicklung eine »allmähliche Beruhigung der Natur« erkennen lasse: »wir können immer besseren Zeiten entgegensehn«. Um »den geheimnisvollen Geist des Lebens« zu erfassen, müsse ein Geschichtsschreiber jedoch zugleich Dichter sein. Beim Einsiedler entdeckt Heinrich auch ein Buch, das in fremder Sprache seine eigene Lebensgeschichte erzählt. Alle diese einander spiegelnden Erlebnisse erwecken in ihm eine dunkle, bilderreiche Sehnsucht. In Augsburg angekommen, lernt er auf einem Fest den Dichter Klingsohr und dessen anmutige Tochter Mathilde kennen, in der Heinrich jenes Mädchengesicht erkennt, zu dem der Kelch der blauen Blume sich zusammengeschlossen hatte. Vater und Tochter erschließen ihm nun den Weg zur Einheit von Dichtkunst und Liebe, doch kündigt sich Heinrich traumhaft an, dass er Mathilde verlieren, später aber erneut und für immer gewinnen werde.

Den ersten Teil beschließt das von Klingsohr erzählte allegorische Märchen von Eros und Fabel, in dem eine rationalistisch erstarrte Welt am Ende durch die fröhliche Fabel (die Poesie) erlöst wird. Zunächst ist das Astralreich Arcturs in Eis erstarrt; seine Tochter Freya (Friede) liegt in ewigem Schlaf, seit der gewaltige Held Eisen (Krieg) sein Schwert in die Welt geschleudert hat. In komplexen Verwicklungen reißt schließlich der Schreiber (der nüchterne Verstand, die Aufklärung) die Herrschaft an sich; erst durch die kindliche, in die Unterwelt entkommene Fabel kann am Ende der Bann gebrochen und das Eis zum Schmelzen gebracht werden. Fabel führt ihren Milchbruder Eros der erwachenden Freya zu, die, mit ihm vereint, als Königin das goldene Zeitalter von Liebe und Frieden beherrscht.

Der utopischen Vorwegnahme des goldenen Zeitalters folgt im zweiten Teil Heinrichs einsame Pilgerschaft. Mathilde ist, wie in Heinrichs Traum angedeutet, inzwischen gestorben. Unterwegs nimmt der Verzweifelte in einer Vision die tröstende Stimme der Toten wahr, »so daß ihm der Tod, wie eine höhere Offenbarung des Lebens, erschien«. Zukunft und Vergangenheit, Leben und Tod erscheinen ihm wechselseitig durchdrungen, ganz so, wie der Prolog der Astralis im zweiten Teil ankündigt: »Die Welt wird Traum, der Traum wird Welt.« Heinrich begegnet dem jungen Mädchen Cyane, das ihn zu einem alten Arzt führt. Dieser deutet ihm Blumen und Pflanzen als die »unmittelbarste Sprache« der Natur und sagt ihm den Anbruch eines goldenen Zeitalters voraus, »wenn die Natur züchtig und sittlich geworden« sei und als »Geist des Weltgedichts« das Gewissen herrsche, »der eingeborne Mittler jedes Menschen«. So wird Heinrich die Fabel zum »Gesamtwerkzeug« seiner gegenwärtigen Welt und ein religiöses Medium der sich im Dichter regenden »höhere[n] Stimme des Weltalls«.

Die Fortsetzung hat Novalis in teilweise widersprüchlichen Notizen angedeutet; doch war der Schluss als »Übergang aus der wirklichen Welt in die geheime« geplant: »Überall muß hier schon das Überirdische durchschimmern – Das Märchenhafte«. Traum und Wirklichkeit vermischen sich; wenn Heinrich die Welt griechischer Mythologie und persischer Märchen erleben, am Sängerkrieg auf der Wartburg teilnehmen, die »blaue Blume« pflücken und Mathilde wiederfinden sollte, könnte eine »Neue goldene Zeit« anbrechen. »Das ganze Menschengeschlecht wird [...] poetisch.«

Novalis hat seinen in einer idealen Welt situierten Bildungsroman als »Apotheose der Poesie« und als Gegenstück zu Goethes *Wilhelm Meister* konzipiert, zu dessen übermächtigem Vorbild er mit *Heinrich von Ofterdingen* auf Distanz geht: Statt Erfahrungen und Erlebnisse stehen hier Geschichten und Gespräche im Mittelpunkt. Nicht prosaische »Lehrjahre« durchläuft der Titelheld, sondern poetische »Übergangs Jahre« (an Caroline Schlegel, 27. Februar 1799). Das Motiv des geistigen Übergangs findet sich bei Novalis als Einweihung in die poetische Welt ritualisiert. So symbolisieren Einschlafen und Erwachen ›Tod‹ und ›Wiedergeburt‹ des Helden – seine Überführung in eine höhere Wirklichkeit, die sein Bewusstsein nach der lehrhaften Erkundung der ›Tiefe‹ von Raum (Erde), Zeit (Geschichte) und Seele zugleich erhöht und erweitert. Die poetische Verwandlung der Welt wird im unendlichen Progress einer traumhaften Potenzierung der Wirklichkeit und als freies Spiel mit Bildern erfahren, das seinen Ausgang bei der »blauen Blume« nimmt, dem Symbol für Mathilde – wie diese das Symbol der Poesie ist. Die Liebe erweist sich damit als Schlüssel zum Weltgeheimnis. Im ruhigen, rhythmischen Wechsel von Gesprächen, Binnengeschichten und spärlicher Handlung vollzieht sich eine stufenweise Verklärung der Poesie im Zeichen religiöser Transzendierung innerweltlicher Realität: Heinrichs symbolischer Wandel vom Reisenden zum Pilger bezeichnet ein welterlösendes »Innewerden« von etwas lange Vergessenem, das mittels Phantasie, Traum und Ahnung allmählich Gestalt annimmt und auf die einheitsstiftende Totalität von Natur und Mensch, auf den durchscheinenden Zusammenhang aller Dinge im Kosmos zielt.

Novalis' Roman stellt ein Schlüsselwerk der Frühromantik dar. Bereits 1803 galt er Friedrich Schlegel als bedeutendes Beispiel der »esoterischen Poesie«, die »über den Menschen hinausgeht, und zugleich die Welt und die Natur zu umfassen strebt«. Tieck sah in seinem *Bericht über die Fortsetzung* den Kern des Romans in der aus der Liebe geborenen Poesie, welche die unsichtbare, wundervolle mit der sichtbaren, gewöhnlichen Welt auf ewig verknüpfe. Für die Literatur der Moderne war insbesondere die in den narrativen Binnenspiegelungen zum Ausdruck kommende kompositorische Unabschließbarkeit des Romans richtungsweisend. HANS-HORST HENSCHEN / ANDREAS BLÖDORN

Jean Paul

* 21. März 1763 in Wunsiedel (Deutschland)
† 14. November 1825 in Bayreuth (Deutschland)

(auch: Jean Paul; d. i. Johann Paul Friedrich Richter) – Sohn eines Pastors, Theologiestudium in Leipzig; zunächst Hauslehrer und Verfasser von Satiren, Durchbruch als freier Schriftsteller ab 1790, Pseudonym »Jean Paul« in Anlehnung an Rousseau; um 1800 als Außenseiter in Weimar, ab 1804 in Bayreuth; empfindsamer Humorist in der Nachfolge Sternes; aufklärerisches Selbstverständnis als Polyhistor; kritische Nähe zur Romantik, Auseinandersetzung mit Fichtes Idealismus.

Vorschule der Ästhetik

Der Titel der 1804 erschienenen Schrift signalisiert eine gewisse Bescheidenheit im Anspruch und die Hoffnung, es werde eines Tages eine Ästhetik geben, die philosophischen wie dichterischen Ansprüchen zugleich gerecht würde. Jean Pauls *Vorschule* reagierte auf eine Vielzahl ästhetischer Schriften, die um 1800 erschienen und ihn vor allem auf dem ihm wichtigsten Gebiet nicht zufrieden stellten: den Bestimmungen des Humors, der Ironie, des Witzes und des Lächerlichen. Sie folgt keiner strengen Theorie, sondern resümiert mehr oder weniger systematisch die konzeptionellen Schwerpunkte seines Romanschaffens, dessen Hauptphase zum Zeitpunkt der Veröffentlichung gerade mit dem *Titan* abgeschlossen war.

In drei Abteilungen und einer »Nachschule« werden Gattungen, Epochen und Prinzipien der Dichtkunst voneinander abgegrenzt. Von grundlegender Bedeutung ist zunächst das »III. Programm« zur »Stufenfolge poetischer Kräfte«, in dem Jean Paul das Genie-Konzept des Sturm und Drang zu korrigieren sucht. In Anlehnung an Herder und gegen Schiller betont er die »Vielkräftigkeit« des Genies, um sie als organische, ausgewogene und besonnene Potenz der »Einkräftigkeit« des bloßen Virtuosen entgegenzustellen. Um Ausgleich bemüht zeigt sich Jean Paul auch in seiner Unterscheidung zwischen den »poetischen Nihilisten«, die sich ganz ins Reich der Phantasie begäben (womit er auf die Romantiker zielt), und den »poetischen Materialisten«, die rein mimetisch die Wirklichkeit abbilden wollten. Es gehört zu den Grundzügen Jean Paul'scher Poetik, dass er zwischen den beiden Prinzipien vermitteln will im Sinne einer dem Leben zugewandten, es gleichzeitig aber auch transzendierenden Kunst. Letzteres bringt ihn wieder in die Nähe zu den Romantikern, deren Programm er als »das Schöne ohne Begrenzung« und als das »Ahnen einer größeren Zukunft« skizziert, um es sodann als genuin christliche Poesie zu charakterisieren. Der Herder-Schüler erklärt sie zur »einzigen zweiten Welt in der hiesigen«. Die Modernität Jean Pauls zeichnet sich dabei nicht nur in seinem Säkularisierungseffekt ab, sondern auch in seiner Erweiterung des Schönen um das Hässliche und Dämonische.

Jean Pauls Nähe zur romantischen Universalpoesie ist registrierbar in seinem Konzept des Humors, mit dem er am nachhaltigsten gewirkt hat. Der Humor als das »umgekehrt Erhabene« vernichte das Endliche »durch den Kontrast mit der Idee«, heißt es in der *Vorschule*. Mit republikanischem Unterton führt er aus, dass der Humor das Große erniedrige durch die Gegenüberstellung mit dem Kleinen und umgekehrt, »weil vor der Unendlichkeit alles gleich ist und nichts«. Die Forderung Friedrich Schlegels, alles müsse romantisch werden, ergänzt Jean Paul bezeichnenderweise durch die Erklärung: »d.h. humoristisch«. Es folgen Überlegungen zu den stilistischen Konsequenzen des Humors, um dann auf die damit verbundene Subjektivität zu sprechen zu kommen. Das Ich und die Sinnlichkeit erweisen sich bei Jean Paul als die Grundpfeiler des Humors. Doch insbesondere das Bewusstsein von Individualität fehle den Deutschen ebenso wie eine Öffentlichkeit, in der sich der Humor erst entfalten könnte. Ähnlich argumentiert er in seiner Definition des Witzes, den er als Produkt von Freiheit und Gleichheit ausgibt, welches wiederum Freiheit erzeuge. Die *Vorschule* ist somit auch ein politisches Projekt: »Da dem Deutschen folglich zum Witze nichts fehlet als die Freiheit: so geb' er sich doch diese!«

Über den Roman handelt das »XII. Programm« der zweiten Abteilung. Die bereits von den Romantikern als Leitform eingeführte Gattung wird von Jean Paul als »poetische Enzyklopädie« vorgestellt und von jeder Vereinnahmung für aufklärerische Didaktik losgesagt. Im Roman gehe es vielmehr um die Darstellung des Menschen in seiner Ganzheit; gelehrt werde der Umgang mit der Welt als einem Universum aus Zeichen: »Die Poesie lehrt lesen.« Zeitgenössische und eigene Romane sortierend, kommt Jean Paul zu einer Einteilung der Gattung in drei nach nationalen Merkmalen bestimmten Klassen: Die erste ist die italienische Schule, zu der er neben Goethes *Werther*, Wielands *Agathon* und anderen auch seinen *Titan* zählt. In einem höheren Ton würden hier die Erhebung über die Tiefen des gemeinen Lebens vollzogen und große Leidenschaften, hohe Menschen und ideale Gegenden geschildert. Die zweite, deutsche Schule hingegen, repräsentiert durch Romane von Fielding und Sterne, Goethes *Wilhelm Meister* und Jean Pauls *Siebenkäs* und *Flegeljahre*, behandle Helden »in der Mitte und als Mittler zweier Stände«. Als niederländische Schule bezeichnet er schließlich eine dritte Klasse, für die er u.a. das *Leben des vergnügten Schulmeisterlein Wutz* anführt und in denen das gemeine Leben seinen Platz finde.

In den Paragraphen zu Fragen des Stils kommentiert Jean Paul die Leistungen einiger deutscher Schriftsteller von Luther über Klopstock zu Goethe und Schiller, bevor er »Hülfmittel« zu plastischen und phantastischen Ausdrucksweisen bereitstellt. Dabei hebt er – gegen die Lehre der Sprachpuristen – den Reichtum der deutschen Sprache hervor, die nicht nur in der Syntax, sondern auch in Grammatik und Lexik die besten Bedingungen zur lebendigen und bildlichen Darstellung biete.

Bis heute wirkt Jean Pauls *Vorschule* nach, wenn es um die Bestimmung des Humors geht. Eine besonders produktive Rezeption erfuhr sie in den hegelianischen Ästhetiken des 19. Jh.s; Arnold Ruge entwickelte in seiner *Neuen Vorschule der Ästhetik* (1837) die Idee des Komischen als »ästhetische Versöhnung« weiter, Friedrich Theodor Vischer versuchte in seiner Habilitation *Über das Erhabene und das Schöne* (ebenfalls 1837), die Kategorie des Erhabenen aus der subjektiven Innerlichkeit Jean Pauls zu einer objektiven Größe zu führen. Die Lektüre der *Vorschule* erweist sich für die Strukturanalyse von Jean Pauls Werk als ergiebig; zugleich ist sie nicht nur theoretische Abhandlung, sondern selbst ein sprachliches Kunstwerk. ROMAN LUCKSCHEITER

Annette von Droste-Hülshoff

* 10., 12. oder 14. Januar 1797 in Havixbeck bei Münster (Deutschland)
† 24. Mai 1848 in Meersburg/Bodensee (Deutschland)

(auch: Anna Elisabeth von Droste-Hülshoff) – Adliger Herkunft, auf Schloss Hülshoff geboren; erste lyrische Versuche ab 1804, Kontakt zu F. L. von Stolberg, Wilhelm Grimm, Beteiligung an der Sammlung von Märchen und Volksliedern; 1813 Arbeit am Trauerspiel *Berta oder Die Alpen* (Fragment), ab 1821 Arbeit am Prosawerk *Ledwina* (Fragment), u. a. auf Anregung ihres ersten Mentors A. M. Sprickmann; ab 1833 Versepen *Das Hospiz auf dem Großen St. Bernhard, 1837/38 Die Schlacht im Loener Bruch,* enger Kontakt ab 1833 zu dem blinden katholischen Theologen C. B. Schlüter, der 1838 ihre erste Gedichtsammlung herausgab; 1841 Novelle *Die Judenbuche;* 1840/41 anonyme Zuarbeiterin für Levin Schücking (Balladen und kleine Prosastücke für das *Malerische und romantische Westphalen*).

Das lyrische Werk

Annette von Droste-Hülshoff schrieb ab 1804 Gedichte, war innovativ, form- und traditionsbewusst; sie ahmte klassische – insbesondere Schiller – und romantische Dichtung nach, verfügte über die ›Klaviatur‹ lyrischer Formensprache und hat insbesondere im *Geistlichen Jahr* mindestens 71 verschiedene Vers- und Reimformen variiert.

Droste-Hülshoff hat zu Lebzeiten 124 Gedichte veröffentlicht und 39 weitere zum Abdruck vorgesehen; dazu kommen 91 nicht zum Abdruck vorgesehene Gedichte. Das postum veröffentlichte *Geistliche Jahr* (1851), das ebenfalls nicht zur Veröffentlichung vorgesehen war, umfasst 72 Gedichte; d. h. die zum Abdruck gekommenen und die nicht für den Abdruck vorgesehenen Gedichte halten sich die Waage mit jeweils 163 Texten. Dieses Verhältnis markiert u. a. auch die Rolle, die die Autorin zwischen dem Stand einer unverheirateten Freifrau von niederem Adel und dem einer professionellen Dichterin eingenommen hat. Viele unveröffentlichte Gedichte sind im Zusammenhang von Geburtstagen, Namenstagen oder anderen Festen entstanden und waren wegen ihres privaten Anlasses nicht für eine breitere Öffentlichkeit bestimmt, auch dann nicht, als Droste-Hülshoff im Zusammenhang mit ihrer zweiten Ausgabe der *Gedichte* (1844) schon zur öffentlich wahrgenommenen Person geworden war (die erste Ausgabe erschien 1838 bei einem anderen Verlag, halbanonym, mit nur vier Gedichten, acht geistlichen Liedern und drei Epen).

Durch ihre relative Isolation war Annette von Droste-Hülshoff besonders aufmerksam, was die politisch-gesellschaftlichen Veränderungen ihrer preußischen Provinz Westfalen anging. Insofern demonstriert ihre veröffentlichte Lyrik in den optisch ausgerichteten Motiven des Münsterlandes, der Heide- und Moorlandschaft, dem Mergelboden, den kleinen Seen in den »elliptischen Konstruktionen und der sperrigen Lexik« (Kortländer) auch die politische und räumliche Zerbrechlichkeit der Vormärzzeit. Böschenstein-Schäfer sucht die Konzeption der Droste-Gedichte in der Struktur des Idyllischen bzw. Anti-Idyllischen: »Die ambivalente Struktur der idyllischen Heimatlandschaft macht es begreiflich, daß sie als Kehrseite ihrer frommen Ruhe jene ganze Gespensterwelt aus sich entlassen muß, deren suggestive Gestaltung das Bild der Dichterin nur allzusehr geprägt hat.« In der Idyllik vieler ihrer Gedichte wird das Grauen des Untergrunds als subkutane Struktur mitentwickelt und zeigt sich an unerwarteten Stellen, oft in Details oder in metaphorisch aufgeladenen Satzkonstruktionen.

56 In den die Ausgabe von 1844 eröffnenden zehn »Zeitbildern«, die zwischen Herbst 1841 und Frühjahr 1843 entstanden sind, argumentiert die Autorin für die Beibehaltung der mühsam im Vormärz wieder installierten Werte und Ordnungssysteme. Insofern dokumentieren diese christlich ausgerichteten, wertbeständig orientierten »Zeitbilder« recht allgemein die adelig-restaurative Position der 1840er Jahre, die z. T. reaktionär auf traditionelle, humanistische Bildung, Elternliebe, Heimatbezogenheit und christliches Verständnis setzt.

Der folgende kleine, zwölf Gedichte umfassende Zyklus »Haidebilder« (entstanden im Februar/März 1842 – bis auf die Ballade »Der Knabe im Moor«, die möglicherweise im September 1841 konzipiert wurde) ist auf den ersten Blick unpolitisch, kleinteilig und detailliert angelegt und formuliert aus merkwürdigen Perspektiven – auf dem Boden liegend, wie im »Hünenstein«, in und unter der Erde sitzend, wie in der »Mergelgrube«, oft in Übergangsbereichen, zwischen Tag und Nacht angesiedelt – Miniaturansichten auf Zerfallendes und in Auflösung Befindliches. Hier rekurriert der Gattungsbegriff ›Haidebilder‹ auf einen Beschreibungsmodus, der in der ersten Hälfte des 19. Jh.s sehr beliebt und an Alltäglichkeiten orientiert war. Den Abstraktionen der Klassik setzte man in ›Bildern‹ Details entgegen, die erst in der Zusammenschau allgemeinere Aussagen entwickelten. Interessant ist die formale Breite, die Droste-Hülshoff in ihren Bildern zur Geltung bringt.

Der Zyklus beginnt mit einem leicht ironischen Lied auf die Dämmerung: Die Lerche, die Künderin des Morgens, ermuntert die Pflanzen und Tiere, die Gräfin – die Sonne – zu begrüßen; »die Wasserlilie sieht ein wenig bleich, / Erschrocken, daß sie im Bade betroffen«, Käfer, Mücken, Bienen »krimmeln, wimmeln« im Heidgezweige, »die Grille [...] spielt so schäferlich die Liebesgeige. / Ein tüchtiger Hornist, der Käfer, schnurrt«. Als letztes Gedicht innerhalb der »Haidebilder« findet man auch das wohl am stärksten rezipierte Gedicht von Droste-Hülshoff, »Der Knabe im Moor«. Ein junger Knabe rennt wie ein »wundes Reh« durch die neblig dunkelnde Heide- und Moorlandschaft. Das Kind ist den Bedrohungen der Natur ausgesetzt. Überall bricht der Boden auf, grässliche Visionen zeigen sich und bedrängen ihn: der Gräberknecht, der Fiedler Knauf, die Wiedergängerinnen, der Spinnlenor und die »verdammte« Margreth. Sehr dicht gewebt sind die akustischen Signale: Aus der Spalte zischt und singt es, das Röhricht knistert, es raschelt, rieselt, knittert, pfeift unter den Sohlen, das Kind hört Seufzer aus der klaffenden Höhle etc. Zwischen diesen Polen der Rationalität des schulischen Wissens, im Bild der an den Körper gepressten Fibel, erschreckender Emotionalität und Irritation durch Figuren des westfälischen Aberglaubens organisiert Droste ihre Vorstellungen von der Auflösung der Landschaft und Natur, die jeweils damit korrespondieren, was Heimat im realen und übertragenen Sinn bedeuten kann.

Neben dem »Knaben im Moor« wird derzeit verstärkt die »Mergelgrube« im Rahmen paläontologischer Fragestellungen diskutiert, die im Fadenkreuz der Moderne stehen. Hier wird die Inkongruenz zwischen religiösem Wissen und naturwissenschaftlichen Erkenntnissen besonders deutlich, da die bahnbrechende Untersuchung Darwins, der Nachweis der biologischen Genese des Menschen aus dem Tierreich, sich kurz vor der Veröffentlichung befand (1859), die wichtigsten Thesen aber schon zwischen 1838 und 1844 entstanden waren. Droste-Hülshoff formuliert an zentraler Stelle des Gedichts: »Es ist gewiß, die alte Welt ist hin, / Ich Petrefakt, ein Mammuthsknochen drinn«, und beschreibt das Innehalten beim Anblick der Versteinerungen. Der Erzähler begreift, dass er sich nicht mehr im System religiöser Weltdeutung, sondern im Prozess naturwissenschaftlicher Entwicklung befindet und Werte, die an den gottgewollten eigenen Stand gebunden sind, zukünftig aufgehoben sein werden.

Die folgende, zehn Gedichte umfassende Sammlung »Fels, Wald und See«, entstanden zwischen September 1841 und Dezember 1843, enthält auch das in den letzten Jahren weithin, insbesondere in der feministischen Rezeption, wahrgenommene Gedicht »Am Thurme«. Hier spricht Droste als weibliches lyrisches Ich – in der Regel (wie beim »Hünenstein« und der »Mergelgrube«) tritt das lyrische Ich maskiert als »Herr« auf – und bemängelt die gesellschaftlich zurückgesetzte Position der Frau: »Wär ich ein Jäger auf freier Flur, / Ein Stück nur von einem Soldaten, / Wär ich ein Mann doch mindestens nur, / So würde der Himmel mir rathen«. Die Position eines freien Menschen kann nur als Utopie angedacht werden und hat ihre Engführung im Zusammenhang des gebundenen Haares: »Nun muß ich sitzen so fein und klar, / Gleich einem artigen Kinde, / Und darf nur heimlich lösen mein Haar, / Und lassen es flattern im Winde!« Das ungebundene, nicht in strenge Frisuren gelegte Haar wurde etwa zeitgleich im *Struwwelpeter* (1845) als Ausdruck eines unangepassten Kindes diskutiert und 1848 vom selben Autor, Heinrich Hoffmann, im Pseudonym eines Peter Struwwel als Ausdruck von revolutionären Haltungen formuliert.

Die anderen Gedichte dieser kleinen Sammlung, u.a. »Das öde Haus« und »Im Moose«, schließen in der Wahl des Sujets und in der Orientierung an die »Haidebilder« an und beschreiben, wie etwa die nach eigenen Prinzipien agierende Natur ein ödes, verlassenes Forsthaus, Markierung von kultureller Sozialität und Ordnung, überwuchert. Nur die mit grober Wolle bestickte Hundeleine erinnert an Spuren des verstorbenen Bewohners. Auch hier sind es Motive der Auflösung, etwa in der geköpften Libelle, in der kränkelnden Narzisse und im überjährigen Nest der Schwalbe, die jeweils Melancholie und Überfälligkeit charakterisieren.

Es folgen (dem Ordnungsschema der historisch-kritischen Ausgabe gemäß) »Gedichte vermischten Inhalts«, »Scherz und Ernst«, die »Balladen«, die z.T. ihre vorab veröffentlichten anonymen Beiträge beinhalten, und die vier Versepen. Die »Gedichte vermischten Inhalts« sind zum großen Teil Widmungs- und Freundschaftsgedichte sowie Gelegenheitslyrik und umspannen die Phase von den 1820er Jahren bis 1843. Die Breite der Stoff- und Motivwahl und lyrischen Form variiert in diesen 40 Gedichten am stärksten im Vergleich zu den anderen Sammlungen. Droste-Hülshoff allerdings schätzte die Qualität dieser Dichtungen eher gering ein, vielleicht auch weil eine enge Einbindung in die dilettierende Kultur des 19. Jh.s vorliegt. Allerdings gibt es Gedichte wie »Das Spiegelbild« (1842), das eine markante Rezeption in der Diskussion um Bewusstseins- und Spaltungsprozesse erfahren hat. Böschenstein-Schäfer hat sich an mehreren Stellen mit der Konzeption dieses Gedichtes und mit der Frage auseinandergesetzt, welche Ich-Instanzen angesprochen werden, wenn das lyrische Ich fragt: »Schaust Du mich an aus dem Kristall, / mit deiner Augen Nebelball, / Kometen gleich die im Verbleichen / mit Zügen, worin wunderlich / Zwei Seelen wie Spione sich / umschleichen.« Der distanziert fragende Ton des lyrischen Ich wird aggressiv, wenn es um die »Frondienste« geht, die die Gedanken leisten müssen. Das Gegenüber im Spiegelglas resümiert, dass es einerseits vor dem Alter ego »fliehen müsse wie vor Schergen«, da der obere Bereich des Gesichtes, die Stirn und die Augen, wie kaltes Glas aussähe (»kaltem Glast, / Voll todten Lichts, gebrochen fast«), andererseits »weinen müsse« angesichts der unteren Gesichtspartie, insbesondere des Mundes. Die Unterschiedlichkeit der einzelnen Gesichtszüge, die explizite Heterogenität einer Individualität, verfremdet im Spiegelblick, markiert die Introspektion, die Droste-Hülshoff vorführt. Häufiger diskutiert worden ist auch das Gedicht »Die Taxuswand« (1841), ein Text, der sich möglicherweise auf die biographische Situation einer vergangenen Liebesbeziehung stützt. Interessant und stilistisch zugespitzt ist der Gegensatz zwischen üppiger und leidenschaftlicher Jugend (»Wo ich das Leben früh / Mit glühen Lippen trank, / Als mich mein Haar umwallte / Noch golden wie ein Stral«) und kargem ereignislosen Alter (»O, schlafen möcht' ich, schlafen, / Bis meine Zeit herum!«).

In den folgenden Gedichten »Scherz und Ernst« wird der Kanon aufgerufen, durch den Droste zur Biedermeierautorin geworden ist. Insbesondere des »Alten Pfarrers Woche« (entstanden Dezember 1835) wurde als gemütvolles Genre- und Zeitbild wahrgenommen (»Und lockend lädt der Sessel ein / Mit seiner Kissengrube. // Pantoffeln, – Schlafrock, – alles recht!«), in dem potenzielle gesellschaftliche Probleme, Probleme der Armut, der Industrialisierung, der Gerechtigkeit zugunsten einer umfassend in Gott geborgenen Persönlichkeit aufgehoben sind. Der an Horaz, Kant und Christian Wolff philosophisch gebildete Pfarrer, der sich auch ungünstigen Witterungsbedingungen aussetzt, um seinen älteren Gemeindemitgliedern den sonntäglichen Segen zu bringen, hat es nur mit Fragestellungen zu tun, die sich auf Hochzeiten, Krankenbesuche, Beichten und die Sonntagspredigt beziehen. Am freien Montag vertieft er sich in die Schriften seiner Jugend und erlebt den österreichischen Kunstmäzen und Feldherrn Prinz Eugen (1663–1736) in seiner entscheidenden Schlacht. Auch andere Gedichte, u.a. »Das Eselein« und »Die beste Politik«, singen das hohe Lied der Mäßigung und des Ausgleichs, indem sie traditionelle Motive teils ironisch variieren.

Anders die 18 »Balladen«, die vor allem als Auftragsarbeit im Zusammenhang von Schückings *Malerischem und romantischem Westfalen* (1841) und danach entstanden sind. Zwei orientalisierende Balladen waren schon in der früheren Gedichtsausgabe von 1838 enthalten, andere längere, erzählende Gedichte – wie der »Knabe im Moor« – hat Droste-Hülshoff nicht unter ›Balladen‹ subsumiert. Die hier abgedruckten Geschichts- und Gespenster- bzw. Geisterballaden, die Grenzerfahrungen zwischen Rationalität, Täuschung, Wollen, unbewussten Prozessen und übersinnlicher Erfahrung thematisieren, wurden als Ausdruck des bedrohten Biedermeier, andererseits auch als Dramatisierung der westfälischen Geschichtsschreibung gesehen: »Der Tod des Erzbischofs Engelbert von Köln«, »Das Fegefeuer des westfälischen Adels«, »Die Stiftung Cappenbergs«, »Kurt von Spiegel« und andere gehören zu diesen Geschichtsballaden.

Bemerkenswert bei den Geschichtsballaden, etwa »Der Tod des Erzbischof Engelbert von Köln« (1841), ist das detaillierte historisch und sozial-fundierte Interesse von Droste-Hülshoff und das intertextuelle Verfahren ihrer Bearbeitung, da sie für diese Ballade mindestens vier der ihr zugänglichen historischen Standardwerke und andere Quellen, wie Stiche, ausgewertet und verarbeitet hat. Dabei erzählt sie die Episoden aus verschiedenen konkurrierenden Perspektiven, aus der Sicht des Angreifers Isenburg, des Erzbischofs und des Knappen, zudem aus der Position der verwitweten Gattin Isenburgs. Hier wechseln der Stand und das Geschlecht, indem die Frage nach der Rechtmäßigkeit der Amtsausübung von Engelbert I. (1185–1225) und seinem Widersacher Friedrich von Isenburg vor dem Hintergrund der Tötung Engelberts diskutiert werden.

Besonderes Augenmerk wurde in den letzten Jahren auf die Ballade »Das Fräulein von Rodenschild« (1840) gelegt, das eine Situation thematisiert, die Droste-Hülshoff – nach Schücking – selbst erfahren haben soll: Am Ostersamstag um Mitternacht sieht das Fräulein ihr Spiegelbild durchs Treppenhaus eilen, das sie verfolgt. Am bedeutsamen Ort des Hausarchivs treffen das Fräulein und ihr Doppelbild aufeinander, berühren sich kurz. Seitdem trägt das Fräulein einen Handschuh an der rechten Hand. Diese Berührung mit dem Anderen des Selbst, das Unbewusste, das entschiedener Traditionen und Rechte einfordern kann als das Ich, steht einerseits – wie das »Spiegelbild« – im Kontext des romantischen Doppelgängermotivs, andererseits psychoanalytischer Fragestellungen, die bedeutsam sind im Rahmen des Rollenverständnisses, der Traditionsbindung und Selbstkonstitution.

Aus dem Rahmen der Balladen fällt das sehr lange Gedicht »Der Spiritus familiaris des Roßtäuschers«, ein 1842 entstandener Text, der eine Sage der Brüder Grimm von 1816 aufgreift, die den Teufelspakt zum Inhalt hat. Dieser Spiritus wird in einem fest verschlossenen Fläschchen aufbewahrt; er hat eine Form, die zwischen Skorpion und Spinne angesiedelt ist, und die Eigenschaft, den zu ihm gehörenden Menschen großes Glück zu bringen. Allerdings muss der aktuelle Besitzer, falls der Spiritus stirbt, mit ihm in die »Hölle«, weswegen alle Besitzer versuchen, sich seiner zu entledigen. Während in der Vorlage der Grimms der Täuscher seine Gattin tötet und Selbstmord begeht, nachdem die Frau das ominöse Fläschchen geöffnet hat und sich das Glück zu Unglück wendet, verkommt in der Bearbeitung Droste-Hülshoffs der Täuscher zu einem heruntergekommenen, vereinsamten Bettler, der in der Silvesternacht stirbt und von den Dorfbewohnern bestattet wird. »Um Mittag hat der Mähder ihn am Lindenstamme aufgehoben / Und in des Karrens Futtergrün dem Leichhause zugeschoben / [...] Ein kurzer träger Glockeschlag hat zu der Grube ihm geleitet, / Wo sich der Engelsflügel neigt / Und nicht des Drachen Kralle reicht«. Eindrucksvoll ist diese 420 Verse lange Dichtung deshalb, weil hier eine Szenenfolge geschildert wird, die wie im Buch Hiob die furchtbare Agonie des Täuschers zeigt, der erst nach Jahren des Herumirrens und erst nachdem er den Spiritus mit dem Nagel eines christlichen Kreuzes durchstoßen hatte – quasi alttestamentarisch – mit dem Engel über den Drachen siegt. Dieses romantische Motiv des modifizierten Teufelpakts, das zeitgenössisch vielfältig variiert worden ist (u.a. bei Goethe, La Motte Fouqué, Adelbert von Chamisso) zeigt, dass die Dichterin durchaus romantische Motive verwendet, aber zumindest die Gattung gewechselt hat, damit sie nicht zu ›abgegriffen‹ seien.

Die folgenden drei langen »Epen«, die zwischen 1825 und 1838 entstanden sind, greifen einerseits auf historische Umstände und die westfälische Geschichte zurück, wie etwa bei der »Schlacht im Loener Bruch« (1837/38), die in Stadtlohn vom 4. bis 6. August 1623 zwischen dem General Tilly, Oberbefehlshaber der katholischen Fraktion, und dem Führer der protestantischen Böhmen, Christian von Anhalt, stattgefunden hat. Der Einbruch der Schlacht in die idyllische Szenerie traulicher Kinderspiele, die Grausamkeit der Kriegsparteien und -anführer, der Versuch der Rekonstruktion der Anführerbiographien, die aber nur zum Teil die entschiedene Brutalität erklären kann, zudem die Diskussion um vergehende Zeit, die jeden Toten einhüllt, sind Kernpunkte dieser Arbeit.

Im »Hospiz auf dem großen Sankt Bernhard« (1828–1833) wird der dramatische Konflikt zwischen den alpinen Naturgewalten der Schweizer Landschaft und den Instinkten eines Bernhardiners in der Rettung eines älteren Dorfbewohners beschrieben. Dieses im 19. Jh. mehrfach thematisierte Projekt der Auseinandersetzung zwischen einer machtvollen und zerstörerischen Natur und der kulturell und christlichen geprägten Kultur der Mönche wird enggeführt in der Person des Greises und des Kindes, die durch den Hund gerettet werden können. Zudem wird der zuerst als tot klassifizierte Alte Benoit durch die Kenntnisse der Mönche als Lebender in einem scheintoten Zustand erkannt.

»Des Arztes Vermächtnis« (1834) formuliert als Epos vorab viele Momente späterer Gedichte, da es sich hier um einen Zwischen- und Übergangsbereich der Erinnerung und der Wahrnehmung dreht. Es ist nicht klar, ob der Protagonist, ein Arzt, tatsächlich das Erlebnis einer nächtlichen Entführung hatte, in der er einen schwer verletzten Räuberhauptmann retten sollte und anschließend, nachdem nur eine kurzfristiger Besserung erreicht worden war, selbst gerettet werden musste, oder ob es sich um einen schweren Fiebertraum handelt. Dieser an sich gängige romantische Stoff – mit den trivialen Elementen etwa des edlen Räuberhauptmanns – gewinnt seinen Reiz bis heute aus dem Unentwirrbaren der Konstellation und der Überschneidung psychologischer und realistischer Elemente. Droste-Hülshoff schrieb zu diesem Epos: »– obgleich die Darstellung, wenigstens nicht durchgängig klar seyn darf, so ist die Sonderung des Wahren vom Eingebildeten doch sehr leicht – Der Stoff ist gewöhnlich, aber, wie ich hoffe, vermöge der Darstellung nicht ohne Interesse.«

Von den nach der Ausgabe 1844 einzeln veröffentlichten Gedichten sind einige bekannte und anrührend poetische Gedichte wie »Mondesaufgang« (1844) und »Im Grase« (1844) und der postum erschienen Band *Das geistliche Jahr* (1851) zu erwähnen. Der geistliche Zyklus, der in zwei Teilen 1820 und um 1840 entstand, bezieht sich auf Bibeltexte des Münster'schen Perikopenbuches, das Droste-Hülshoff für die Jahre 1820 und 1839 zugrunde gelegt hat. Interessant sind die inhaltlichen und formalen Variationen der festgelegten Evangelientexte, die subjektive

Aufnahme der Schlüsselstellen, die sie gegen die überwältigende Tradition der geistlichen Texte entworfen hat. Insbesondere die starke formale Variation der Reim- und Versformen, die zum Teil zu sprachlich schwer verständlichen Inhalten führt, ist auffällig. Von der geistlich-katholischen Romantik, etwa Josef von Eichendorff, wurde Droste-Hülshoff gerade wegen dieser Texte geschätzt. Die ersten 25 Gedichte, die sie an ihre fromme Großmutter richtete, waren in der familiär gewollten und durchgesetzten Krisenzeit nach der abrupten Trennung von dem bürgerlichen Studenten Heinrich Straube entstanden. Ähnlich fragende und schuldbewusste Auseinandersetzungen finden sich in einigen religiösen Romantik- und Biedermeiertexten, etwa eines Clemens Brentano. Der zweite Teil thematisiert sehr viel stärker die Schwierigkeiten der Gottsuche und dokumentiert die stark gebrochene, sich in Tiefendimensionen wahrnehmende Persönlichkeit in einer sich stark verändernden Welt. Der Anstoß zur wiederholten Beschäftigung mit geistlicher Lyrik ging auf ihren Mentor Christoph Bernhard Schlüter zurück, der für die erste Gedichtsausgabe von 1838 neben den Epen vor allem geistliche Lieder anforderte. Einige dieser Gedichte halten sich im Droste-Kanon, etwa das Lied »Am letzten Tag des Jahres (Silvester)«, wo das lyrische Ich den Jahreslauf mit dem Lebenslauf vergleicht und an Silvester in großer Bedrängnis feststellt: »O Herr, ich falle auf das Knie: / Sey gnädig meiner letzten Stund! / Das Jahr ist um!« ORTRUN NIETHAMMER

Die Judenbuche

Der 1842 erschienenen Novelle liegt eine wahre Begebenheit zugrunde, die der Dichterin seit ihrer Kindheit aus Erzählungen vertraut war und die ihr Onkel August von Haxthausen unter dem Titel *Geschichte eines Algierer Sklaven* nach Gerichtsakten über den Judenmörder Johannes H. Winkelhagen (1764–1808) aufzeichnete und 1818 veröffentlichte. Indem Droste-Hülshoff eine Vorgeschichte dazu erfand, gelang es ihr, das historisch beglaubigte Ereignis als Folge einer Störung der menschlichen Gemeinschaft darzustellen, in der »die Begriffe von Recht und Unrecht einigermaßen in Verwirrung geraten waren«. Das Verhängnisvolle dieser allgemeinen gesellschaftlichen Situation enthüllt sich in einem individuellen Schicksal, das sich durch eine Reihe von ungewöhnlichen Ereignissen zunehmend verdichtet und dramatisch zuspitzt.

Die Geschichte spielt um die Mitte des 18. Jh.s in einem westfälischen Dorf, das »inmitten tiefer und stolzer Waldeinsamkeit« liegt und in dem

Holz- und Jagdfrevel an der Tagesordnung sind. Den begangenen Rechtsverletzungen begegnet man jedoch »weniger auf gesetzlichem Wege, als in stets erneuten Versuchen, Gewalt und List mit gleichen Waffen zu überbieten«. So ist Friedrich Mergel bereits durch seine Herkunft für seinen späteren Lebensweg geprägt. In seinem Elternhaus herrscht »viel Unordnung und böse Wirtschaft«; sein Vater ist ein chronischer Trinker und wird zu den »gänzlich verkommenen Subjekten« gezählt. Nachdem ihm seine erste Frau weggelaufen ist, heiratet er die stolze und fromme Margret Semmler, die jedoch auch bald den verwahrlosten Verhältnissen im Mergel'schen Hause unterliegt, so dass Friedrich schon vor seiner Geburt »unter einem Herzen voll Gram« getragen wird. Es dauert nicht lange, bis auch das gesunde Kind in das Unheil, das der Vater verbreitet, hineingezogen wird.

Als Friedrich neun Jahre alt ist, kommt der Vater in einer »rauhen, stürmischen Winternacht« nicht nach Hause; man findet ihn tot im Brederholz. Nach diesem schauerlichen Ereignis haftet dem scheuen und verträumten Jungen in den Augen seiner Altersgenossen etwas Unheimliches an. Er gerät auch wirklich mehr und mehr in den Bannkreis verhängnisvoller Mächte, die in dem »unheimlichen Gesellen« Simon Semmler Gewalt über ihn gewinnen. Unter dem Einfluss seines Onkels verschafft sich der häufig verspottete und gering geachtete Junge einen »bedeutenden Ruf« im Dorf: Wegen seiner Tapferkeit und seines »Hangs zum Großtun« wird er bewundert und zugleich gefürchtet. Sein ständiger Begleiter, Johannes Niemand, Simons Schweinehirt, verkörpert gleichsam sein abgelegtes Ich, er ist »sein verkümmertes Spiegelbild«. Je gewaltsamer Friedrich sich jedoch von dem Makel seiner Herkunft zu befreien sucht, desto mehr zieht er das Unheil auf sich. Er wird – ohne dass man ihm vor Gericht etwas nachweisen kann – mitschuldig an dem Tod des Oberförsters Brandes, der von den Blaukitteln, einer besonders listigen Holzfrevlerbande, im Brederholz erschlagen wird, und begeht schließlich aus verletztem Ehrgefühl einen Mord an dem Juden Aaron, nachdem dieser ihn wegen einer Restschuld von zehn Talern öffentlich bloßgestellt hat.

Da Friedrich jedoch mit seinem »Schützling« Johannes Niemand flieht, kann er des Mordes nicht überführt werden, ja der Recht sprechende Gutsherr ist später sogar geflissentlich bemüht, »den Fleck von Mergels Namen zu löschen«. Nach 28 Jahren – der Mord ist längst verjährt – kehrt Mergel als alter, »armseliger Krüppel« aus türkischer

Gefangenschaft in die Heimat zurück, gibt sich als Johannes Niemand aus und verdient sich sein Gnadenbrot mit leichten Botengängen. Das Brederholz meidend und doch unwiderstehlich von ihm angezogen, erhängt er sich schließlich an der sogenannten »Judenbuche«. In seinem Selbstmord erfüllt sich der an den Judenmord mahnende Spruch, den die Glaubensgenossen Aarons zu seiner Rache in den Stamm eingehauen hatten: »Wenn du dich diesem Orte nahest, so wird es dir ergehen, wie du mir getan hast!«

Entsprechend der Buche, der die Juden die Rache an dem Mörder anvertrauen, erscheint die Natur in der Novelle stets als Richter und Zeuge. Droste-Hülshoff veranschaulicht durch diese enge Verbindung zwischen dem Handeln des Menschen und der ihn umgebenden Natur, dass, verliert er sein inneres Rechtsgefühl, er zugleich die kreatürliche Einheit von Mensch und Natur stört, die – wie aus dem Gesamtwerk der christlichen Dichterin hervorgeht – in der göttlichen Seinsordnung festgelegt ist. Bezeichnenderweise geschehen in der *Judenbuche* alle furchtbaren Ereignisse in der Nähe der Buche im Brederwald, während einer stürmischen und monderhellten Nacht; der Brederwald wird zu einem magischen Raum. Der sachlich-nüchterne, durch genaue Zeitangaben äußerst distanzierte Berichtstil lässt die ständige Bedrohung des Menschen in einer scheinbar gesicherten Wirklichkeit durch die Macht des Dunklen und Irrealen noch unheimlicher hervortreten, wobei Anklänge an das Genre der Kriminalgeschichte von der Autorin beabsichtigt waren.

STEFFEN EWIG

Joseph von Eichendorff

* 10. März 1788 in Schloss Lubowitz bei Ratibor/Oberschlesien (Łubowice, Polen)
† 26. November 1857 in Neiße/Oberschlesien (Nysa, Polen)

Aus schlesischem Adel; 1805–1806 Jurastudium in Halle, 1807–1808 in Heidelberg, Vorlesungen bei Görres; 1808 Reise nach Paris und Wien, Rückkehr nach Schloss Lubowitz; Winter 1809/10 in Berlin, Vorlesungen bei J. G. Fichte, Kontakt u.a. zu C. Brentano und A. v. Arnim; 1812 Studienabschluss in Wien, Bekanntschaft mit F. Schlegel; 1813–1815 Teilnahme an Befreiungskriegen; ab 1816 Jurist im preußischen Staatsdienst in Breslau, 1821 in Danzig; 1831 Versetzung nach Berlin auf eigenen Wunsch, Freundschaft u.a. mit W. Alexis; 1841–1844 Geheimer Regierungsrat; 1845 erneut in Wien, Bekanntschaft mit F. Grillparzer und A. Stifter; Lyriker, Erzähler, Dramatiker, Literaturhistoriker und Übersetzer.

Das lyrische Werk

Einen schmalen Vorrat an Bildern und Motiven nur enthält das lyrische Werk Eichendorffs. »Immer wieder rauschen die Wälder, schlagen die Nachtigallen, plätschern die Brunnen, blitzen die Ströme. Immer wieder kommen Lichter oder Klänge aus der Ferne, von den Bergen, aus der Tiefe, zwischen den Wipfeln herüber oder durch das Fenster herein. Das geht bis zur scheinbaren formelhaften Erstarrung.« (R. Alewyn) Aus lyrischen Formeln, aus Versatzstücken von magischer Kraft und symbolistischer Bedeutung hat Eichendorff ein poetisches Werk komponiert, in dem sich Stereotypen und Requisiten der Volksliteratur mit dem Idiom der Halle'schen Studenten, mit Bibelanklängen, Archaismen und Literaturzitaten zu jenem Eichendorff-Ton verbinden, der über das Konzertlied, über das Chorlied der Männergesangvereine, das Kommersbuch und die Liederbücher der Jugendbewegung als ein spezifisch deutscher Ton in die Geschichte der Lyrik und des Liedes eingegangen ist.

Aus »Heimweh« und »Erinnerung« ist der Grundakkord von Eichendorffs Formelsprache gemischt, der die Melodie von »Trennung« und »Wiederfinden« begleitet. Die Wurzeln von Eichendorffs poetischer Leistung sind in der übermächtigen, individuell verstärkten Trennungserfahrung des Menschen von der Natur zu suchen und in dem Versuch, ästhetisch wiederzugewinnen, was in der Realität verloren scheint. Formeln des Abschieds, der Reise, der Wanderung und des Gedenkens beherrschen Eichendorffs lyrische Sprache schon früh; in ihr erklingt das Zauberlied »von der alten schönen Zeit« mit der oft wiederholten Frage: »Gedenkst Du noch?« Eichendorffs Lyrik, chronologisch bereits diesseits der Schwelle revolutionärer Umbrüche angesiedelt, beschwört das in der Zeitflucht verlorene Gefühl der Geborgenheit in Heimat, Liebe und vertrauter Natur. Die Schlösser und die Gärten der Kindheit, Lubowitz und Tost (»O schöner Grund, o Höhen«, 1810), die Klage um den fernen Bruder (»Denkst du des Schlosses noch«, 1830; »Du weißt's dort in den Bäumen«, 1830) und die toten Kinder (»Von fern die Uhren schlagen«, 1834), die Beschreibung der vom industriellen Raubbau längst gelichteten schlesischen Wälder (»Wer hat dich du schöner Wald«, 1810) werden so zu Chiffren einer inneren Landschaft, in der alles Getrennte sich wiederfindet, in der auch Mensch und Natur sich im mythischen Brautfest vereinen (»Es war als hätt' der Himmel«, 1835).

In Eichendorffs inneren Landschaften, gefügt aus optischen und akustischen Signalen, antwortet (im Lied der zahllosen diese Gedichte durchziehenden Wanderer) die Sehnsuchtsbewegung des erweckten Herzens dem Ruf, der das lyrische Ich aus der erlösungsbedürftigen Natur erreicht, und der hundertfach geschilderte Fensterblick von Eichendorffs lyrischen Gestalten (z. B. »Es schienen so golden die Sterne«, 1834) eröffnet eine an Novalis und Friedrich Schlegel erinnernde Perspektive in das bergende und zugleich ängstigende Innere von Raum und Zeit. Dass all diese Formeln und Chiffren, auch wenn sie nur literarische Erfahrungen (barocker geistlicher Poesie und der Werke Goethes, Jean Pauls, Tiecks, Görres', Arnims und Brentanos) übersetzen, fern der Bildungsattitüde stehen, wird dadurch belegt, dass keine dieser Formeln als Bildungszitat dauerhaft in den ›Zitatenschatz des deutschen Volkes‹ eingegangen ist. Frage, Bitte, Dank und Anruf Gottes sind bevorzugte Gesten dieser Gedichte, weil Eichendorff die das 18. Jh. kennzeichnende Konkurrenz von Poesie und Gebet evoziert, den Verlust an religiöser und meditativer Substanz, den seine Zeit wie keine andere vor ihr erlitten hat, durch Lyrik zu kompensieren suchte. Von der realen Erfahrung des Verlusts in einer Schwellenzeit ausgehend, dringt der lyrische Kosmos Eichendorffs ein in die mythischen Ursprünge der Einheit von Welt und Bewusstsein und erkennt Trennung als eine die Neuzeit konstituierende Grunderfahrung der Menschheit.

An der anakreontischen Eleganz der Gedichte Ludwig Höltys und Friedrich von Hagedorns, am gefühlvollen Balladenton Gottfried August

Bürgers orientiert sich die Jugendlyrik Eichendorffs, in der naturgemäß die Kasual-Gedichte, das Trinklied, der Feiergesang, das Totengedicht und der Stammbuchvers, dominieren; auch in späteren Jahren aber war Eichendorff ein gesuchter Gelegenheitsdichter, der für Liedertafeln (z. B. »Damen-Liedertafel in Danzig«, 1823), für literarisch-gesellige Vereine (z. B. »Der alte Held«, 1831 für die Berliner Mittwochsgesellschaft) schrieb und das panegyrische Genre so meisterlich beherrschte, dass der preußische Oberpräsident Heinrich Theodor von Schön nicht müde wurde, den Ruhm seines Oberpräsidialrats durch die Verbreitung von dessen Lied »Viel Essen macht viel breiter« (1825) zu fördern.

Als der 19-jährige Eichendorff beim Studium in Heidelberg 1807 dem Romantiker Otto Heinrich Graf von Loeben (1786–1825) begegnete und von diesem in eine »mystische liebereiche Loge« aufgenommen wurde, entwickelte sich seine Lyrik, zunächst im Sonetten-Dialog mit den Freunden, reicher und vielfältiger. In dem von Loeben (als Isidorus Orientalis) präsidierten Eleusischen Bund trug Eichendorff (ab dem

19. März 1808) den Dichternamen Florens, nach dem verkannten Kaisersohn aus Tiecks Bearbeitung des Volksbuches vom *Kaiser Octavianus*, so dass sich nicht nur die enge Bindung der von Eichendorff unter diesem Pseudonym veröffentlichten Gedichte an die Bildsprache des Novalis, sondern auch an die von Tieck erneuerte Minnelyrik des Mittelalters erklärt. In den schwärmerisch-naturmystischen Ton des Loeben-Kreises, gebändigt durch strenge Vers- und Strophenformen (Sonett, Kanzone, Glosse, Madrigal, Stanzen, Terzinen usw.), mischt sich mit der Thematisierung »schwarzer Bangigkeit« (d. h. der in ihren Ursachen unbestimmten Schwermut) ein persönliches Element, welches belegt, dass der von Loeben nur scheinbar gestillte Kampf Eichendorffs »zwischen Poesie und Jurisprudenz« andauerte. Er endete um 1809 mit der Entscheidung gegen das Dichtertum als Beruf, also mit der Lösung von Loebens Einfluss und der entschiedenen Zuwendung zum Ton der Lieder aus *Des Knaben Wunderhorn*, welche durch die persönliche Begegnung mit Arnim und Brentano (in Berlin 1810) gefestigt wurde.

Seit der Entstehung seines bekanntesten Liedes, der 1813 erstmals gedruckten Romanze »Das zerbrochene Ringlein« (»In einem kühlen Grunde«), dominiert in Eichendorffs Lyrik die drei- oder vierhebige jambische Volksliedstrophe, wobei häufig je zwei vierzeilige Strophen zu einer achtzeiligen zusammengezogen werden. Die Aneignung des von Arnim und Brentano geschaffenen artistischen Volkstones und seiner trochäischen Komplemente ist um 1815 abgeschlossen; seither wurden die Bild- und die Verssprache Eichendorffs nur noch entfaltet und differenziert, nicht mehr entwickelt. Mit dem Zyklus *Auf den Tod meines Kindes* (1834) aber haben schon die Zeitgenossen eine ernstere Stimmung in Eichendorffs Lyrik wahrgenommen. Seit dem erneuten Revolutions-Schock nämlich, der Europa 1830 getroffen hat (im Werk Eichendorffs kenntlich an den Satiren und den politischen Schriften um 1832), griff die historisch-politische Dimension auch in den symbolistisch-zeitenthobenen Texten Eichendorffs Raum, so dass die letzte thematisch-stilistische Wende seiner Gedichte die zu den politischen Gedichten der Revolutionsjahre 1848/1849 darstellt. Zu diesen Texten gehört die »Familienähnlichkeit« überschriebene Scheltrede auf die Deutschen (»Zwei Arten von Getieren«), die an satirischer Schärfe auch von Platen, Nietzsche und anderen Kritikern des Deutschtums nicht mehr übertroffen werden konnte.

Heinrich Theodor von Schön (1773–1856) hatte Eichendorff mit der Gedankenwelt des Reform-Beamtentums vertraut gemacht, wonach eine künstlerisch-literarische Tätigkeit dem Beruf nicht widerstrebt, sondern den Beamten, als Ideenträger des Staates, für diesen Beruf erst befähigt. So begleitet Eichendorffs Lyrik – seit etwa 1819 – auch den Aufstieg und den Verfall dieser aus der Provinz Preußen gegen den Berliner Zentralismus gerichteten, reform-konservativen Gedankenwelt, mit einem deutlichen Höhepunkt in den Jahren vor dem Regierungswechsel in Preußen, zwischen 1837 und 1840 (»Kaiserkron' und Päonien rot«, 1837; »Möcht' wissen, was sie schlagen«, 1838; »Mein Gott, dir sag' ich Dank«, 1839). Nach der Pensionierung (1844), die von der vorrevolutionären Verhärtung in der preußischen Ministerialbürokratie erzwungen wurde, ist Eichendorff als Lyriker folgerichtig verstummt. Nur wenige, in der Mehrzahl postum bekannt gewordene Gedichte (»Prinz Roccocco, hast dir Gassen«, Erstdruck 1854; »Noch singt der Wind«, 1854) zeugen noch von der Kraft der Erinnerung, die vom erreichten Lebensgipfel aus über die Grenzen der eigenen Lebenszeit hinauszublicken wagt (»Wo werd' ich sein im künft'gen Lenze?«, 1854).

Eine große Zahl von Gedichten Eichendorffs ist in Romane, Erzählungen, Schauspiele und Versepen verflochten, doch anders als im Werke Brentanos entwickeln sich diese Lieder nicht aus dem umgebenden Prosatext; Eichendorffs Lieder werden den handelnden Personen als Lieder in den Mund gelegt, von ihnen zum Spiel der Geige oder der Gitarre fröhlich gesungen (»Wem Gott will rechte Gunst erweisen«, 1817), aus der Ferne oder einem geschlossenen Raum vernommen (»Ich kann wohl manchmal singen«, 1810), rezitiert und erinnert; sie sind häufig unabhängig von ihrem späteren Kontext entstanden und gedruckt worden. In einer sich programmatisch der Prosa zuwendenden Zeit, in der Schönheit und Wahrheit in Gegensatz zueinander traten, hat Eichendorff an der Wahrheit des Schönen festgehalten und die Selbständigkeit seines lyrischen Werkes manifestiert. Die erste Sammelausgabe seiner poetischen Texte (*Aus dem Leben eines Taugenichts und das Marmorbild. Zwei Novellen nebst einem Anhange von Liedern und Romanzen*, 1826) sollte seiner Vorstellung nach so angeordnet werden, dass die Gedichte einen Rahmen um die Prosatexte bilden. In der von den Berliner Freunden des Dichters getroffenen Textanordnung aber wird durch die Spitzenstellung der Erzählung *Aus dem Leben eines Taugenichts* deren weltweite Rezeption eingeleitet; Lieder und Romanzen erscheinen, dem Zeitgeschmack entsprechend, nur noch als »Anhang«. 1837 hat Eichendorff dann, vermutlich mit Hilfe von Adolf Schöll, seine Gedichte gesammelt, zu Zyklen und Serien geordnet und in thematische Gruppen gegliedert (*Gedichte*, 1837). Vom 1841 publizierten ersten Band der *Werke* unterscheidet diesen Band, in dem Adolf Schöll für eine Reihe von Gedichten auch Überschriften erfunden hat, vor allem die in den *Werken* angefügte Abteilung der 1839 entstandenen Übersetzungen »Aus dem Spanischen«.

Die Gedichte Eichendorffs wurden hauptsächlich durch ihre Melodien verbreitet. E. Busse zählt, unter Einbeziehung aller Vokalgattungen, allein aus den beiden letzten Dritteln des 19. Jh.s »weit über 5000 E.-Vertonungen«, unter denen Robert Schumanns *Liederkreis* (op. 39), Felix Mendelssohn-Bartholdys fünf Lieder Eichendorffs für Männerchor – »im Freien zu singen« – und Hugo Wolfs Sätze für gemischten Chor (*Sechs geistliche Lieder nach Gedichten von J. v. E.*, 1881) sowie seine Sololieder hervorragen. Die bürgerliche Vereinsbewegung des 19. Jh.s, für die Eichendorff selbst gearbeitet hat und von der er 1847 im vorrevolutionären Wien mit Chor- und Solovortrag seiner Lieder begeistert gefeiert wurde, hat das Interesse an Eichendorff so stark auf die Kompositionen umgelenkt, dass der Name des Textdichters den Sängern oftmals verloren gegangen ist.
GERT SAUTERMEISTER

Aus dem Leben eines Taugenichts

Die Erzählung, die der Autor um 1817 unter dem Titel »Der neue Troubadour« zu schreiben begann und deren erstes Kapitel er 1823 in den *Deutschen Blättern für Poesie, Literatur, Kunst und Theater* veröffentlichte, erschien 1826 und wurde noch zu Lebzeiten des Autors dessen bekanntestes episches Werk.

Eichendorff wählt im Unterschied zu den meisten seiner Romane und Novellen eine Ich-Erzählinstanz und bindet so den Bericht über die kurze Spanne »aus dem Leben eines Taugenichts« an dessen subjektiven Erlebnis- und Erfahrungshorizont. Dabei tritt das erzählende Ich strikt hinter das handelnde und erlebende Ich zurück, so dass dem Lesepublikum der (durch eine Vielzahl von Liedeinlagen effektvoll gesteigerte) Eindruck vermittelt wird, es könne unmittelbar an den Abenteuern des Taugenichts teilnehmen. Dieses erzählerische Verfahren hat wesentlich zum Paradox beigetragen, dass Generationen von Lesern, die in eine auf ökonomischer Herrschaft gegründete und von sozialen Gegensätzen geprägte Gesellschaft fest eingebunden waren, ausgerechnet die Lebensgeschichte eines suspekten Individuums, das sich der Arbeitswelt kategorisch widersetzt und auf den Taugenichts-Vorwurf noch stolz ist, mit hoher Empathie- und Identifikationsbereitschaft rezipiert haben.

Die Geschichte des Taugenichts beginnt, nachdem der Vater, der »schon seit Tagesanbruch in der Mühle rumort und die Schlafmütze schief auf dem Kopfe« hat, seinen Sohn »hinaus in die Welt« schickt, damit er von nun an für sich selbst sorge. Der Taugenichts verlässt die Mühle und begibt sich zu Fuß und ohne Ziel auf eine Reise. Unterwegs wird er in einer Kutsche mitgenommen, die in Richtung Wien zu einem Schloss fährt. Der Taugenichts bleibt dort eine Zeit lang, lässt sich als Gärtner und später als Zolleinnehmer beschäftigen, ohne beide Tätigkeiten auch nur im Ansatz als Beruf und Arbeit zu begreifen; stattdessen verliebt er sich unversehens in eine »schöne Frau«. Selbst ihm wohlgesonnene Personen aus der Dienerschaft, etwa der Schlossportier, erscheinen dem jugendlichen Helden wie Karikaturen einer fremdartigen Ordnung. Als er erkennt, dass ihm ein Leben im philisterhaften »Schlafrock« auf Dauer missfällt, und als er glaubt, die »schöne Frau« sei längst an einen anderen – Höhergestellten – vergeben, wandert er weiter, nun nach Italien. Der Weg dorthin wird durch allerlei Abenteuer und Begegnungen bestimmt, die der Taugenichts keineswegs durchschaut, so dass er immer wieder in Turbulenzen und Konfusionen gerät; gelegentlich helfen ihm sein Gesang und sein virtuoses Geigenspiel weiter. Unterwegs nehmen sich zwei deutsche Kunstmaler seiner an, aber er verliert ihre Spur. In Rom hält er sich einige Zeit in der deutschen Künstlergemeinde auf; der Erzählbericht ist bei aller Anteilnahme am Geschehen von freundlicher Distanz und feiner Ironie geprägt; die heilige Stadt erweist sich keineswegs als Ziel der Reise.

Der Rückweg führt den Taugenichts wieder nach Österreich; an der Grenze begegnet er einer Gruppe von Musikern, Studenten aus Prag, denen er sich zeitweilig anschließt. Das zufällige Zusammentreffen mit einem Geistlichen, der zusammen mit einer jungen Frau auf dem Weg zu einer Hochzeit ist, gibt dem Geschehen eine weitere Wendung: Im Glauben, er sei der von der »schönen Frau« ausgewählte Bräutigam, kehrt der Taugenichts nach Wien und aufs Schloss zurück, von dem er aufgebrochen war. Er begegnet den beiden ›Malern‹ wieder, die mit ihm nach Rom unterwegs waren; es stellt sich allerdings heraus, dass es sich um ein inkognito reisendes gräfliches Paar handelt. Die geliebte »schöne Frau« aber, so zeigt sich schnell, ist keineswegs ein adliges Fräulein, sondern

Aurelia, die Nichte des Portiers, die als Waise auf dem Schloss aufgewachsen ist und nun die Frau des Taugenichts werden soll, nachdem der Graf beiden ein »Schlößchen [...] samt Garten und den Weinbergen schenkte«. Die Erzählung schließt mit einer das Happy End auf die Spitze treibenden, sogar den biblischen Schöpfungsbericht (1. Mose 1, 31) zitierenden, vieldeutigen Wendung: »und es war alles, alles gut«.

Die unbekümmerte Heiterkeit des Erzählausgangs hat wie die gesamte Erzählung unterschiedlichste Interpretationen erfahren. So galt der *Taugenichts* im 19. Jh. als »Verkörperung des deutschen Gemüts« (Theodor Fontane): gegen den Text, der seinem Protagonisten keinerlei nationale Signatur aufdrückt. Umgekehrt steht in der Erzählung auch keineswegs ein romantischer Antikapitalismus im Mittelpunkt, obgleich dieser hier und da durchscheint und Eichendorffs tiefe Skepsis gegenüber dem Modernisierungsdiskurs der bürgerlichen Gesellschaft bestätigt. Die Abneigung des Taugenichts gegen die Sphäre von Nützlichkeit und Arbeitsethos zeigt sich aber gerade nicht an modernen, sondern an feudalen Paradigmen: an der uralten Mühlenwirtschaft, die er leichten Herzens verlässt, und am bäuerlich-beschränkten Dorfleben, das er verspottet und dem er entflieht.

Dass Eichendorffs Text überhaupt die Gesellschaft seiner Zeit tangiert, ist im Verlauf der Rezeptionsgeschichte immer wieder geleugnet worden. Als Märchen gelesen, erscheint die Erzählung als eine die triste

Wirklichkeit negierende, gegen die Moderne abgedichtete Konstruktion. Der *Taugenichts* jedoch spiegelt keine Wunder- und Zauberwelt vor, verfügt über kein Märchenpersonal und keine Märchenhandlung, sondern trägt eher Züge einer Verwicklungs- und Verwechselungskomödie und gibt sogar verdeckte Hinweise auf Zeitereignisse. Das erzählende Ich erweist sich als literarisch, historisch und politisch breit gebildet, den Taugenichts als naiven, naturverbundenen Müllersohn zu bezeichnen, hieße weite Textpassagen aus dem Gesamtkontext auszublenden; ein satirischer Unterton ist zuweilen unverkennbar und wird in der Rom-Episode am Beispiel der aus Deutschland angereisten Künstlerzirkel offenbar, deren Romantizismen der Taugenichts als unproduktiv durchschaut. Ebenso distanziert er sich von aller klassizistischen Rom-Verehrung, und zwar schon vor seinem Einzug in die »uralte Stadt«, in der die »Frau Venus begraben liegt und die alten Heiden gehen und die Wanderer verwirren«.

Die feine Ironie des Erzählers bezieht romantisch klingende Phrasen bewusst in seine kritische Beobachtungskunst ein, etwa wenn jemand aus der vornehmen Schloss-Gesellschaft in Wien das »Volkslied, gesungen vom Volk in freiem Feld und Wald«, enthusiastisch als »Alpenröslein auf der Alpe selbst« und »Seele der Nationalseele« umschwärmt. Die Lieder des Taugenichts – darunter das u.a. von Schumann (1844) und Mendelssohn (1844) vertonte, im 19. Jh. zum Kernkanon jeder deutschen Liedertafel gehörende »Wem Gott will rechte Gunst erweisen« – lassen sich nicht auf das Klischee der gemüt- und stimmungsvollen »Nationalseele« reduzieren, sondern sind poetische Chiffren, mit denen der Taugenichts innere Konflikte und unvorhergesehene Situationen bewältigt; seine Meisterschaft besteht darin, dass er jederzeit die gesamte Skala der Emotionen und Affekte, aber auch der spöttischen Kommentierung und Distanzierung »aus voller Brust und Lust« zu singen und auf der Geige zu begleiten weiß. Dabei steht dem Part unbändiger Freude oft das Empfinden von Melancholie und Trauer entgegen, bis hin zu Wendungen wie »ich warf mich in das Gras hin und weinte bitterlich«, die einen biblischen Ton (Lukas 22,62) anklingen lassen. Die Fülle solcher Anspielungen, Bildchiffren, Motive, Handlungsstränge und Bezüge hat letztlich eine Vielzahl umfassender, geschlossener Interpretationen des *Taugenichts* scheitern lassen: Es scheint zur Ironie des Textes zu gehören, dass er seine poetische Kraft erst jenseits von Interpretationszwang und literaturwissenschaftlicher Deutungshoheit entfaltet. WOLFGANG FRÜHWALD

Das Schloß Dürande. Eine Novelle

Nichts in Eichendorffs epischem Werk, auch nicht diese Erzählung von 1837, darf als zeitlose Romantik bezeichnet werden: Das Romantische wird sowohl in den Romanen wie in den Novellen mit sozialen Kategorien und Politischem verschränkt. So gerät in *Schloß Dürande* eine freie, unbedingte Liebe in Widerspruch zu den Normen eines feudalen Gesellschaftssystems, und im Wirbel der Französischen Revolution wird diesem Widerspruch ein tödliches Ende bereitet. Den sozialen und politischen Gehalt seiner Geschichte benennt Eichendorff nie ausdrücklich und begrifflich; er lässt sich aber aus dem Verhalten der Figuren, ihrem Maskenspiel und ihren Irrtümern entziffern.

Renald, ein Jäger, lauert an einem Sommerabend einem Unbekannten auf, der dem Gerede der Leute zufolge seit geraumer Zeit seine junge verwaiste Schwester Gabriele aufsucht, die seinem besonderen Schutz anheim gegeben ist. In dem Unbekannten entdeckt Renald seinen Dienstherrn, den jungen Grafen Hippolyt von Dürande. Renald hütet

sich nicht nur, der Schwester den Namen des Geliebten preiszugeben, er veranlasst sie auch, unverzüglich für einige Zeit in ein nahe gelegenes Kloster zu gehen. Denn in der feudalen Gesellschaftsordnung hat das Mädchen von niederem Stande nur einen Besitz: ihre unverführte Reinheit – und die Herrschenden haben gewöhnlich nur eine Absicht: auch diesen Besitz anzutasten. Sind sie darin erfolgreich, so gereicht das, dem herrschenden Moralkodex zufolge, sowohl der Verführten wie ihrer Familie zur unauslöschlichen Schande. Davor möchte Renald sich und Gabriele bewahren. Nur allzu fixiert auf die Gefahr, die einem Mädchen aus dem Volk jederzeit droht, vermag er an die Möglichkeit einer gewaltfreien und auf Treue gegründeten Liebe zwischen Menschen verschiedenen Standes nicht zu denken. Gerade so aber ist die Liebe zwischen Gabriele und dem jungen Grafen beschaffen, und das trennende Kloster setzt der unerfüllten Sehnsucht kein Ende, sondern facht sie an. Gabriele entfaltet jene romantische Selbstentäußerung, die das Gegenbild zu bürgerlicher Verfestigung und zu taktischem Selbstschutz ist: »[…] ich möcht mich gern einmal bei Nacht verirren recht im tiefsten Wald, die Nacht ist wie im Traum so weit und still, als könnt man über die Berge reden mit allen, die man liebt in der Ferne«.

Wie den »Taugenichts« beseelt Gabriele ein freier Mut, der Verirrungen und die Gefahr der Ferne als die Bedingung eines schöneren Lebens in Kauf nimmt: Unerkannt folgt das Mädchen dem Grafen nach Paris, nur um als Gärtnerbursche verkleidet in seiner Nähe sein zu können. Doch muss unter den herrschenden sozialen und politischen Verhältnissen dieses Unterfangen unheilvoll ausschlagen. Denn zum einen scheut sich Gabriele, vor dem Grafen die Maske des Gärtnerburschen fallen zu lassen und ihm, der doch zugleich ein Herr ist, ihre Liebe »aufzudrängen«: Der Sehnsucht ist eine freie Selbstdarstellung versagt. Zum anderen hat der alte Graf Dürande auf die erotische Libertinage seines Sohnes mokant angespielt und in Renald den Verdacht geschürt, der junge Graf halte sich Gabriele als feile Dirne, wie der feudale Brauch es will. Weil der ahnungslose Graf, den Renald in Paris zur Rede stellt, in Gabrieles Schicksal nicht eingeweiht ist, nicht eingeweiht sein darf, kann er Renalds peinigenden Verdacht nicht entkräften. Er wirft den Jäger ungesäumt hinaus, als der ihm obendrein mit einem Brief droht, der von einem Feind des Adels und einem Freund der Revolution stammt. Renalds sozial motivierter Verdacht hinsichtlich des Schicksals seiner Schwester empfängt durch die politischen Zustände destruktive Kraft.

Eichendorff lässt es sich angelegen sein, das Motiv von der unzeitgemäßen Ordnung kritisch zu variieren. Das Ancien régime, sei es in Gestalt des eingeschlafenen Schlosses Dürande mit dem alten zeitvergessenen Grafen oder in Gestalt einer korrupten Rechtspflege und eines kranken Königs, begegnet dem ratsuchenden Individuum nur mit Hohn. Renald wird über seinen Irrtum nicht aufgeklärt, sondern darin bekräftigt – und es »spielten feurige Figuren auf dem dunklen Grund seiner Seele: schlängelnde Zornesblicke und halbgeborene Gedanken blutiger Rache«. Die Revolution aber speist nur den Zerstörungstrieb, den das untergehende Herrschaftssystem wachgerufen hat. In seiner verblendeten Rechtssuche ist Renald Kleists Michael Kohlhaas nicht unähnlich. An der Spitze eines verwahrlosten Haufens stellt er dem auf Schloss Dürande zurückgekehrten Grafen eine ultimative Forderung: Falls er nicht binnen kurzem Gabriele zur Frau nehme, habe er die Zerstörung seines Schlosses zu gewärtigen. Der Graf, der von Gabriele nichts weiß, antwortet auf die blinde Gewalttat mit »niegefühlter Mordlust«.

In diesem Teufelskreis einer sozial und politisch bedingten Verblendung geht auch Gabriele unter. Als Doppelgänger des Grafen mitten im Kampf auftauchend, will sie die tödlichen Kugeln auf sich lenken, um dem Grafen das Leben zu retten. Ihr todesverachtender Mut spiegelt die Ambivalenz einer unbedingten und zugleich der historischen Realität verhafteten Liebe: unbedingt, weil die historische Standesgrenze dieser Liebe kein Ende zu setzen vermochte; realitätsverhaftet, weil sie sich unter dem Zwang der noch geltenden Standesgrenze zu spät, erst in der Stunde der tödlichen Gefahr hervorwagt. Der Graf, der erst jetzt Gabrieles hingebungsvolles Maskenspiel durchschaut, bekennt seine tiefe, unzerstörte Neigung. Verwundet, selig vor Liebe, suchen beide in der Einsamkeit den Tod. Renald, Eroberer des Schlosses, sprengt das Schloss in die Luft und wählt den Freitod, nachdem er die Reinheit jener Liebe und die Unermesslichkeit seines Irrtums erkannt hat.

HERMANN KORTE

Jacob und Wilhelm Grimm

Jacob Ludwig Karl Grimm

* 1. April 1795 in Hanau (Deutschland)
† 20. September 1863 in Berlin (Deutschland)

Bruder von Wilhelm Grimm; 1802 Jurastudium in Marburg (u. a. bei F. C. von Savigny), ab 1803 im Kreis der ›Heidelberger Romantiker‹ um C. Brentano und A. von Arnim; 1806–1807 Sekretär am ›Kriegskollegium‹ in Kassel; 1808–1813 Privatbibliothekar; 1813–1816 hessischer Legationssekretär; 1830 Bibliothekar und Professor in Göttingen, 1837 Amtsenthebung aufgrund der Teilnahme am Protest der ›Göttinger Sieben‹; Märchen-, Mythen-, Rechts- und Sagenforscher; Mitbegründer der deutschen Sprachwissenschaft.

Wilhelm Karl Grimm

* 24. Februar 1786 in Hanau (Deutschland)
† 16. Dezember 1859 in Berlin (Deutschland)

Bruder von Jacob Grimm; 1803–1806 Jurastudium in Marburg (u. a. bei F. C. von Savigny); Kontakt zu den Romantikern C. Brentano und A. von Arnim, Bekanntschaft mit Goethe; 1814–1829 Sekretär an der kurfürstlichen Bibliothek zu Kassel; 1830 Bibliothekar an der Universität Göttingen, dort ab 1831 Professor; 1837 Entlassung der Brüder Grimm wegen Beteiligung am Protest der ›Göttinger Sieben‹; Sprach- und Literaturwissenschaftler, Sagenforscher, Hauptredakteur der *Kinder- und Hausmärchen*.

Kinder- und Hausmärchen

Die von den jugendlichen Brüdern Jacob und Wilhelm Grimm gesammelten, ausgewählten und redigierten Märchen wurden jeweils mit einem Kommentar im Anhang erstmals in zwei Bänden 1812 (86 Nummern) und 1815 (72 Nummern) veröffentlicht; zur Zweitauflage der Märchen 1819 (170 nunmehr durchnummerierte Texte) erschienen die Grimm'schen Anmerkungen 1822 in einem selbständigen dritten Band (Neuauflage 1856). Die Texte wurden von Auflage zu Auflage überarbeitet, ihr Bestand bis hin zur Ausgabe letzter Hand (1857) fortwährend verändert, dezimiert und ergänzt: Diese umfasste schließlich 201 Märchen und zehn Kinderlegenden (seit der Zweitauflage 1819 in einen Anhang ausgegliedert) zumeist in hoch-, aber auch in niederdeutscher und pseudodialektaler Sprachform. Etwa 30 Texte wurden im Lauf der Editionsgeschichte ausgeschieden, viele andere durch neuerlich bekannt gewordene Varianten ersetzt oder mit diesen kontaminiert. Textbestand und -gestalt der erstmals 1825 erschienenen Kleinen Ausgabe (50 ausgewählte Texte) divergieren hingegen nur geringfügig (die Ausgabe letzter Hand ist die zehnte Auflage von 1858).

Die Brüder Grimm wurden 1806 durch Clemens Brentano zur Sammlung und 1812 durch Achim von Arnim zur Veröffentlichung der Märchen angeregt und standen mit den Heidelberger Romantikern und ihren literarischen Ideen im engsten Kontakt. Nicht nur in ihren mediävistischen Arbeiten, sondern auch bei der Sammlung und Kommentierung volksläufiger Literatur verfuhren sie nach dem Vorbild J. G. Herders und vor allem in Anwendung der rechtshistorischen Methodik ihres Marburger akademischen Lehrers F. C. von Savigny. 1810 konnten sie etwa 50 Märchentexte an Brentano senden, der sich seinerzeit noch deren Bearbeitung und Veröffentlichung vorbehalten hatte. Es handelt sich um Niederschriften nach gedruckten (vornehmlich älteren Büchern) und mündlichen Quellen (Beiträger der ersten Stunde waren ausnahmslos junge Damen aus dem gehobenen Kasseler Stadtbürgertum, in der Regel mit hugenottischen Vorfahren, was den starken Einfluss der französischen Märchentradition erklärt).

Diese handschriftlichen ›Urfassungen‹ wurden bei Drucklegung fast allenthalben stilistisch stark überarbeitet, wie in der 1814 datierten Vorrede indirekt öffentlich zugegeben wurde (von den Beiträgen der später gewonnenen Ausnahmeerzählerin Dorothea Viehmann, die als Einzige Märchentexte diktieren konnte, sei »manches wörtlich beibehalten«). Nach dem Muster der Erstdrucke (1812/1815) konnten sich spätere Einsender richten: In der Ausgabe letzter Hand sind ca. 30 verschiedene Beiträger mit etwa 150 Texten vertreten (der Löwenanteil geht auf die evangelische hessische Dorfbewohnerin Dorothea Viehmann, geborene Pierson, geb. 1755, und die katholische westfälische Adelsfamilie von Haxthausen/Droste-Hülshoff zurück); etwa 60 Märchen stammen aus 30 verschiedenen, meist älteren gedruckten Quellen, in denen die Grimms Niederschlag früher einmal mündlich verbreiteter Geschichten vermuteten.

Über Gattungsgesetze und -grenzen hatte man sich zunächst keine Gedanken gemacht, und ein direktes Vorbild hatte man, außer in einigen sporadischen Märchenveröffentlichungen Brentanos sowie in P. O. Runges pseudomundartlichen Niederschriften der Märchen vom »Fischer« und vom »Machandelbaum« nicht; man wollte unter dem etwas vagen Begriff »Sage« alles, was an volksliterarischer Tradition mündlich überliefert ist, sammeln, kommentieren und in lesbarer Form präsentieren. Unter strengeren gattungsspezifischen Gesichtspunkten, nach denen ein Volksmärchen neben anderem vor allem durch Alter, anonyme Herkunft, durch Spuren der mündlichen Tradition, durch Prosaform und Kürze sowie besonders durch unspektakuläre Vorstellung von Wundern charakterisiert ist, sind höchstens ein Drittel der Grimm'schen »Märchen« als solche zu klassifizieren. Daneben finden sich Sagen, Legenden, Rätsel, Schwänke und Mischformen aller Art.

Die auch durch den nicht glücklich gewählten Doppeltitel *Kinder- und Hausmärchen* gelenkte Rezeption war so von den Brüdern Grimm nicht gewollt; ihnen ging es bei ihrer Vorstellung und Erläuterung von Märchentexten für Erwachsene um Bewahrung alter volksliterarischer Traditionen, womöglich, um damit zur Rekonstruktion des insgesamt verlorenen »urdeutschen Mythos« (Vorrede) beizutragen (»[...] warum wir durch unsere Sammlung [...] der Geschichte der Poesie und Mythologie einen Dienst erweisen wollten«). Kriterien für die Aufnahme in die Sammlung waren daneben zunächst vermutete mythische Wurzeln, Relevanz für Themen und Motive eines vorausgesetzten älteren Tier(ur)epos sowie wirkliche oder hypothetische mündliche Überlieferung. Diesem wissenschaftlichen Charakter fühlte sich insbesondere Jacob Grimm verbunden, der die Mitarbeit (aber nicht die grundsätzliche Unterstützung und Gutheißung der späteren Auflagen) ab 1815 einstellte, während Wilhelm Grimm (damit auch der zeitgenössischen Kritik entsprechend) versuchte, die Sammlung in Textauswahl und -darbietung immer poetischer und kindgerechter zu gestalten (so wandelte er z. B. alle die weiblichen Märchenhelden bezeichnenden »sie« in »es« um, bemühte sich um einfachen Satzbau, Umsetzung in wörtliche Rede, Diminutivhaufungen usw.). Dennoch trat er mit der neuerlichen Charakterisierung der Sammlung als »Erziehungsbuch« erkennbar leise und etwas unsicher auf (in den Vorreden heißt es wechselnd, das Buch solle ein solches »werden« bzw. als solches »dienen«). Weniger spezifisch im Blick auf Zielgruppen waren andere Tendenzen der Textentwicklung, unter denen die sukzessive Einfügung von über 300 Sprichwörtern hervorzuheben ist, die den Texten einen scheinbar festen ›Sitz im Leben‹, dem Leser aber jeweils ein willkommenes Déjà-vu-Erlebnis beschert haben.

Nicht allein das Aufspüren so vieler und für die Gattung Märchen weltweit wesentlicher Texte sowie die geradezu genial gelungene Auswahl (»Die anerkannt beste echte Märchensammlung bilden die ›Kinder- und Hausmärchen‹ [...], man könnte fast sagen sie machten jede andere überflüssig«, so Ludwig Bechstein), sondern auch deren fortwährend verbesserte Überarbeitungen sind für den nationalen und internationalen Erfolg auf dem Buchmarkt seit etwa 1840, der sich bis heute noch immer steigert, verantwortlich. Indem Wilhelm Grimm den hypostasierten alten Märchenton zu rekonstruieren suchte, schuf er unversehens einen neuen genuinen, unverwechselbaren und für unabsehbar viele folgende Sammlungen vorbildlichen Märchenstil (»Diese sprachliche Behandlung aber entscheidet über den Beruf oder Nicht-Beruf des Sagensammlers und ist [...] beinah wichtiger als das Sammeln selbst. Der Stoff findet sich schon; was ihm erst Wert leiht, ist der Vortrag«, T. Fontane). Grimms *Kinder- und Hausmärchen* sind das meistaufgelegte, bestbekannte und am häufigsten übersetzte deutschsprachige Buch aller Zeiten und bilden seit Längerem in deutschsprachigen Ländern den letzten Rest einer literarischen Allgemeinbildung. Wie kein zweites Buch bilden Grimms Märchen weltweit ein Anspielungsreservoir für Werbung, Film und Bebilderung, aber auch für Parodien sowie für andere Medien aller Art, besonders für die (moderne) Literatur.

An den Schnittstellen zwischen populärer und wissenschaftlicher Rezeption steht die Wirkung der Grimm'schen Märchen auf andere Sprachgemeinschaften, für die sie allgemein Vorbildcharakter gewannen, aber auch die psychologische, psychoanalytische, pädagogische sowie therapeutische Märchenbetrachtung und Indienstnahme, die sich allerdings häufig erheblich von den Textgrundlagen und -intentionen entfernen. Eine gewisse Einmaligkeit ist der Grimm'schen Sammlung in vieler Hinsicht zu attestieren; darüber darf indes nicht vergessen werden, wie stark auch dieses Werk in seine Entstehungszeit eingebunden ist, wie prägend die Textquellen, deren Beiträger und die Brüder Grimm selbst für die berühmten Texte sind und bleiben. HELMUT BACHMAIER

Johann Wolfgang von Goethe

* 28. August 1749 in Frankfurt a. M. (Deutschland)
† 22. März 1832 in Weimar (Deutschland)

Nach Jurastudium ab 1765 in Leipzig und Straßburg, 1771 Promotion und anschließend Anwaltstätigkeit in Frankfurt a. M.; 1772 Rechtspraktikum in Wetzlar; 1775 Übersiedlung nach Weimar und Aufnahme amtlicher Tätigkeit in der Regierung Herzog Carl Augusts von Sachsen-Weimar; 1776 Ernennung zum Geheimen Legationsrat; 1781 Aufnahme in die Freimaurerloge Amalia; 1782 Erhebung in den Adelsstand; 1786–1788 Reise nach Italien; 1788 Begegnung mit Christiane Vulpius (Heirat 1806), 1789 Geburt des einzigen überlebenden Sohnes Julius August Walther; 1790 Begegnung mit Schiller; 1791 Übernahme von Aufbau und Leitung des Weimarer Hoftheaters; 1792/93 Teilnahme am Feldzug der Koalitionstruppen gegen Frankreich; 1804 Ernennung zum Wirklichen Geheimen Rat mit Titel Exzellenz; 1815 Ernennung zum Staatsminister. – Nach ersten spektakulären, für den literarischen Sturm und Drang modellbildenden Publikumserfolgen mit *Götz von Berlichingen* und *Die Leiden des jungen Werthers* ab 1775 intensive praktische und theoretische Theaterarbeit; ab 1790 zusammen mit Schiller Begründer der ›Weimarer Klassik‹ als Konzept einer ästhetischen Bildung des Menschen zu eigenverantwortlicher Humanität; publizierte seit der Italienreise zunehmend auch naturwissenschaftlich (Morphologie, Farbenlehre) und kunsttheoretisch: zu Architektur und bildender Kunst unter besonderer Berücksichtigung der Verankerung der Moderne in der Kultur der klassischen Antike; Herausgabe mehrerer Zeitschriften; Übersetzung und Herausgabe mehrerer Künstlerautobiographien (Benvenuto Cellini, Philipp Hackert); breites autobiographisches Werk; prägte die sogenannte Sattelzeit 1750–1850 durch einen innovativen, betont universalistisch begriffenen Literatur- und dem daraus entwickelten Kulturbegriff, der aus seiner amtlich-ministerialen Tätigkeit eine über das Ästhetische hinausweisende politisch-historische Tiefendimension bezog und sich in diesem Sinn u.a. im Spätwerk in seinem Konzept der Weltliteratur niederschlug.

West-östlicher Divan

Die 1819 erschienene Gedichtsammlung entstand ab 1814. Unter dem Eindruck von Joseph von Hammers Übersetzung des *Diwan* – ›Versammlung‹ im Sinne der Gedichtsammlung – des persischen Dichters

Muhammad Šamsuddin Hafiz, die er im Mai von seinem Verleger Cotta bekommen hatte, schrieb Goethe während seiner ersten Reise in die Rhein-Main-Gegenden im Juli 1814 eine erste Gruppe »Gedichte an Hafis« betitelter Lyrik. Nach Studien orientalistischer Fachliteratur im Winter 1814/15 verfasste er ab Mai 1815 während der zweiten Rheinreise anlässlich der Liebesbeziehung zu der Bankiersgattin Marianne von Willemer einen Großteil der Liebesgedichte für das nun *Deutscher Divan* betitelte Projekt und gab ihm durch die Gliederung in Bücher seine spätere Gestalt. Während der letzten Arbeitsphase an den Gedichten entschied Goethe 1818, ihnen den erläuternden Prosateil *Besserem Verständniss* beizugeben. Nach dem Erscheinen der beiden Teile begann er, eine erweiterte Neufassung des *Divan* zu planen; durch 43 um 1820 entstandene Gedichte ergänzt, bildete die Lyrik als *West-östlicher Divan* den fünften Band der Ausgabe letzter Hand (1827), der Prosateil unter dem neuen Titel *Noten und Abhandlungen zu besserem Verständniß des West-östlichen Divans* den selbständigen sechsten Band (1828).

Die Lyrik des *Divan* ist in zwölf Bücher gegliedert, die jeweils mit der Transkription ihrer persischen Titelformulierung und deren deutscher Übersetzung überschrieben sind. »Moganni Nameh«, das »Buch des Sängers«, führt mit dem Eingangsgedicht »Hegire« (persisch ›Flucht‹) im Bild des Dichters als Reisender ein Leitmotiv des Gesamtwerks ein, hier auf eine nachklassische ästhetische Reflexion hin zugespitzt, die mit der Vielfalt lyrischer Ausdrucksmöglichkeiten zugleich die historische Verankerung des Dichtens in der Spannung zwischen Krieg und Frieden am Ende der Befreiungskriege gegen Napoleon thematisiert. »Hafis Nameh«, das »Buch Hafis«, konkretisiert diese Reflexion in einer Hommage an den Dichter Hafis und lässt sie dabei in eine Auseinandersetzung mit den Bedingungen des literarischen Austauschs über kulturelle, sprachliche und historische Abstände hinweg ein, das diesen im Schlussgedicht »An Hafis« als Grundlage der eigenen lyrischen Produktion feiert.

»Uschk Nameh«, das »Buch der Liebe«, ursprünglich als erster Teil des »Buchs Suleika« geplant, präsentiert eine Sequenz von Gedichten, die in der formalen Varianz der lyrischen Rede über die Liebe auch deren inhaltliche Bandbreite zwischen generischer und individueller Liebeserfahrung ausloten, um beides im souveränen Spiel des lyrischen Ichs mit Rollen und Topoi zusammenzuführen. »Tefkir Nameh«, das »Buch der Betrachtungen«, bricht vordergründig mit dem Thema Liebe, um aus der Perspektive des von außen betrachtenden Reisenden im Gestus der Spruchdichtung allgemeines soziales Fehlverhalten wie Lüge, Geiz und Gewinnsucht kritisch zu beleuchten. So präludiert es »Rendsch Nameh«, das »Buch des Unmuts«, das diese Perspektive im Ton bis zur Bissigkeit etwa der *Zahmen Xenien* schärft und sich dabei auf den Komplex intellektueller, nationalistischer und religiöser Intoleranz konzentriert; in beiden Büchern manifestiert sich so ausdrücklich die politische Grundstimmung des *Divan*.

»Hikmet Nameh«, das »Buch der Sprüche«, beschließt die Reihe der drei Spruchbücher; zumeist eng an seine orientalischen, aber auch an altdeutsche Quellen angelehnt, ist es in Auswahl und Kombination doch Ausdruck des Formwillens, mit dem Goethe sozialen wie poetischen Zumutungen hier apodiktisch brüsk formulierte Maximen entgegensetzt. »Timur Nameh«, das »Buch des Timur«, benannt nach dem grausamen Gründer des zweiten Mongolenreichs, erfüllt in seiner Kürze gleichwohl die – auch durch seine Stellung in der Sammlung ausgewiesene – zentrale Funktion, den *Divan* neuerlich in die Weltgeschichte des Krieges und der Gewalt einzulassen, zusätzlich hervorgehoben durch seine harte Fügung mit dem hier anschließenden »Suleika Nameh«, dem »Buch Suleika«.

Das »Buch Suleika« nimmt die Rollenspielstruktur des »Buchs der Liebe« zweifach auf: Zum einen werden die dort typologisch umrissenen Varianzen des Liebesspiels hier im Dialog zwischen dem Paar Hatem und Suleika praktisch umgesetzt; zum anderen deutet dieses Paar auf die unter seinen Masken verborgenen historischen Personen des im östlichen Weimar lebenden Goethe und der im westlichen Frankfurt lebenden Marianne von Willemer hin, von denen aus sich zentrale Elemente des Dialogs autobiographisch bestimmen lassen: der Altersunterschied zwischen dem Dichter und seiner Geliebten, das dem Beisammensein im Haus der Willemers entwachsene Geselligkeitsmotiv und die eigene lyrische Produktivität Suleikas, unter deren Namen Goethe auch ursprünglich von Marianne verfasste Gedichte wie »Hochbeglückt in deiner Liebe« integrierte. Diese Elemente werden durch den Kunstcharakter der Gesamtkomposition in einer Poetik aufgehoben, die die Liebe Hatems und Suleikas als literarisch selbstreflexives Bild einsetzt: Das in »Gingo biloba« als Symbol dieser Liebe gefeierte Blatt des aus Asien stammenden Fächerblattbaumes Gingko biloba, an dem das lyrische Ich sich als »eins und doppelt« empfindet, ist zugleich Symbol für die geglückte schöpferische Verbindung von Ost und West und damit für die Lyrik des *Divan* insgesamt.

»Saki Nameh«, das »Buch des Schenkens«, kombiniert das Motiv der Verbindung von Wein und Weisheit, das in der anakreontischen Lyrik des 18. Jh.s zum Topos dichterischer Lebenskunst geworden war, mit einer Überlieferung, der zufolge das Alkoholverbot des Islam zu Lebzeiten Hafis locker gehandhabt worden war, und ergänzt so mit seinen Trinkliedern die Sinnenfreude des »Buchs Suleika«. Demgegenüber kehrt »Mathal Nameh«, das »Buch der Parabeln«, zum didaktischen Gestus der Spruchdichtung zurück, unterlässt es allerdings, wie diese die Bildebene argumentativ zu durchbrechen, so dass Belehrung hier allein auf dem Weg poetischer Zusammenhangsbildung vermittelt wird. »Parsi Nameh«, das »Buch des Parsen«, setzt diese bildhafte Evidenzherstellung fort, indem es, ohne bekenntnishaft zu moralisieren, die altiranische Religion der nach der Islamisierung Persiens unterdrückten Parsen in einer Schilderung ihrer praktisch-diesseitigen Ethik charakterisiert.

»Chuld Nameh«, das »Buch des Paradieses«, beschließt die Lyrik des *Divan* mit dem Entwurf einer jenseitigen Glückseligkeit, die die Sinnenfreudigkeit des im *Koran* verheißenen Paradieses mit christlichen Motiven durchsetzt. Insbesondere im Anklang mit dem Dialog zwischen dem Dichter und der Paradiesjungfrau Huri erhebt das Buch dabei die diesseitige Glückserfahrung erotischer Liebe zur Voraussetzung des Eingangs in das Paradies. Zugleich bindet es diese, etwa in »Höheres und Höchstes«, neuerlich an die Selbstreflexion der im *Divan* »in deutscher Sprache / Paradieses-Worte stammlen[d]« realisierten Vereinigung westlicher mit östlicher Dichtkunst zurück. So werden die zwölf »Bücher der Sammlung« hier im Rückblick als Schauplatz eines Prozesses gezeigt, der am Ende die zu Anfang des ersten Buchs in »Hegire« beschworene »Paradiesespforte« auf die Glücksgewissheit vollendeter Poesie hin durchschritten hat.

Goethes Interesse am Orient erhielt durch Hammers *Diwan*-Übersetzung zwar den für die Entstehung seines *Divan* entscheidenden Impuls, geht aber bereits auf frühe Bibel- und Koran-Studien zurück. Fruchtbar geworden in *Brief des Pastors zu *** an den neuen Pastor zu **** und *Zwo wichtige unerörterte biblische Fragen* wie in dem ebenfalls 1773 geplanten, unvollendeten Drama *Mahomet*, hatten diese Studien sich 1797 in Entwürfen zu dem dann in den Prosanachtrag zum *Divan* aufgenommenen Aufsatz »Israel in der Wüste« und in der Paraphrase der Bücher Mose im vierten

Buch von *Dichtung und Wahrheit* niedergeschlagen, geprägt von der unter dem Einfluss Herders und der philologischen Arbeiten Friedrich August Wolfs gewonnenen Überzeugung, dass weder *Bibel* noch *Koran* als Offenbarung einer absoluten Wahrheit gelten dürften, sondern dass sie als in der Literaturgeschichte des Orients verwurzelte poetische Texte rezipiert werden müssten.

Zentral für die Poetik des *Divan* sind darüber hinaus Goethes naturwissenschaftliche Forschungen zu Meteorologie, Optik und Farbenlehre. Bereits das »Buch des Sängers« enthält mit »Phaenomen« ein Gedicht, das, einen Leitbegriff des Naturwissenschaftlers Goethe im Titel führend, mit dem aus der Trübung des Lichts durch den Nebel entstehenden Regenbogen ein ästhetisches Prinzip des *Divan* einführt: Wie am Licht der Sonne im Nebel, so erfährt der Blick des Lesers an der Strahlkraft der Kunst die nur scheinbar opake Masse der Gedichttexte als ein Trübungsmedium, das ihm erst ermöglicht, das Farbenspiel der lyrischen Schöpfung wahrzunehmen. Die Bezugnahme auf derartiges, von Goethe als genuin modern und damit als Markierung seiner historischen Position begriffenes Wissen unterlegt dem *Divan* eine Beziehung zwischen Naturwissenschaft und Dichtung, die seine poetische Konstruktion als Umsetzung einer szientifisch objektivierbaren Gesetzmäßigkeit definiert.

Gattungstypologisch gesehen, lässt sich diese Gesetzmäßigkeit nur dann in die Klassifikation des *Divan* als eines Zyklus übersetzen, wenn ›Zyklus‹ im weitesten Sinn als Begriff für eine unter einem Titel vereinigte Gruppe von Gedichten verstanden wird, nicht aber im eigentlichen Sinn einer streng ringförmig um einen gemeinsamen Mittelpunkt herum gefügten Komposition. Der von Goethe mit dem persischen Wort *Divan* selbst gesetzte Begriff der ›(Ver-)Sammlung‹ bezeichnet eine formal wie inhaltlich grundsätzlich offene Anlage, die deshalb auch durch die Erweiterungen 1827 intakt blieb. Der erste Vers des »Buchs der Sprüche« – »Talismane werd' ich in dem Buch verstreuen, / Das bewirkt ein Gleichgewicht. / Wer mit gläubiger Nadel sticht / Ueberall soll gutes Wort ihn freuen« – gilt für die gesamte Sammlung, insofern sie eine vereinzelte Rezeption der Gedichte zulässt, weil die Verbindungslinien, die ihren inneren Zusammenhang begründen, zwar auch, aber nicht ausschließlich sequentiell erschlossen werden können.

Diese Verbindungslinien werden von einem Geflecht thematischer und bildlicher Motive organisiert, das den Schwerpunktbildungen der einzelnen Bücher weitere, von ihnen weitgehend unabhängige Konfigurationsoptionen gegenüberstellt. Die Themenkomplexe des Reisens, der Liebe und des Alters bilden quasi-narrative Kontinuen, die von Motivkomplexen wie Kleidung, Schmuck und Blumen ihrerseits aufeinander durchlässig gemacht werden. Funktionsweise solcher Vernetzung ist das Goethes Alterswerk prägende, in seinen Studien zur Optik gegründete Prinzip der wiederholten Spiegelungen, das, statt die Beziehung zwischen Spiegelbild und gespiegeltem Gegenstand binär zu fixieren, diese durch eine – im Text durch leichte Verfremdungen des je wieder aufgenommenen Motivs bewirkte – Verschiebung der Spiegelungsachse öffnet, so dass sie nicht nur virtuell unendlich fortgesetzt, sondern auch immer wieder mit anderen verknüpft werden kann.

Bezugshorizont dieses Geflechts ist die ästhetische Reflexion über die Dichtung, die das in *Zur Farbenlehre* entwickelte Prinzip von Polarität und Steigerung dazu einsetzt, die die *Divan*-Poesie durchziehenden polaren Spannungsfelder als konstitutiv für die lyrische Produktion darzustellen: Die Erzählfigur der Reise ist im Detail sparsam, um so Ost und West in einer gemeinsamen Topographie zu vereinigen, betont aber durch vielfältige Sprünge immer auch deren imaginären Charakter; die der Liebe beschwört die Präsenz des Gegenübers, um zugleich dessen Abwesenheit als Bedingung für die Schöpfung lyrischer Kunst zu zeigen; die des Alters feiert in der Lebensreise von der »Paradiesespforte« des Eingangsgedichts in das Paradies des letzten Buches die Vollendung des alternden Dichters durch seine Aneignung orientalischen Überlieferungsgutes über eine erhebliche kulturgeschichtliche Distanz hinweg und zeigt ihn so als Sachwalter einer poetischen Verjüngungsbewegung.

Diese Spannungsfelder werden von demjenigen zwischen Oralität und Schriftlichkeit überwölbt. Lied- und Spruchformen, virtuelle – in Ansprache an ein Gegenüber evozierte – und szenisch ausgestaltete Dialogmuster und nicht zuletzt auch die Häufung alltagsnah-umgangssprachlicher Gedichte binden die Lyrik an ihren mythischen Ursprung in der oralen, ›natürlich‹-spontanen Kunstschöpfung zurück und verankern sie gleichzeitig in einer Geselligkeitskultur, in der das Gedicht Bestandteil unmittelbaren sozialen Austauschs ist. Demgegenüber markiert die komplexe, die Möglichkeiten oraler Tradierung überschreitende Komposition des *Divan* zusammen mit der Monologizität der in esoterisch-gehobenem Ton gehaltenen Gedichte und zahlreichen Schriftmotiven dessen Verankerung in der modernen Schriftkultur, in der die Ungleichzeitigkeit von Niederschrift und Rezeption Voraussetzung nicht nur für die Herstellung, sondern auch für die Wirkung von Kunst ist.

Angeregt durch das Erscheinen von Hammers *Geschichte der schönen Redekünste Persiens* im Frühjahr 1818, gibt der Prosateil des *Divan* eine Einführung in die Kultur des Orients, die wissenschaftlich auf der Höhe der zeitgenössischen Orientalistik stand, vor allem aber das Laienpublikum mit den zum »besseren Verständniss« der Lyrik nötigen Informationen versorgen sollte. Dem Aufsatz »Israel in der Wüste«, der in einer Folge locker gruppierter Texte historisches Wissen zu einzelnen Personen wie zu großen literarischen Entwicklungslinien vermittelt, kommt die Sonderstellung einer programmatischen Exposition zu: Indem Goethe anhand von Ungereimtheiten in der biblischen Erzählung des von Moses geführten Zugs durch die Wüste – von ihm auf poetische Anlagerungen an den historischen »Urstoff« des Alten Testaments zurückgeführt – nachweist, dass dieser statt der angeblichen 40 nur zwei Jahre gedauert haben könne, charakterisiert er zugleich die von ihm in den Gedichten des *Divan* durchgeführten poetischen Anlagerungen an sein historisch-literarisches Material.

Die zeitgenössische Rezeption des *Divan* war gespalten: Während der Kreis um Goethe enthusiastisch und namhafte Orientalisten wie Johann Gottfried Kosegarten entschieden positiv reagierten, äußerten die Romantiker wie Friedrich Schlegel sich ebenso entschieden kritisch, und die breite Öffentlichkeit zeigte sich weitgehend uninteressiert. Nachdem der *Divan* von der Forschung lange Zeit primär als autobiographisches Zeugnis für Goethes Beziehung zu Marianne von Willemer gelesen wurde, gilt er heute in der Überschreitung der lyrischen Gattungskonventionen seiner Zeit wie auch in seiner komplexen Poetik als exemplarisch moderne Umsetzung der Idee der Weltliteratur, die Goethe in den folgenden Jahren in seiner Zeitschrift *Ueber Kunst und Altertum* propagierte. ULRIKE LANDFESTER

Die Wahlverwandtschaften

Der 1809 erschienene Roman, entstanden in zwei Arbeitsphasen von April bis Juli 1808 und von April bis September 1809, war ursprünglich als eine der novellistischen Einlagen in *Wilhelm Meisters Wanderjahre* konzipiert, entwickelte aber schnell ein Eigengewicht, so dass Goethe entschied, ihn selbständig zu veröffentlichen. Das Bauprinzip des Romans mit seiner Schlüsselchiffre der »Wahlverwandtschaften« entstammt

Goethes naturwissenschaftlichen Forschungen vor allem zur zeitgleich entstehenden *Farbenlehre*: Die im vierten Kapitel eingeführte »chemische Gleichnisrede« von der Fähigkeit chemischer Stoffe, in katalytischen Reaktionen bestehende Verbindungen aufzulösen und neue zu bilden, geht auf Torbern Bergmans 1775 erschienenes Buch *De attractionibus electivis* zurück, das, von Hein Tabor 1785 mit »Wahlverwandtschaften« übersetzt, die Spannung dieses Prozesses zwischen scheinbar freier Wahl und natürlicher Determiniertheit beschrieben hatte.

Diese Spannung prägt die Handlung eines Ehe- und Gesellschaftsromans: Der Landadelige Baron Eduard und seine Frau Charlotte, die trotz ihrer jugendlichen Verliebtheit ineinander zunächst Konvenienzehen mit anderen Partnern geschlossen hatten und nun, beide verwitwet, in zweiter Ehe glücklich verheiratet sind, holen Eduards Jugendfreund, einen mittel- und stellungslosen Hauptmann, und Charlottes Nichte Ottilie zu sich auf ihr Gut, wo der Hauptmann die landschaftsarchitektonischen Arbeiten und Ottilie die Haushaltsführung auf dem Gut

unterstützt. Dabei verlieben sich Eduard und Ottilie sowie Charlotte und der Hauptmann leidenschaftlich ineinander. Während einer Liebesnacht zwischen Eduard und Charlotte kommt es zum phantasmatischen Ehebruch, als beide dabei die jeweiligen Objekte ihrer außerehelichen Begierde imaginieren.

Der Mediator Mittler bemüht sich um eine Stabilisierung der Ehe von Eduard und Charlotte; die Baronesse und der Graf aber, das im fortgesetzten Ehebruch glücklich liierte Paar, das eben das Gut besucht, scheinen mit ihrem Plädoyer für eine zeitliche Befristung jeder Ehe auf fünf Jahre deren Auflösung moralisch zu stützen. Trotzdem verweigert Charlotte, von Eduard um die Scheidung gebeten, ihre Zustimmung; der Hauptmann reist, ihr entsagend, ab, um eine vorteilhafte Stellung anzutreten, und Charlotte plant nun, auch Ottilie fortzuschicken. Eduard verhindert dies, indem er beide verlässt, und zieht schließlich auf die Nachricht, dass Charlotte schwanger ist, in selbstzerstörerischer Absicht in den Krieg.

Während der erste Teil des Romans mit den Bemühungen der Protagonisten um die Neugestaltung der Parkanlagen des Gutes noch die Möglichkeit andeutet, dass die Natur – und damit auch die wahlverwandtschaftliche Neuaufstellung der Protagonisten – willentlich gebändigt werden könnte, stellt der zweite Teil diese Bemühungen von Anfang an unter das Zeichen des Todes: Setzt er auf der Handlungsebene mit einem Rechtskonflikt um Charlottes gärtnerische Bereinigung des Kirchhofs durch Auflassen der Gräber und Neuaufstellung der Grabsteine ein, an den die Renovation der Kapelle durch den Architekten mit dessen Porträts von Ottilie als Engel auf den neuen Wandgemälden anschließt, so deutet darüber hinaus auch die Verlangsamung des Erzählflusses durch Auszüge aus Ottilies Tagebuch bereits auf deren zunehmende Verinnerlichung bis zu ihrem späteren Tod voraus.

Ein Besuch von Charlottes Tochter mit ihrem Bräutigam betont diese Verinnerlichung im scharfen Kontrast Ottilies zur Figur der egozentrischen, rauschhaft extrovertierten Luciane. Gleichzeitig stellt er dem von der Baronesse und dem Grafen repräsentierten Modell der außerehelichen Liebe das der virtuell gefühlsneutralen Vernunftallianz zwischen Luciane und ihrem reichen Verlobten gegenüber, die, kritisch abgeschattet durch die von den Besuchern entfaltete hektische Vergnügungssucht höfischer Geselligkeit, die klassizistische Eingezogenheit der ländlichen Existenz Charlottes und Ottilies positiv hervortreten lässt, ohne damit aber ein Lösungsangebot für deren eigene Situation zu verbinden: Ein neuer Versuch, Ottilie fortzuschicken, scheitert, und als Charlotte einen Sohn gebiert, der Ottilie und dem Hauptmann frappant ähnlich sieht, wird er in Abwesenheit Eduards auf seinen und des Hauptmanns gemeinsamen Namen Otto getauft.

Ein englischer Lord, der Charlotte mit Nachrichten von Eduard aufsucht, stellt mit der von ihm erzählten Novelle »Die wunderlichen Nachbarskinder« den beiden Modellen der ehebrecherischen Liebe und der Vernunftallianz ein drittes Modell gegenüber, das aus der Erfahrung tödlicher Gefahr eine Versöhnung der beiden ersten ermöglicht: Ein eben verlobtes Mädchen begreift bei der plötzlichen Rückkehr eines ihr ehemals verhassten Nachbarssohnes, dass ihre Abneigung gegen diesen das Frühstadium einer nun aufflammenden Leidenschaft gewesen war. Mit ihrem Bräutigam zusammen von dem Geliebten zu einer geselligen Schiffspartie eingeladen, stürzt sie sich dabei im Glauben, nicht wiedergeliebt zu werden, in selbstmörderischer Absicht ins Wasser. Nach ihrer dramatischen Rettung durch den Nachbarssohn, der nun seine eigene Liebe zu ihr erkennt, bittet das neu entstandene Paar die Gesellschaft um den Bräutigam, ihre Verbindung zu segnen.

Dieses novellistisch eingespielte Modell ist jedoch für die Protagonisten des Romans so wenig umsetzbar wie die beiden vorigen. Nach Beendigung des Feldzugs, dem Eduard sich angeschlossen hatte, überredet er den nun zum Major aufgestiegenen Hauptmann dazu, Charlotte zur Scheidung zu bewegen. Mit ihm auf das Gut zurückgekehrt, verfehlt der Major Charlotte, während Eduard im Park auf Ottilie und seinen Sohn trifft, in dessen Ähnlichkeit mit ihr und dem Major er die Unausweichlichkeit der von ihm gewünschten Paarbildung bestätigt sieht. Als auf der Rückkehr von dieser Begegnung über den künstlichen See des Gutes Ottilie das Kind entgleitet und ertrinkt, willigt Charlotte an dessen Leiche gegenüber dem Major in die Scheidung ein, Ottilie jedoch entsagt nun ihrerseits Eduard und verweigert fortan jede Nahrung, bis sie stirbt. Ihre Leiche, nach der Wunderheilung eines Dorfmädchens heiligenmäßig verehrt, wird in der renovierten Kapelle bestattet, wo dann auch Eduard, nach ihrem Tod wie sie die Nahrung verweigernd, an ihrer Seite beigesetzt wird.

Von seinen Kritikern wegen der scheinbar darin propagierten Infragestellung der Institution Ehe angegriffen, problematisiert der Roman auf der Basis der »chemischen Gleichnisrede« den sozialhistorischen Wandel

des Verhältnisses zwischen Liebe und Ehe, wie es gegen Ende des 18. Jh.s insbesondere von den Romantikern neu entworfen und dann durch das im *Code Napoleon* implementierte Scheidungsrecht gestützt worden war: Hatte das Ancien régime die Ehe als institutionalisiertes Gefäß für Vernunftallianzen und die Liebe als davon unabhängiges Genusspotenzial begriffen, so etablierte die Romantik mit der Engführung von Gefühl und Institution das Ehe-Ideal der beginnenden Moderne. Dabei vertritt keines der Paare im Roman eindeutig die alte oder die neue Position; die Tragik der Liebeshandlung zwischen den vier Protagonisten entspringt vielmehr der im Prozess des historischen Wandels entstehenden Durchmischung beider Modelle, die die Spannung zwischen freier Wahl und kultureller Determinierung nicht volontativ aufzulösen erlaubt.

Die ästhetische Innovationskraft, mit der der Roman bis heute als paradigmatisches Werk der Moderne gefeiert wird, liegt in der – von einem durchgehend lakonischen Erzählstil zusammengehaltenen – Verschmelzung der Handlung mit einem dichten motivischen Verweisgefüge, anhand dessen der Roman im Medium der Ehe- und Liebesproblematik eine Poetik der modernen Kultur zwischen Kunst und Natur entwirft. Während die Landschaftsarchitektur im ersten Teil noch die Möglichkeit einer künstlerischen Bewältigung natürlicher Triebpotenziale andeutet, zeigt sie sich im zweiten Teil spätestens durch den Tod des Kindes in dem künstlichen See als derselben Logik der Bildschöpfung unterworfen, mit der der Roman nun das in der Kunst fixierte Leben als unweigerlich dem Tod verfallen darstellt: Die Schöpfungskraft der Natur kann nur dadurch gesellschaftlich-kulturell fruchtbar gemacht werden, dass sie zum Kunstwerk diszipliniert wird; als Kunstwerk aber verliert sie mit ihrer elementaren Bedrohlichkeit zugleich auch ihr Leben.

Von der Rezeption auf der Basis seines symbolisch aufgeladenen Motivgefüges lange als klassisch überzeitliches Werk gefeiert und von Walter Benjamin in seinem Essay *Goethes Wahlverwandtschaften* (1924) als mythopoetische Allegorese positioniert, wird der Roman inzwischen für seine sozialhistorischen Bezüge auf den Umbruch in der Ehe wie in der gesellschaftlichen Entwicklung des Adels zwischen vorrevolutionärem Ancien régime und Moderne gewürdigt. Neuere Arbeiten konzentrieren sich darüber hinaus auf die poetologische Ebene sowohl des von Goethe darin entwickelten Kulturbegriffs im Weiteren wie der Reflexion auf die Bedingungen und Möglichkeiten literarischen Schreibens um 1800 im engeren Sinn. Heute noch der wohl meistgelesene Roman Goethes nach den *Leiden des jungen Werthers*, wurden *Die Wahlverwandtschaften* 1996 von Paolo und Vittorio Taviani in einer freien Bearbeitung als *Le affinità elettive* mit Isabelle Huppert und Jean-Hugues Anglade in den Hauptrollen verfilmt. ULRIKE LANDFESTER

Faust

Die Entstehungsgeschichte von Goethes *Faust*-Dichtungen beginnt mit der um 1775 einsetzenden Niederschrift des sogenannten *Urfaust* und endet nach fast sechs Jahrzehnten im Januar 1832 mit Goethes letzten Veränderungen am Manuskript zu *Faust* II. Nachdem die Wirkungsgeschichte zunächst *Faust* I und II als Kernbestand des *Faust*-Projekts kanonisiert hat, gilt inzwischen auch der *Urfaust* als eigenständig werkhafte Dichtung. Zusammen mit *Faust. Ein Fragment*, mit dem Goethe 1790 eine Vorstufe zum *Faust* I veröffentlichte, den Vorabdrucken aus *Faust* II – der dritte, der sogenannte Helena-Akt, erschien 1827, der erste Akt teilweise 1828 – und nicht zuletzt einem überaus reichhaltigen Fundus von Entwürfen dokumentieren die drei Texte einen in unregelmäßigen Schüben verlaufenden, immer wieder auch von Phasen völligen Stillstands unterbrochenen Arbeitsprozess.

Mit seinem *Faust*-Projekt schrieb Goethe die Rezeptionsgeschichte eines historischen Stoffes fort: Der wohl um 1480 geborene frühneuzeitliche Gelehrte Johann oder Georg Faust hatte als Arzt, Sterndeuter und

Alchimist im süddeutschen Raum gewirkt, bevor er 1540/41 – vermutlich bei einem alchimistischen Experiment – im badischen Staufen ums Leben kam. Die nach seinem Tod einsetzende Legendenbildung um ihn war 1587 von Andreas Frey in einer tendenziösen *Historia von D. Johann Fausten* zusammengefasst, 1599 von Georg Widmann erweitert und 1674 von Nicolaus Pfitzer noch einmal aktualisiert worden. 1725 schließlich veröffentlichte ein anonymer ›Christlich Meynender‹ eine stark gekürzte, aufklärerisch versachlichte Geschichte von *Des durch die gantze Welt geruffenen Ertz-Schwartzkünstlers und Zauberers Doktor Johann Fausts, mit dem Teufel auffgerichtetes Bündnüß*, die sich bis in das 19. Jh. großer Publikumsbeliebtheit erfreute.

Parallel dazu hatte der Stoff schon früh Bühnenwirksamkeit erlangt: Christopher Marlowes 1594 uraufgeführte *Tragicall History of D. Faustus* übernahm zwar die in den deutschsprachigen Quellen kolportierten Handlungselemente, setzte aber deren theologisch motivierter Kritik an Faust die Feier der geistigen Größe eines leidenschaftlich unbedingten

Willens zum Wissen entgegen. Schnell von deutschen Theatergesellschaften aufgegriffen und popularisiert, inspirierte die von Marlowe gestiftete Tradition um 1755 bereits Lessing zum Versuch einer Dramatisierung, die Faust nicht als Teufelsbündner, sondern als Wahrheitssuchenden darstellen sollte. *Dichtung und Wahrheit* zufolge war Goethe mit dem Stoff erstmals in Form eines an Marlowes Stück angelehnten Puppenspiels in Berührung gekommen, das er als Kind in Frankfurt sah; sicher ist zudem, dass er das Buch des ›Christlich Meynenden‹ kannte.

Der sogenannte *Urfaust* ist in einem 1887 aufgefundenen – entweder in Abschrift einer Vorlage oder nach Diktat entstandenen – Manuskript von der Hand der Weimarer Hofdame Luise von Göchhausen überliefert, von dem sich nicht sagen lässt, welches Stadium von Goethes um 1775 einsetzender Arbeit an der schon in der Straßburger Studienzeit geplanten dramatischen Anverwandlung des Stoffes es wiedergibt; denkbar ist ebenso, dass eine noch frühere Fassung existierte sowie dass Göchhausen selbst nur Teile des Vorhandenen niederschrieb. In der vorliegenden fragmentarischen Gestalt des Textes stehen die beiden Handlungsfelder des Erkenntnis- und des Liebesbegehrens noch in unterschiedlich ausgereifter Form einander gegenüber. Zunächst zeigen der Eingangsmonolog, in dem Faust die Grenzen seines Wissens beklagt und den Erdgeist beschwört, dessen Anblick er dann nicht zu ertragen vermag, weiter das Auftreten seines Famulus Wagner in seiner buchstabenhörigen Gelehrsamkeit, Mephistos professorale Belehrung eines jungen Studenten und schließlich das Trinkgelage in Auerbachs Keller in loser Szenenfolge und dabei ausgeprägt satirisch pointiert Faust im Kontext des zeitgenössischen Universitätswesens mit seinen ungenügenden Erkenntnisinstrumentarien.

In harter Fügung angeschlossen, ist die Gretchenhandlung wesentlich konsistenter gestaltet. Hier erst – noch ohne die Paktszene – zeigt sich Mephisto Faust dienstbar unterstellt, indem er die Verführung des Mädchens durch Geschenke, die Ablenkung der sie begleitenden Nachbarin Marthe und schließlich die Beschaffung des Gifts für Gretchens Mutter betreibt; Goethe zeichnet ihn jedoch nicht als Statthalter des Bösen schlechthin, sondern als eine metaphorisch vieldeutige Kunstfigur, die Fausts Begehren nicht etwa zu verantworten hat, sondern ›nur‹ seine Befriedigung ermöglicht. Mit der Gretchenhandlung fügte Goethe der Stofftradition eine neue Komponente hinzu, für die er nicht nur auf das literarische Schema des Kindsmords im zeitgenössischen Trauerspiel, sondern auch auf seine eigene Erfahrung der Hinrichtung der Kindsmörderin Susanna Margaretha Brandt 1772 in Frankfurt zurückgriff: Von Faust geschwängert, tötet Gretchen ihr uneheliches Kind nach der Geburt und wird dafür zum Tod verurteilt.

Der aktuelle Bezug unterstreicht die Welthaltigkeit des Problemhorizonts, in dem Goethe seine Faust-Figur positioniert, und löst dabei die spätmittelalterliche theologische Alternative zwischen absolut bösem Teufelswerk und absolut guter Gottesfürchtigkeit durch das differenziertere sozialdisziplinäre Normengefüge der Aufklärung ab: Die juristische Schuld der Kindsmörderin – Goethe selbst unterschrieb 1783 in Weimar ein entsprechendes Gerichtsurteil – und die moralische Schuld des Kindsvaters stehen zwar fest; ihre Bewertung aber wird durch eine Liebesleidenschaft gebrochen, die, an Gretchen in Wahnsinn und an Faust in einen radikalen individuellen Totalitätsanspruch umschlagend, sich den Kriterien solcher Schuldzuweisungen in ganz ähnlicher Weise entzieht wie in dem zeitweise parallel entstehenden *Werther*-Roman der Selbstmord des Protagonisten.

Faust. Ein Fragment (1790), entstanden ab 1786 nach dem Aufbruch nach Italien, bricht früher als der *Urfaust* mit der Szene ab, in der das schwangere Gretchen im Zwinger die Mater Dolorosa um Hilfe anfleht. Bis dorthin übernahm Goethe große Partien des *Urfaust*-Materials unverändert, ergänzte das Fragment aber im Bemühen um inhaltliche Kohärenz um wesentliche Szenen. Insbesondere die Szene »Hexenküche« brachte dabei eine wichtige Veränderung mit sich: Was im *Urfaust* noch die spontane Leidenschaft Fausts für Gretchen gewesen war, wird jetzt zum direkten Effekt des ihn verjüngenden Zaubertranks und damit zum Bestandteil von Mephistos Einflussnahme auf ihn. Gleichzeitig fasste Goethe die bislang in Prosa gehaltenen Szenen in Versform, um das *Fragment* so an die Gestalt seiner zeitgleich entstehenden klassischen Dramen anzunähern.

Von Schiller gedrängt, nahm Goethe für *Faust. Der Tragödie erster Theil* (1808) die Arbeit an seinem Projekt 1797 wieder auf, entwarf ein erstes Gesamtschema für beide Teile und schrieb bis 1801 nach intensivem Studium frühneuzeitlicher Quellen u. a. die Walpurgisnachtsszene sowie das später in den dritten Akt des *Faust* II eingehende Fragment »Helena im Mittelalter«, um *Faust* I dann 1806 kurz vor der Drucklegung fertigzustellen. Dabei nahm er auf drei Ebenen eine Neugewichtung des Stoffes vor. Die erste Ebene wird vom Gattungsbegriff »Tragödie« bezeichnet,

der Faust in die klassische Struktur eines keine Auflösung zulassenden Konflikts einspannt: Was in *Urfaust* und dem *Fragment* noch eine zwar folgerichtig sich entwickelnde, in ihrem Ursprung aber individuell zufällige Verstrickung war, wird jetzt schon durch den Gattungsbegriff einem Deutungssystem unterstellt, das Faust als eine in dieser Verstrickung exemplarische Figur verallgemeinert und dem zugrunde liegenden Konflikt damit eine über den Einzelfall hinausweisende Bedeutung zuordnet.

Die zweite Ebene, markiert durch drei dem Stück selbst vorangestellte Paratexte, ist die einer ausgeprägten Selbstbezüglichkeit, mit der Goethe den Kunstcharakter des *Faust* I bewusst macht. So deutet das Gedicht »Zueignung« von 1797 den Arbeitsprozess an den »schwankenden Gestalten« der sich erstmals ihrer Vollendung nähernden Dichtung an, und das zeitgleich entstandene »Vorspiel auf dem Theater« skizziert im Gespräch des Direktors mit dem Dichter und der Lustigen Person das theaterästhetische Spektrum zwischen Kunstanspruch und Unterhaltungsauftrag, in dem die Tragödie sich zu situieren hat. Während diese beiden Texte von Goethe erst nachträglich zu dem Stück kombiniert wurden, entstand der »Prolog im Himmel« um 1800 bereits als Teil des Aufführungstextes; der vor allem von Calderón de la Barca etablierten dramatischen Tradition des barocken Welttheater-Topos folgend, gibt die Diskussion zwischen Gott und Mephisto über Fausts Verführbarkeit durch Letzteren dem Stück eine ›Spiel-im-Spiel‹-Struktur, mit der Fausts Geschichte den Charakter eines durch übergeordnete Gewalten an ihm vollzogenen Schau-Experiments erhält.

Zugleich stiftet der »Prolog« auch die dritte Ebene, indem er den Rahmen einer metaphysischen Sinngebung eröffnet, der allerdings in *Faust* I nicht geschlossen wird: Zwar deuten der Engelschor, der nach der Beschwörung des Erdgeists Fausts Selbstmord verhindert, und die Stimme »von oben«, die am Ende Gretchen im Kerker für gerettet erklärt, auf diesen Rahmen hin. Statt aber in der Szene »Walpurgisnacht« Faust in der ursprünglich dafür geplanten schwarzen Messe mit dem Satan und so indirekt auch mit dessen Pendant Gott zu konfrontieren, hielt Goethe diese Dimension in der Druckfassung der Szene aus Fausts Wahrnehmung heraus: In der Überzeugung, frei zu handeln, als er sich durch den als Wette mit Mephisto gestalteten Pakt Zugang zu den ersehnten neuen Erkenntnishorizonten verschafft, begreift Faust die Versammlung der Hexen, Teufel und Naturgeister auf dem Blocksberg als magisch sichtbar gewordene Phänomene der diesseitigen Welt und bleibt so blind für die im »Prolog« eingeführte Einflusssphäre göttlicher Macht.

Faust. Der Tragödie zweiter Theil erschien postum 1833, nachdem Goethe die 1825 wieder aufgenommene Arbeit daran im Januar 1832 abgeschlossen hatte. Anders als der in einer Szenenfolge ohne Akteinteilung organisierte erste Teil erfüllt der zweite die Gattungsnorm der Tragödie durch einen strengen fünfaktigen Aufbau: Im ersten Akt saniert Faust mit Mephisto zusammen die maroden Staatsfinanzen eines namenlosen – an dem aus *Götz von Berlichingen* bekannten Maximilian I. modellierten – Kaisers durch die Erfindung des Papiergeldes, im zweiten begibt er sich, eingeführt durch den von seinem ehemaligen Famulus Wagner im Labor erzeugten Homunkulus, im vielgestaltigen Reich der antiken Mythologie auf die Suche nach der schönen Helena, die ihm im dritten Akt in einer Liebesnacht den gemeinsamen Sohn Euphorion gebärt und nach dessen Tod verschwindet; im vierten Akt erwirbt er, dem Kaiser mittels Mephistos Zauberkraft zum Sieg gegen den usurpatorischen Gegenkaiser verhelfend, ein Lehen, das, zu einem reichen Besitz ausgebaut, im fünften Akt Schauplatz seines Todes und der Erlösung seines »Unsterblichen« von dem durch Mephisto darauf erhobenen Anspruch wird.

Wie im ersten, so wird auch im zweiten Teil die – typologisch ohnehin durch zahlreiche komödiantische Passagen gebrochene – Gattungsvorgabe des tragischen Konflikts nur vermittelt eingelöst. Die im Sturm und Drang verwurzelte, wiewohl im *Faust* I bereits klassisch zurückgenommene Individualitätsidee, die dort die Kohärenz der Figur Faust gewährleistet hatte, weicht hier einer Konzeption, die die eine konsequent motivierte Geschichte zugunsten panoramisch angelegter, in scheinbar unmotivierten Sprüngen hart gefügter Geschichtsbilder aufgibt. Mit der Einführung des Papiergeldes im ersten und der Rückschau auf Fausts Kolonialisierungswerk, mit dem er dem Meer nach allen Regeln einer vom zeitgenössischen Saint-Simonismus inspirierten Kunst effektiver Arbeitsorganisation einen ökonomisch blühenden Besitz abzwingt, im letzten Akt werden die Errungenschaften der Moderne als Ursache einer Selbstüberhebung gezeichnet, die im Auftragsmord an Philemon und Baucis um ihres Grundstücks willen ihren Höhepunkt erreicht.

Medium der tragischen Verstrickung in die Folgen solch totalitären Begehrens ist die Magie, der die Realität gegen ihre natürlichen Gesetzmäßigkeiten verändernde Zauber. Mit diesem Medium thematisiert Goethe in *Faust* II die metamorphotische Macht der Poesie im Spannungsfeld zwischen zwei Nutzungsmöglichkeiten: In Geld-Schein und Kriegsintervention wirtschaftlich wie politisch instrumentalisiert, scheint die Zauberei im ersten und vierten Akt allein von Mephisto und damit indirekt von Faust handhabbar und als solche Ausdruck eines schuldhaften modernen Voluntarismus. In der »Klassischen Walpurgisnacht« des zweiten und im dritten Akt dagegen entfaltet sie aus der antiken Lebenskunstlehre die Macht einer ästhetischen Selbstevidenz, die Faust wie Mephisto erfasst: In der Wiederverkörperung der legendären Helena wie in der Anverwandlung Mephistos an das Erscheinungsbild der Phorkyaden setzt sich das klassische Ideal einer unhintergehbaren Identität von Schein und Sein durch.

Mit der Apotheose des im Zusammentreffen von modernem Erkenntnisbegehren und antiker Idealität hervorgebrachten Euphorion im dritten Akt in das formale und inhaltliche Zentrum von *Faust* II gestellt, ist es denn auch die ästhetische und als solche moralisch positiv besetzte Komponente der Magie, die Faust von der durch ihren voluntaristischen Gebrauch auf sich geladenen Schuld erlöst. Wie Homunkulus' unnatürliche, aus dem wissenschaftlichem Ehrgeiz des Universitätsgelehrten Wagner entsprungene Existenz am Ende des zweiten Akts dem Spiel der Elemente nicht standhalten kann, so stößt auch Mephistos Zauberkraft am Ende in ihrem ästhetisch-moralischen Gegenstück auf eine elementare Grenze: In ihrem Sieg über die rein gewinnorientierte Instrumentalisierung schöpferischen Zaubers reklamiert die klassische Kunstlehre – gegen die aktuelle Industrialisierung auch und gerade von Literatur – das Recht der Poesie auf ihren autonomen Eigenwert.

Dieser Eigenwert wird im Text durch ein engmaschiges Verweisnetz hervorgehoben, das Goethe in der Vielgestaltigkeit von Reim und Metrum, in allegorisierenden und symbolischen Bildführungen und nicht zuletzt in vielfältigen Anspielungen auf zeitgenössische Entwicklungen in der Naturwissenschaft gleichsam gegen den Handlungsverlauf über den Text des *Faust II* gelegt hat. Dadurch gewinnt der Text eine Tiefendimension, in der er auf seine poetische Komplexität und damit auf seinen Kunstcharakter hindeutet. In der sprachlich betont oberflächenharmonisch gearbeiteten Erlösungsszene verdichtet sich diese selbstbezügliche Dimension zum Triumph einer Dichtung, deren Autor – auch dies eine Funktion der »Zueignung« zum *Faust I* – längst programmatisch seine Macht über die auch den Gott des »Prologs« umfassenden »schwankenden Gestalten« der *Faust*-Dichtung festgestellt hat: Mit der Entrückung des »Unsterblichen« Faust durch die seligen Scharen um die Mater Gloriosa schließt sich nicht nur der metaphysische Rahmen um die Geschichte des Protagonisten – und dies in betontem Gegensatz zur bisherigen Stofftradition, die Faust durchweg in die Hölle hatte fahren lassen –, sondern auch der poetologische Rahmen um ein Kunstwerk, das auf die Begründung eines ästhetisch »Unsterblichen« zielt.

Die Bühnengeschichte dieses Welttheaters war von Anfang an von den praktischen Schwierigkeiten geprägt, die die Länge und Komplexität der beiden Teile ebenso wie ihr dramaturgisch nur schwer darstellbares Verhältnis zueinander mit sich brachten. Nach ersten Inszenierungsversuchen in Weimar zwischen 1810 und 1816 und den szenischen Teilaufführungen, die Fürst Anton Heinrich Radziwill in Berlin mit von ihm selbst komponierter Musik und Bühnenbildern von Karl Friedrich Schinkel 1819 veranstaltete, wurde *Faust I* 1829 unter der Regie August Klingemanns in Dresden uraufgeführt und im selben Jahr auch zu Goethes 80. Geburtstag in Weimar gegeben, wo Otto Devrient 1876 schließlich auch eine erste, stark bearbeitete Spielfassung beider Teile inszenierte. Nach der ideologischen Vereinnahmung des *Faust*-Projekts durch das nationalsozialistische Theater zwischen 1933 und 1945 war die Aufführungsgeschichte nach dem Zweiten Weltkrieg von einer Phase politischer und ästhetischer Experimente geprägt, deren bislang unzweifelhafter Höhepunkt Peter Steins radikal gesamthafte Inszenierung beider Teile (UA 2000) war.

In der musikalischen, literarischen und filmischen Rezeptionsgeschichte des Faust-Stoffs lässt sich die Wirkung von Goethes *Faust*-Projekt kaum trennscharf aus dem Kontext der Stofftradition insgesamt herauslösen. Angeregt von dieser Tradition, komponierten Ludwig van Beethoven (1809), Franz Schubert (ab 1814), Richard Wagner (ab 1831), Felix Mendelssohn-Bartholdy (1831/32), Robert Schumann (ab 1843), Franz Liszt (ab 1854) und Gustav Mahler (1906) einzelne Lieder, szenische Vertonungen und symphonische Dichtungen; in der Reihe der Faust-Opern – darunter Louis Spohrs *Faust* (1813), Pascal Dusapins *Faustus – the Last Night* (1955) und Rudolf Volz' Rockoper *Faust* (1997) – gilt bis heute Charles François Gounods *Margarethe* (1859) als die bedeutendste.

Literarisch produktiv wurde die Stofftradition neben einer Verserzählung von Nikolaus Lenau (1833–1835) und mehreren dramatischen Bearbeitungen – von Michel Carré (1850), Else Lasker-Schüler (1933/34),

Gertrude Stein (1938), Paul Valéry (1945) und Volker Braun (1968) – vor allem in der Erzählprosa, darunter neben Ida Hahn-Hahns Roman *Gräfin Faustine* (1841) und Iwan Sergejewitsch Turgenevs Novelle *Faust* (1856) insbesondere Klaus Manns *Mephisto. Roman einer Karriere* (1936), Michail Bulgakovs *Der Meister und Margarita* (1940) und Thomas Manns *Doktor Faustus* (1947).

Schon früh fand der Stoff auch Eingang in das Medium Film, 1926 in Friedrich Wilhelm Murnaus *Faust – Eine deutsche Volkssage*, 1960 in der Verfilmung von Gustav Gründgens Inszenierung des *Faust* von 1957, 1982 in derjenigen von Thomas Manns Roman durch Franz Seitz und 1989 in derjenigen der Inszenierung von Dieter Dorn aus demselben Jahr unter dem Titel *Faust – Vom Himmel durch die Welt zur Hölle*.

Goethes *Faust*-Projekt ist durch die Forschung bis heute einer Flut von Deutungsversuchen unterworfen worden. Der überwiegende Teil der Deutungen insbesondere zu *Faust II* erkennt darin eine auf der Basis breiten kulturellen Wissens – von der klassischen Mythologie bis zum zeitgenössischen Wasserbau – entworfene Krisenphänomenologie der beginnenden Moderne nach dem historischen Bruch der Französischen Revolution und bewertet die Geschichte Fausts vor diesem Hintergrund entweder als Tragödie scheiternder menschlicher Größe oder als polemische Abrechnung Goethes mit der den Menschen seiner Humanität entfremdenden Perfektibilitätsdoktrin des 19. Jh.s, während die Deutungen der Figur Faust selbst das ganze Spektrum vom wahnsinnigen Großverbrecher bis zum Inbegriff moderner Subjektivität auf verzweifelter Identitätssuche abschreiten. Parallel dazu heben textzentrierte Lektüren die besondere poetologische Dimension des *Faust*-Projekts hervor, wie sie sich in Allegorie- und Symbolführung, der überwältigenden Varianz von Metrik und Reimschemata und der Kombination unterschiedlicher Genretypen niederschlägt.

Die Eigentümlichkeit des *Faust*-Projekts spiegelt sich jedoch nicht nur in den reichen, durchweg vom historischen Standort ihrer Verfasser geprägten und damit faktisch unabschließbaren inhaltsbezogenen Auslegungsexperimenten, sondern auch in seiner problematischen Editionsgeschichte. Nachdem die 1887/88 erschienenen entsprechenden Bände der Weimarer Ausgabe von der Forschung längst als textkritisch überholt bewertet werden, haben in den vergangenen Jahren drei große Editionen – die Münchner und die Frankfurter Gesamtausgaben und die Einzelausgabe von Ulrich Gaier – drei qualitativ hochstehende kommentierte Textfassungen geboten, die in ihren unterschiedlichen Schwerpunktbildungen eine solide Basis für die Auseinandersetzung mit Goethes *Faust*-Dichtungen bilden; eine verbindliche, deren genetische Vielschichtigkeit historisch-kritisch aufarbeitende Edition steht jedoch bis heute aus. ULRIKE LANDFESTER

Heinrich von Kleist

* 18. Oktober 1777 in Frankfurt a. d. Oder (Deutschland)
† 21. November 1811 am Wannsee bei Berlin (Deutschland)

(auch: Bernd Heinrich Wilhelm von Kleist) – Militärlaufbahn 1799 zugunsten eines Studiums abgebrochen; ab 1800 in der Technischen Deputation Berlin tätig; Beschäftigung mit Kants Philosophie löste 1801 Krise aus, Infragestellung aller Lebenspläne, Beurlaubung vom Dienst, Reisen durch Deutschland, Frankreich und die Schweiz; Beginn intensiver schriftstellerischer Arbeit; Ende 1802 Rückkehr nach Deutschland (Weimar), 1805 Anstellung im Staatsdienst (Königsberg); 1806 aus gesundheitlichen Gründen beurlaubt; 1807 von französischen Behörden unter Spionageverdacht verhaftet; 1808–1809 Herausgabe des Kunstjournals *Phöbus* (mit Adam Müller); 1809 patriotische Lieder und Aufsätze gegen die französische Besatzung; 1810–1811 Herausgeber der *Berliner Abendblätter*; zunehmende Schwierigkeiten mit der Zensur: Publikationsverbot der *Abendblätter*; gesicherte Daten darüber, ob der *Prinz von Homburg* mit einem Aufführungsverbot belegt wurde, liegen nicht vor; Selbstmord gemeinsam mit der krebskranken Henriette Vogel.

Der zerbrochne Krug. Ein Lustspiel

Die 1811 erstmals gesamt erschienene Komödie, deren Entstehung in die Zeit zwischen Frühjahr 1802 und August 1806 fällt, wurde am 2. März 1808 am Weimarer Hoftheater unter der Regie Goethes uraufgeführt. Die Inszenierung war – vermutlich ihrer Längen wegen, weil Goethe den Einakter als ein Stück in drei Akten aufführen ließ – ein Misserfolg und veranlasste Kleist noch im selben Jahr, Auszüge aus der Komödie im *Phöbus* mitzuteilen. Die Anregung zu seinem Lustspiel erhielt Kleist 1802 in der Schweiz durch einen Kupferstich von Jean-Jacques Le Veau (*Le juge ou la cruche cassée*, nach dem Gemälde *Le juge du village* von Louis-Philibert Debucourt); als dramaturgisches Muster diente ihm die *Ödipus*-Tragödie des Sophokles. Der Strukturzusammenhang des analytischen Dramas steht im *Zerbrochnen Krug* allerdings unter umgekehrten Vorzeichen. Im Gegensatz zum antiken Vorbild ist die Verhüllung der Wahrheit und nicht deren Enthüllung das Movens der Handlung.

Der Handlungsgang der in Blankversen verfassten Komödie unterliegt der außergewöhnlichen Konstruktion, dass ein Richter über sein eigenes Vergehen zu richten hat und alle nur erdenklichen Taktiken ersinnt, um dieses Vergehen nicht offenkundig werden zu lassen: Ort des Geschehens ist eine Gerichtsstube in Huisum, einem (fiktiven) niederländischen Dorf bei Utrecht, gegen Ende des 17. Jh.s. Es ist Gerichtstag, und Dorfrichter Adam hat einen Fall aufzuklären, in dessen Mittelpunkt ein zerbrochener Krug aus dem Besitz der Frau Marthe Rull steht. Marthe beschuldigt Ruprecht, den Verlobten ihrer Tochter Eve, am Abend zuvor einen Krug in ihrem Hause zerstört zu haben, wogegen Ruprecht bezeugt, dass ein Fremder in Eves Zimmer gewesen sei, der, seiner ansichtig geworden, den Raum fluchtartig durch das Fenster in die Dunkelheit verlassen und dabei den Krug vom Fensterbrett gestoßen habe. Über den Streit der Kontrahenten sucht Adam derweil keinen Verdacht auf sich kommen zu lassen, zumal Gerichtsrat Walter, den eine Inspektionsreise nach Huisum geführt hat, der Verhandlung beiwohnt.

Angesichts des sonderbaren Verhaltens, das der Dorfrichter an den Tag legt, schöpft der Gerichtsrat zwar Verdacht, aber der Fall klärt sich erst auf, als die Zeugin Brigitte eindeutige Beweise beibringt und von einer Fußspur berichtet, die von Marthes Garten direkt in das Haus des Richters führt. So in die Enge getrieben, sieht Adam keine andere Möglichkeit, als die Flucht zu ergreifen, während Eve, die sich – aus Angst vor den Folgen ihrer Äußerung – im Verlaufe der Verhandlung über den Täter in Schweigen gehüllt hat, abschließend ihr Verhalten erklärt: Als Gegenleistung für ein »erlogenes Krankheitszeugnis«, das Ruprecht vom Kriegsdienst in Ostindien befreien würde, habe Adam von ihr »Schändliches« gefordert und ihre Gunst erpressen wollen.

Der zerbrochne Krug ist das bekannteste und populärste Werk Kleists. Theater, Film und Fernsehen sowie exzellente Darstellungen der Richter-Figur haben dieses Stück in das kulturelle Gedächtnis eingeschrieben, und wer es nicht durch Lektüre oder Anschauung kennengelernt hat, dem ist es zumindest dem Titel nach bekannt. Nach wie vor gehört das Lustspiel zu den am häufigsten aufgeführten Dramen nicht nur Kleists, sondern der deutschen Literatur überhaupt. Doch ungeachtet der Popularität: ein leichtgewichtiges Lustspiel ist der *Krug* nicht. Schon die Gattungszuordnung erweist sich im Lichte der Handlung und der von ihr ausgehenden Beschädigung der Figuren weniger eindeutig, als es der Untertitel indiziert. Am Ende ist zwar der Täter überführt, zurück aber bleibt das »zerscherbte Pactum« und mit ihm das brüchig gewordene Vertrauen in die staatliche Autorität und Intaktheit zwischenmenschlicher Beziehungen insgesamt.

Den Vorkommnissen in Huisum kommt freilich eine exemplarische Bedeutung zu, die in dem Drama über den urgeschichtlichen Fall verhandelt wird. Er bildet den übergreifenden Bezugsrahmen, der die Schnittstelle zwischen Ideal und Wirklichkeit, zwischen Wahrheit und Lüge markiert und der, in der religiösen Metaphernsprache des Stückes, als Zeichen eines tieferen Bruches, als Adams- oder Sündenfall und Vertreibung aus dem Paradies der Unschuld in den Blick gerückt wird. Daran ändert auch der Umstand nichts, dass Adam im Unterschied zur Schöpfungsgeschichte nicht der Verführte, sondern der Verführer ist. Denn in der Umkehrung des vorgängigen Musters bleibt – analog zum Lustspiel, das in seiner konkreten Umsetzung eher einem »Spaß zum Totlachen« (*Die Familie Schroffenstein*) gleicht – der Bruch konsequent vermittelt.

DIETER HEIMBÖCKEL

Das Erdbeben in Chili

Die vermutlich zwischen Frühjahr und Herbst 1806 entstandene Novelle erschien 1807 in Cottas *Morgenblatt für gebildete Stände* unter dem Titel »Jeronimo und Josephe. Eine Scene aus dem Erdbeben zu Chili, vom Jahr 1674« und ist die früheste gedruckte Prosa-Arbeit aus der Feder Kleists; für die redigierte Fassung im ersten Band seiner *Erzählungen* (1810) wählte er den heute geläufigen Titel *Das Erdbeben in Chili*.

Ausgangspunkt der Erzählung ist ein bei Kleist typisches Szenario des Unbegreiflichen: Ausgerechnet in dem Moment, in dem Jeronimo Rugera seinem Leben ein Ende bereiten will, hält eine Naturkatastrophe ihn nicht nur von seinem Vorhaben ab, sie stachelt allen ursprünglichen Intentionen zum Trotz auch seinen Überlebenstrieb an. Da aus seiner verbotenen Beziehung zu Donna Josephe Asteron, der Tochter eines Adeligen, ein Kind hervorgegangen ist, hatte man beiden den Prozess gemacht und die junge Mutter zum Tode verurteilt. Doch das über Santiago de Chile hereinbrechende Erdbeben vom 16. Mai 1647 vereitelt die Hinrichtung ebenso wie den Selbstmordversuch Jeronimos. Angesichts ihrer glücklichen Rettung glauben die Liebenden, eine höhere Macht habe sich ihres Schicksals angenommen, so dass sie ihr zum Dank und in der Erwartung, nun auch in der Gesellschaft auf ein unvoreingenommenes Verhalten zu stoßen, den Gottesdienst in Begleitung der ihnen freundlich gesinnten Familie des Don Fernando Ormez besuchen. Ihre Erwartung erweist sich jedoch als trügerisch. Als der Prediger die allgemeine Sittenverderbnis für das Erdbeben verantwortlich macht und in diesem Zusammenhang ihr ›Vergehen‹ zur Sprache bringt, werden beide von der aufgebrachten Menge, die sie unterdessen erkannt hat, ergriffen und ebenso wie die Schwägerin Don Fernandos und dessen Sohn Juan erschlagen.

Dass Don Fernando am Ende das den Tumult überlebende Kind von Jeronimo und Josephe an Sohnes statt annimmt, mag auf den ersten Blick für einen versöhnlichen Schluss der Novelle sprechen. Doch Versöhnung und Trost stehen in einem Bedingungszusammenhang, der auf das Erdbeben von Lissabon am 1. November 1755, den eigentlichen Subtext der Erzählung, bezogen bleibt und von hier aus seine trügerische Zuschreibung erhält. Auf die durch das katastrophale Ereignis ausgelöste und namentlich von Voltaire und Rousseau geführte Diskussion über den Sinn solcher Übel, die die Rechtfertigung Gottes (Theodizee) als Referenzpunkt hat, reagiert Kleist mit einer ihm eigentümlichen Radikalisierung der Aufklärungsperspektive. Denn wenn das grenzenlose Unheil gerechtfertigt erscheint durch das Glück, das zwei Menschen für sich in Anspruch nehmen, dann ist der Glaube daran Ausdruck menschlicher Hybris und nicht Beleg einer in Gott gegründeten Erkenntnis. Die in der Novelle durchgespielte Vorstellung der ›faute heureuse‹, die als Rechtfertigung des Übels in der Welt gedacht ist, verführt zu einer solchen Auslegung nicht zuletzt deswegen, weil sie das Unbegreifliche und Namenlose, das Gott ist, verständlich zu machen sucht. Insofern Kleist die Aporie dieses Unterfangens und damit die Unmöglichkeit reflektiert, Gott und Aufklärung in eins bzw. zusammen zu denken, ist das geschichtliche Material, das in der Novelle verhandelt wird, in der Tat »ein wahrer Sprengstoff« (Wellbery), der vor dem Hintergrund der Auslegungswelle, die über die Erzählung in den letzten Jahrzehnten hereingebrochen ist, seine ungebrochene Aktualität bezeugt. DIETER HEIMBÖCKEL

Prinz Friedrich von Homburg. Ein Schauspiel

Das vermutlich 1809/10 entstandene Schauspiel ist zu Kleists Lebzeiten weder veröffentlicht noch inszeniert worden. Es erschien erstmals in der von Ludwig Tieck besorgten Ausgabe der *Hinterlassenen Schriften* (1821) und wurde am 3. Oktober 1821 am Wiener Burgtheater unter dem Titel *Die Schlacht von Fehrbellin* uraufgeführt.

Das Stück greift mit der Schlacht von Fehrbellin 1675 einen Stoff aus der Geschichte Brandenburgs auf und verknüpft ihn mit der durch Friedrich II. von Preußen begründeten Legende um Friedrich von Homburg (1633–1708), der durch seine eigenmächtige Befehlsüberschreitung den

Sieg der Preußen gegen die Schweden aufs Spiel gesetzt haben soll: Der Prinz von Homburg, Reitergeneral des Kurfürsten von Brandenburg, wird von der Hofgesellschaft dabei beobachtet, wie er sich im Schlaf einen Lorbeerkranz flicht. Als er sich der Nichte des Kurfürsten leidenschaftlich zuwendet, weist dieser ihn schroff in seine Schranken, ohne vermeiden zu können, dass der Prinz sich eines Handschuhes von Natalie bemächtigt, der ihn nach dem Erwachen an einen Wink des Schicksals glauben lässt. Noch ganz unter dem Eindruck des Traumerlebnisses stehend, verfolgt er anderntags zerstreut die kurfürstlichen Anweisungen zur Schlachtordnung und setzt sich während des Gefechts über sie hinweg. Obwohl der Sieg glänzend ausfällt, bestellt der Kurfürst aufgrund der Insubordination des Prinzen ein Kriegsgericht ein, das ihn nach Recht und Gesetz zum Tode verurteilt. Anfänglich glaubt Homburg nicht an die Umsetzung des Urteils; als er jedoch den Ernst der Lage erkennt, verlässt ihn der Heldenmut. Von Todesängsten übermannt, erklärt er sich dazu bereit, für sein Leben auf seine Ämter und die Vermählung mit Natalie zu verzichten. Erst als der Kurfürst, durch seine Nichte darum gebeten, Milde walten zu lassen, ihm die Begnadigung für den Fall in Aussicht stellt, dass ihm nach eigener Prüfung des Geschehens Unrecht widerfahren sei, unterstellt er sich dem Richterspruch. »Mir ziemt's hier zu verfahren, wie ich soll!« Indem er die Rechtmäßigkeit des Urteils anerkennt, wird dem Kurfürsten schließlich die Möglichkeit eröffnet, Gnade vor Recht ergehen zu lassen. Er begnadigt Homburg und führt ihm Natalie, die ihn als »Sieger in der Schlacht bei Fehrbellin« mit Lorbeer bekränzt, als seine Braut zu.

Kleists Drama bezieht sein Konfliktpotenzial im Wesentlichen aus den Gegensätzen, die sich aus der Missachtung des militärischen Befehls durch den Prinzen herleiten. Hier prallen Freiheit des Individuums und Recht und Ordnung des Gemeinwesens, Insubordination und Staatsräson, Gefühl und Gesetz aufeinander. Aus rezeptionsgeschichtlicher Perspektive erweisen sich die das Schauspiel dominierenden Gegensatzstrukturen bis heute als Einfallstor für zum Teil einander widersprechende Deutungen, durch die es mal als preußisch-vaterländisches Stück, als Drama der Existenz und des mit der Gesellschaft in Konflikt geratenen Individuums, mal in seinen selbstreflexiven oder diskursiven Zusammenhängen in den Blick gerückt worden ist. Einer postmodernen Auslegung leistete insbesondere Peter Steins Adaption *Kleists Traum vom Prinzen Homburg* (Berlin 1972, Schaubühne am Halleschen Ufer)

Vorschub, mit der die Geschichte als Zitat des Dichters in Szene gesetzt wurde. DIETER HEIMBÖCKEL

Über das Marionettentheater

Dem kunsttheoretischen Essay, der in den von Kleist herausgegebenen *Berliner Abendblättern* vom 12. bis zum 15. Dezember 1810 in vier Stücken erschien, wurde lange Zeit kaum Beachtung geschenkt. Zu einem nennenswerten Umschwung in der Rezeption kam es erst Anfang des 20. Jh.s, als man dem Text eine Schlüsselfunktion nicht nur für das Verständnis von Kleists Ästhetik, sondern auch für die Analyse seiner Werke beizumessen begann. An dieser Bedeutungszuweisung hat sich, abgesehen von literaturtheoretisch bedingten Akzentverschiebungen in der Interpretation, bis heute nichts geändert.

Der Essay, der als Dialog zwischen einem Ich-Erzähler und einem Operntänzer (»Hrn. C«) angelegt ist, entwirft eine Theorie der Grazie, in der im Unterschied zu zeitgenössischen, auf die Versöhnung von Sinnlichkeit und Vernunft ausgerichteten Vorstellungen das Un- bzw. Vorbewusste privilegiert und in den Kontext eines triadischen Geschichtsmodells gestellt wird. Einer dreigliedrigen Struktur unterliegt dabei auch die Schrift selbst: Im ersten Teil wird der Zustand der Grazie im Lichte der Marionette exponiert, und zwar nicht, wie in der Romantik üblich, als Verkörperung der Entfremdung bzw. eines mechanisch-determinierten Handelns, sondern im Sinne einer prähistorischen, von der Reflexion noch unberührten Seinsweise vor dem Sündenfall. In zweiten und dritten Teil werden demgegenüber Verlust und Wiedergewinnung der Grazie in Form beispielhafter Erlebnisberichte vorgeführt. Zunächst greift der Ich-Erzähler die Geschichte eines Jünglings auf, der sich mit der antiken Statue des Dornausziehers vergleicht und dabei, weil er auf die Diskrepanz zu seinem Spiegelbild aufmerksam gemacht wird, seine Anmut verliert. Im Horizont des in dem Essay verhandelten geschichtsphilosophischen Konzepts ist dieser Verlust Folge der Vertreibung aus dem Paradies und der mit ihr einhergehenden Bewusstseinsausbildung als Signum der Differenzierung und Entfremdung. Der dritte Teil verhält sich dazu als Gegenentwurf, indem der Tänzer über die Geschichte eines fechtkundigen Bären die Möglichkeit der Wiedergewinnung der Grazie zu vermitteln sucht – mit der Schlussfolgerung, »daß in dem Maße, als, in der organischen Welt, die Reflexion dunkler und schwächer wird, die Grazie darin immer strahlender und herrschender hervortritt«.

Anders als es der Essay zu suggerieren scheint, bildet der Sündenfall-Mythos in den Dramen und Erzählungen Kleists den Einheitsgrund des Daseins bzw. die Grundbedingung menschlicher Existenz und kein Durchgangsstadium in eine neue oder ideale Gegenwelt. Doch der Schein trügt, weil das *Marionettentheater* ein Spiel mit doppeltem Boden betreibt, das das Modell der geschichtsphilosophischen Triade in provokanter Form in Frage bzw. zur Disposition stellt. Wenn das Paradies verriegelt ist und eine Reise um die Welt gemacht werden muss, um zu sehen, »ob es vielleicht von hinten irgendwo wieder offen ist«, dann wird der utopische Gedanke der Heilsvorstellung einer Subversion unterzogen, zu der sich noch die in dem Essay feststellbaren Widersprüche und Zweideutigkeiten komplementär verhalten. Insofern ist er in der Tat ein Schlüssel-Text, aber nicht nach Art eines Code-Knackers, mit dessen Hilfe sich das Werk Kleists erschließen ließe, sondern durch die Inanspruchnahme und Manifestation der poetischen Mittel, die es konstituiert. DIETER HEIMBÖCKEL

Friedrich Rückert

* 16. Mai 1788 in Schweinfurt (Deutschland)
† 31. Januar 1866 in Neuses/Coburg (Deutschland)

1805–1808 Studium erst der Rechte, dann der Ästhetik und Philologie in Würzburg und Heidelberg; 1811 Habilitation in Jena, Vorlesungen über orientalische und griechische Mythologie; 1812–1814 Gymnasiallehrer in Hanau, Würzburg und Bettenburg; 1814 bekannt mit den antinapoleonischen *Geharnischten Sonetten*, 1815 Redakteur von Cottas *Morgenblatt für gebildete Stände*; 1826 Professur für orientalische Sprachen in Erlangen; 1841 Berufung nach Berlin; ab 1848 Rückzug ins Privatleben.

Das lyrische Werk

Dem Bildungsbürgertum der Zeit galt Rückert, zumindest in der ersten Hälfte des 19. Jh.s, als einer der bedeutendsten Lyriker deutscher Sprache, und sogar der junge Friedrich Engels bemerkte in einem Brief: »Es ist merkwürdig, daß, wenn wir unsere größten Dichter zusammennehmen, immer zwei und zwei sich ergänzen, so Klopstock und Lessing, so Goethe und Schiller, so Tieck und Uhland. Jetzt aber steht Rückert ganz allein da [...].« (an F. Graeber, 20. Januar 1839) Geblieben ist von diesem Ruhm und dem damit verbundenen umfangreichen lyrischen Werk, dessen erste Ausgabe der *Gesammelten Gedichte* (1834–1838) schon sechs Bände umfasste, nur wenig; Rückerts Name fällt heute noch im Zusammenhang mit seinen von Gustav Mahler teilweise vertonten *Kindertodtenliedern* sowie mit einigen wenigen, volksliedhaften Gedichten, die selten in Schulbüchern fehlen (»Es ging ein Mann im Syrerland, / führt' ein Kamel am Halfterband [...]«), darüber hinaus weckt sein Werk nur noch literaturhistorisches Interesse, als Beispiel biedermeierlicher Erbaulichkeit wie bildungsbürgerlicher Gelehrsamkeit in der ersten Hälfte des 19. Jh.s.

Rückerts frühe lyrische Versuche, darunter auch die 1812 verfasste Sonettsammlung »Agnes' Totenfeier« und der Zyklus *Amaryllis. Ein Sommer auf dem Lande* (1812/13, als Ausgabe 1825), stehen zunächst in der Tradition Klopstocks wie der Anakreontik des 18. Jh.s: »Ich kost' im Kosegarten, / Schon matt von Matthison, und schwor zu Gleims Standarten [...].« Die frühen Gedichte blieben allerdings zumeist ungedruckt, erschienen in der Regel erst in den *Gesammelten Gedichten*. Berühmt aber wurde Rückert durch seine *Deutschen Gedichte* (1814), die er unter dem Pseudonym »Freimund Reimar« herausgab und in denen er, ganz in Übereinstimmung mit dem patriotischen Grundton der Zeit, zum Kampf gegen Napoleon aufrief. Vor allem die in der Sammlung enthaltenen *Geharnischten Sonette*, ein Zyklus von 74 Gedichten, wirkten, wie G. Schwab in einer Rezension schrieb, »begeisternd auf jedes gesunde Gemüt«. Ähnlich wie bei anderen zeitgenössischen patriotischen ›Sängern‹ wie Max von Schenkendorf (1783–1817) oder Theodor Körner (1791–1813) verbindet sich der Ruf nach nationaler Einigung im Kampf gegen das französische Heer, wofür alle Stände aufgerufen sind und historische Größen von Kaiser Barbarossa bis hin zu Friedrich dem Großen (Friedrich II. von Preußen) beschworen werden, mit scharfer Kritik an den »Zwitterfeinden«, jenen deutschen Ländern, die als Napoleons »Raubgefolg« ihre territorialen Interessen im Zuge der Auflösung des alten Reiches verfolgen und den Feind dafür »durch Ehrenpforten [...] schreiten« ließen.

Schon im Oktober 1814 hatte Rückert eine neue Sammlung patriotischer Gedichte vollendet, die er mit der Bitte, ihm einen Verleger zu vermitteln, an Friedrich de la Motte Fouqué sandte; sie erschien allerdings erst 1817 unter dem Titel *Kranz der Zeit*. Die ihr eigene pathetisch-deklamatorische Empörung wurde von der Kritik bisweilen aber schon bemängelt. Politische Zeitgedichte verfasste Rückert – neben heute völlig vergessenen historischen Dramen – sein Leben lang; er pries den Freiheitskampf der Griechen gegen die Türken (»Griechenlied«, 1821), erträumte sich durch die Revolution von 1848 vor allem eine Beförderung der deutschen Einigung unter preußischer Führung und erhoffte sich entsprechende Auswirkungen auch von der Einberufung der Frankfurter Nationalversammlung. Die meisten dieser Gedichte blieben allerdings ungedruckt, sieht man von den späten *Kampfliedern für Schleswig-Holstein* (1863) ab. Für die liberalen und sozialen Strömungen seiner Zeit war Rückert ohne Verständnis, mit den Vertretern des Jungen Deutschland verband ihn letztlich nichts, und so schwand der politische Lyriker Rückert nach 1848 zunehmend aus dem öffentlichen Bewusstsein. Seine Ideenwelt – die Vorstellung einer Erneuerung der deutschen Kunst als Voraussetzung für eine politische Erneuerung, für ihn gleichbedeutend mit der Einigung des Volkes unter einem preußischen Kaiser, oder die Utopie eines ästhetisch fundierten Staates, in dem sich in mittelalterlicher Weise christlicher Glaube und ständisches Denken verbinden – war die der Romantik und des Biedermeier.

Ähnliches gilt auch für die zahlreichen Liebes- und Naturgedichte oder *Haus- und Jahreslieder* (1838) Rückerts, die in zeitgenössischen Periodika, etwa in dem von Rückert selbst 1821 bis 1825 redigierten *Frauentaschenbuch*, in Kalenderblättern und Musenalmanachen bis in die 1840er Jahre hinein sich großer Beliebtheit erfreuten. Das Repertoire seiner Motive und Metaphern ist durchaus konventionell-erbaulich: »Hier sind die blauen Lüfte, / Hier sind die grünen Aun, / Die Blumen hier, die Düfte, / Der blühende Rosenzaun. // Und hier am Busen lehnet / Mit süßem Liebesach / Die Liebste, die sich sehnet / Den Frühlingswonnen nach« – heißt es im 1821 entstandenen »Liebesfrühling«, geschrieben für Rückerts Braut Luise Fischer-Wiethaus; eine Sammlung seiner Liebesgedichte unter dem Titel *Liebesfrühling* erschien separat 1844, nachdem sie bereits in die *Gesammelten Gedichte* aufgenommen worden war.

Neben dieser Form bürgerlicher Erlebnislyrik steht Rückerts Gedankenlyrik, geprägt zumeist von seinen Studien und Übersetzungen der orientalischen Literaturen. Rückert, seit 1826 Professor für Orientalistik in Erlangen, 1841 bis 1848 in Berlin, übertrug Gedichte des persischen Dichters Hafiz aus dem 14. Jh., die Eingang in die von Goethes *West-östlichem Divan* inspirierte Sammlung *Östliche Rosen* (1822) fanden, bearbeitete Ghaselen Rumis (1207–1273), übersetzte Auszüge aus den Werken von Nizami (gest. 1209), Sadi (gest. 1292) und Ğami (1414–1492) sowie aus dem persischen Grammatikwerk *Haft Qulzum* (*Siebenmeer*). Er versuchte sich an einer Übersetzung des *Koran* und gab eine Nachdichtung der *Makamen* des Hariri, entstanden um 1100, heraus sowie eine Übersetzung der *Hamasa*, einer arabischen Gedichtsammlung aus dem 10. Jh., und der Verse des vorislamischen Dichters Imru'ul-Qais (*Amrilkais, der König und Dichter*). Zu seinen weiteren Arbeiten zählt die Übersetzung des 11. Buches des Sanskrit-Epos *Mahabharata*, die Übertragung der dem Amaru (7./8. Jh.) zugeschriebenen *Hundert Sprüche* sowie die Nachdichtung des bengalischen *Gitagovinda* von Jayadeva aus dem 12. Jh. und der Dramen des Sanskritdichters Kalidasa. In seiner Beschäftigung mit diesen Literaturen konnte Rückert nicht nur seiner Vorstellung einer Universalpoesie folgen: »Die Poesie in allen ihren Zungen / ist dem Geweihten eine Sprache nur.« Zugleich dienten ihm Metrik und Versform dieser Lyrik als Vorbilder für eigene Gedichte in deutscher Sprache; neben dem Ghasel, worin er A. v. Platen gleichkommt, versuchte er sich in Wortspielen, in persischen Vierzeilern, aber auch in Ketten- und Kehrreimen; ein Virtuosentum, das schon Zeitgenossen wie Jean Paul und E. Mörike als antiquiert empfanden.

Daneben aber verfiel Rückert immer wieder der Lehrdichtung barocken Stils; von 1835 an entstand sein sechsbändiges, in Alexandrinern verfasstes Werk *Die Weisheit des Brahmanen. Ein Lehrgedicht in Bruchstücken* (1836–1839), über das Rückert am 25. Dezember 1835 an Melchior Meyr schrieb: »Es muß alles hinein, was ich eben lese: vor 8 Wochen Spinoza, vor 14 Tagen Astronomie, jetzt Grimm's überschwenglich gehaltreiche Deutsche Mythologie, alles unter der nachlässig vorgehaltenen Brahmanenmaske.« Das Werk besteht in der Erstausgabe aus insgesamt 2788 zweizeiligen Sinnsprüchen, gegliedert in 20 Gruppen; die ersten Verse stellen das Thema – Liebe, Jugend, Zeitkritik, Lebensprinzipien, Gotteserkenntnis – vor, die folgenden Sprüche variieren es, wobei das Werk selbst von fragmentarisch-bruchstückhaftem Charakter ist und ein Zusammenhang sich nur dem »analogischen Denken« offenbart, im Wechsel von Reflexion, Sinnspruch, Erlebnis- und Bekenntnishaftem.

Von 1844 an publizierte Rückert, der 1839 noch eine gereimte Darstellung des *Lebens Jesu* veröffentlicht hatte, kaum mehr Literarisches. Erst postum erschienen auch die zum Teil von Gustav Mahler zwischen 1901 und 1904 vertonten *Kindertodtenlieder* (1872), entstanden 1833/34 während der tödlich verlaufenden Scharlacherkrankung seiner dreijährigen Tochter Louise und seines fünfjährigen Sohnes Ernst: »Oft denk ich, sie sind nur ausgegangen, / Bald werden sie wieder nach Haus gelangen.« Heute sind diese anrührenden Verse wohl das Bleibende des Lyrikers Rückert, der im 20. Jh. nur selten Fürsprecher fand, etwa R. Borchardt und O. Loerke. MEINHARD PRILL

Adelbert von Chamisso

* vermutlich zwischen 27. und 30. Januar 1781 auf Schloss Boncourt/ Champagne (Frankreich)
† 21. August 1838 in Berlin (Deutschland)

(d. i. Louis Charles Adélaïde de Chamisso de Boncourt) – Aus altlothringischem Adel; 1792 Flucht vor den Revolutionswirren, ab 1796 in Berlin; Page am preußischen Königshof, französisches Gymnasium; 1798–1806 Militärdienst (1801 Leutnant); Beschäftigung mit Philosophie und Literatur, 1803 Mitglied des Dichterkreises Nordsternbund, 1811 Mitgründer der Christlich-deutschen Tischgesellschaft (um Brentano und Kleist); ab 1812 Botanikstudium in Berlin; 1815–1818 Weltumseglung als Naturforscher; 1832–1838 Redaktion des *Deutschen Musenalmanachs*; Erzähler, Lyriker, Botaniker.

Peter Schlemihl's wundersame Geschichte

In der 1814 erschienenen Erzählung berichtet Schlemihl dem fiktiven Herausgeber Chamisso in elf Briefen seine »wundersame Geschichte«: Auf einer Gartengesellschaft des unermesslich reichen Herrn John begegnete er einem Mann, der alle Dinge, die von den Gästen gewünscht werden, angefangen von einer Brieftasche bis hin zu drei Reitpferden, aus der Tasche seines grauen Rockes zieht. Beim Fortgehen wird Schlemihl von dem sonderbaren Mann im grauen Rock zu einem Tauschgeschäft verführt: Für einen Glücksbeutel, der stets mit Dukaten gefüllt ist, verkauft Schlemihl ihm seinen Schatten. Die Schattenlosigkeit offenbart sich nun aber als schreckliches Unheil, denn sie schließt Schlemihl gänzlich aus der menschlichen Gesellschaft aus; überall, wo sie bemerkt wird, wird er trotz seines ungeheuren Reichtums von seinen Mitmenschen geächtet, ja, er verliert schließlich sogar das Mädchen, das er liebt, die Försterstochter Mina. Nur sein Diener Bendel bleibt ihm aufrichtig ergeben. Als der Mann mit dem grauen Rock nach einem Jahr wieder auftaucht, ist er bereit, Schlemihl den Schatten zurückzugeben – doch nur, wenn dieser ihm dafür mit Blut seine Seele verschreibt. Bei einer späteren Begegnung zieht der graue Mann gar die Gestalt eines Verdammten aus seiner Rocktasche. Entschlossen wirft Schlemihl jetzt den Glücksbeutel in einen Abgrund und beschwört den Unheimlichen, sich hinwegzuheben. Ein Paar alter Schuhe, die er auf einer Kirmes kauft, entpuppen sich – wie in Tiecks *Phantasus* – als Siebenmeilenstiefel. Mit ihnen zieht er kreuz und quer durch die Welt und widmet sich ganz der Erforschung der Natur, die ihm für immer die menschliche Gesellschaft entbehrlich macht. Zum Nutzen der gesamten Menschheit legt er seine einzigartigen Erfahrungen und Beobachtungen schriftlich nieder.

Chamisso verwendet in seiner im 19. Jh. weltberühmt gewordenen Erzählung eine Fülle alter Sagen- und Märchenmotive. Der Name der Hauptperson ist hebräischen Ursprungs und bedeutet nach der eigenen Erklärung des Dichters »Theophil« bzw. »Gottlieb«: »Dies ist in der gewöhnlichen Sprache der Juden die Benennung von ungeschickten oder unglücklichen Leuten.« An den Namen Theophilus knüpft sich auch die alte Sage vom Pakt mit dem Teufel, die Chamisso in seiner Erzählung abwandelt. Das Motiv des Mannes, der alles aus seiner Rocktasche zieht, ist von La Fontaine übernommen; die Idee, ein Märchen über einen verlorenen Schatten zu schreiben, kam Chamisso anlässlich einer scherzhaften Frage Fouqués, ob er, dem auf einer Reise zahlreiche Kleidungsstücke abhanden gekommen waren, nicht auch seinen Schatten verloren habe. Schon die Zeitgenossen haben immer wieder versucht, hinter das Geheimnis der Schattenlosigkeit zu kommen, und eine Reihe spitzfindiger allegorischer Deutungen ersonnen; die bekannteste beruft sich auf Chamissos Biographie: Der Mann ohne Schatten, so deutete man also, sei der Mensch ohne Vaterland; denn Chamisso, der gebürtige Franzose, habe sein Leben lang zwischen deutscher und französischer Nationalität geschwankt. Chamisso hat sich über derartige »kuriose Hypothesen« und über Leute, die nur zu ihrer Belehrung lesen und sich darum über die Bedeutung des Schattens den Kopf zerbrechen, lustig gemacht; er wollte, so scheint es, seine »wundersame Geschichte« nur als ein Märchen verstanden wissen. Gleichwohl verbirgt sich hinter der scheinbaren Naivität der aus einer Laune geborenen und durch zufällige Lebensumstände veranlassten Erzählung eine tiefere Bedeutung, die freilich nicht in allegorischer Eindeutigkeit zu fassen ist.

Es gibt einige Stellen in der Erzählung, die den Sinn der Schattenlosigkeit andeuten, so eine Bemerkung Schlemihls hinsichtlich seiner Nachforschungen: »Durch frühe Schuld von der menschlichen Gesellschaft ausgeschlossen, ward ich zum Ersatz an die Natur, die ich stets geliebt, gewiesen, die Erde mir zu einem reichen Garten gegeben, das Studium zur Richtung und Kraft meines Lebens, zu ihrem Ziel die Wissenschaft.« Eine gnädige Fügung lässt ihn also den Verlust des Schattens, der Gesellschaft und des bürgerlichen Glücks verschmerzen.

Die Schilderung der Leiden des Gezeichneten und Ausgestoßenen erreicht ihren poetischen Höhepunkt in der Liebesepisode (Kap. 4–6), in der ein Grundmotiv romantischer Poesie anklingt: die Liebe des wie durch einen Fluch aus der Gesellschaft Ausgeschlossenen, dem alle ›normalen‹ menschlichen Bindungen versagt sind, zu einem ahnungslosen, in selbstverständlicher Einheit mit seiner Umwelt lebenden Mädchen eine Liebe, die mit der Entdeckung des Kainszeichens der Schattenlosigkeit scheitern muss und Schlemihl in sein Paria-Dasein zurückstößt.

Als echtes Märchen ist die Erzählung schwerlich anzusehen. Was sie aber vor allen Dingen auszeichnet und zu einem Unikum in der Weltliteratur macht, ist die Darstellung des Phantastischen, als ob es das Natürlichste der Welt wäre, jener bürgerlich-realistische Erzählstil, der sich z. B. in dem Einfall kundgibt, den Teufel nicht mit Pferdefuß, sondern als höflich-verlegenen Herrn darzustellen. So kann Chamissos Erzählung mit dem Begriff der ›phantastischen Novelle‹ charakterisiert werden, den Thomas Mann ihr zugedacht hat. DIETER BORCHMEYER

E. T. A. Hoffmann

* 24. Januar 1776 in Königsberg (Kaliningrad, Russland)
† 25. Juni 1822 in Berlin (Deutschland)

(d. i. Ernst Theodor Amadeus Hoffmann) – 1792–1795 Jura-Studium in Königsberg, danach juristische Tätigkeit in Glogau, Berlin, Posen, Plock an der Weichsel und Warschau; 1808–1813 Musikdirektor, Kapellmeister, Komponist und Theatermaler in Bamberg; 1813/1814 Kapellmeister in Dresden; ab 1814 als preußischer Beamter in Berlin (1816 Kammergerichtsrat, 1821 Mitglied des Appellationssenats des Kammergerichts); 1816 Uraufführung der Oper *Undine*. Seit 1809 mit ironischen Romanen und Erzählungen erfolgreich, in denen die romantische Idee einer ›Duplizität‹ von Alltagswelt und Phantasie erfahrbar wird.

Lebensansichten des Katers Murr nebst fragmentarischer Biographie des Kapellmeisters Johannes Kreisler in zufälligen Makulaturblättern

Der 1819/21 in zwei auf 1820/22 vordatierten Bänden erschienene Roman verschränkt in romantischer Ironie die Autobiographie eines Katers mit der Biographie eines »extravaganten« Musikers. Was auf den ersten Blick als »zusammengewürfeltes Durcheinander« erscheint, wird von einem fiktionalen Herausgeber namens »E. T. A. Hoffmann« erklärt: »Als der Kater Murr seine Lebensansichten schrieb, zerriss er ohne Umstände ein gedrucktes Buch, das er bei seinem Herrn vorfand, und verbrauchte die Blätter harmlos teils zur Unterlage, teils zum Löschen.« Auf diese Weise sind in die chronologische Bildungsgeschichte des Katers fragmentarische Makulatur-Blätter aus der Biographie des Kapellmeisters Johannes Kreisler eingefügt, die diskontinuierliche »Nachrichten über die sehr seltsamen Lebensumstände jenes in seiner Art nicht unmerkwürdigen Mannes« überliefern.

Kater Murr erzählt in Anlehnung an Goethes *Wilhelm Meisters Lehrjahre*, »wie man sich zum großen Kater bildet«: Er hat Meister Abraham das Lesen und Schreiben abgeschaut und begreift sich als ebenso großes Dichter- wie Gelehrtengenie, das im selbstzufriedenen Rückblick auf die Lebensleistungen seine Kindheit und »Lümmeljahre«, Freundschaften mit Katern wie Hunden sowie Liebesaffären schildert. Die behauptete Idealität seines Charakters wird immer wieder von der Realität dementiert, wenn Murr z. B. seiner hungernden Mutter Mina einen Heringskopf verspricht und diesen dann doch selber frisst. Murr wird zuletzt von Abraham an Kreisler übergeben; zuletzt teilt eine Nachschrift des Herausgebers mit, der »bittre Tod« habe den »klugen, wohlunterrichteten philosophischen dichterischen Kater Murr [...] dahin gerafft mitten in seiner schönen Laufbahn«.

Dieser Erfolgsgeschichte wird mit der Biographie Johannes Kreislers, den man bereits aus Hoffmanns *Fantasiestücken* kennt, ein gesellschaftliches und künstlerisches Scheitern gegenüber gestellt. Der komischen Naivität des Katers steht die tragische Zerrissenheit eines Musikers entgegen, der »oft dem ruhigen Beobachter beinahe wie ein Wahnsinniger erscheint«. Kreisler, der in ein im Roman nicht aufgelöstes »Geheimnis« verflochten ist, findet nur in der Musik vorübergehende Beruhigung für seinen »bösen Dämon«, weil vor der Tonkunst »alle Schmerzen irdischer Bedrängnis verstummen«. Aus den Makulatur-Blättern erfahren die Leser vor allem vom Schicksal Kreislers in einem Duodez-Fürstentum, wo sein väterlicher Freund Abraham ›Maître de plaisir‹ ist. Kreisler gewinnt die Zuneigung sowohl der musikliebenden Julia Benzon als auch der leidenschaftlichen Prinzessin Hedwiga und gerät dabei in ein Intrigengeflecht, das sein Schicksal mit dem von Abraham verbindet. Die Flucht in ein Kloster bringt ebenfalls keine Lösung, weil Kreisler im Stil einer ›gothic novel‹ immer wieder mit den dynastisch-gewaltsamen Geheimnissen um seine Herkunft konfrontiert wird. Zuletzt ruft ihn Abraham an den Fürstenhof zurück, und die Biographie bricht mitten im Satz ab. Die Nachschrift des Herausgebers kündigt allerdings einen dritten Band mit der restlichen Lebensgeschichte Kreislers sowie hinterlassenen »Reflexionen und Bemerkungen« Murrs an.

Die in sich schlüssige Lebensgeschichte des dichtenden Katers und die fragmentarische Lebensgeschichte des Musikers sind inhaltlich dadurch verbunden, dass Murr durch Abraham vor dem Ertränktwerden gerettet wurde und zuletzt bei Kreisler lebt. Stilistisch sind beide Dimensionen des doppelten Künstlerromans einander scharf entgegengesetzt, motivisch allerdings sorgfältig miteinander verbunden (für Murr spielt die ›Sehnsucht‹ eine ebenso zentrale Rolle wie für Kreisler, den Duetten Kreislers mit Julia entsprechen die Duette Murrs mit seiner Geliebten Miesmies usw.). Durch seine Spiegelung in Murr wird auch Kreisler problematisiert und kann nicht als echter Künstler gelten. Erst die Koppelung beider Charaktere macht den Roman zu einem tatsächlich romantischen Kunstwerk, das nach dem Vorbild insbesondere von L. Sternes *Tristram*

Shandy (1759–1767) einen ›Humor‹ der geistigen Freiheit manifestiert, nach dem sich der Kapellmeister sehnt. ALBERT MEIER

Meister Floh. Ein Märchen in sieben Abenteuern zweier Freunde

Jedem Leser der 1822 erschienenen Märchen-Erzählung wird es wie der Hauptfigur Peregrinus Tyß ergehen: dass er die Geschehnisse mit seinem »schlichten gesunden Menschenverstande gar nicht begreifen« kann und sich gelegentlich vorkommt, »als sei er in ein böses Hexenwesen verflochten«. Wie oft bei Hoffmann vermischt sich die bürgerliche Alltagswelt (hier in Frankfurt/M. lokalisiert) mit einer grotesken Märchenwelt, in der niederländische Naturwissenschaftler noch leben, obwohl sie längst gestorben sind, und beinahe alle Protagonisten eine »Vorexistenz« in einem phantastischen Famagusta haben.

Die von einem sich wiederholt mit poetologischen Reflexionen einmischenden Erzähler präsentierte Handlung um Peregrinus Tyß ist triadisch organisiert: Der seines »reinen Gemüts« wegen lebensuntüchtige Kaufmannssohn wird mit 36 Jahren an einem Weihnachtsabend aus seiner »kindischen Fabelwelt« herausgerissen und in die »wunderbarsten, tollsten Ereignisse« verstrickt; er reift daran, bevor er zuletzt »in das wirkliche rege Leben« eintritt. Als Peregrinus der bedürftigen Familie des Buchbinders Lämmerhirt Geschenke bringt, flüchtet sich Dörtje Elverdink, Nichte des Flohbändigers und Magiers Leuwenhoek und zugleich Blumenprinzessin Gamaheh, zu ihm; sie spielt ihm ihre Liebe vor, um sich wieder in Besitz von Meister Floh zu setzen, den Peregrinus unbewusst aus der Gewalt Leuwenhoeks befreit hat und dessen heilsame Stiche die Prinzessin zum Überleben braucht. Durch Meister Floh ist Peregrinus jedoch mit einem winzigen Augenglas ausgestattet, das ihm das Gedanken-Lesen erlaubt. Nachdem Peregrinus in den sich überstürzenden Ereignissen den phantastischen Zusammenhang seines Schicksals begriffen hat, entsagt er Dörtje/Gamaheh zugunsten seines Freundes George Pepusch (bzw. der Distel Zeherit). Er erkennt sich als Märchenkönig Sekakis, in dessen Brust ein Karfunkel als Symbol der Liebe erstrahlt, und findet die wahre Liebe in Röschen Lämmerhirt. Während Pepusch/Zeherit und Dörtje/Gamaheh als blühender Cactus Grandiflorus bzw. Tulpe im Liebestod erlöst werden, gelingt Peregrinus und Röschen Glück ein bürgerliches Familienleben, wobei sich Meister Floh als »guter Hausgeist« nützlich macht.

Weil der preußische Polizeidirektor v. Kamptz in der nur locker mit der Märchenhandlung verknüpften Episode um den Geheimen Hofrat Knarrpanti eine Satire auf sein Verhalten bei der sogenannten ›Demagogenverfolgung‹ sah, konnte die Erzählung ursprünglich nur gekürzt erscheinen. In der juristischen »Erklärung zu Meister Floh« hat Hoffmann sein »ganz ins Gebiet des ausgelassensten Humors« streifendes Märchen verteidigt und dem »humoristischen Dichter« das Recht zugesprochen, »sich in dem Gebiet seiner phantastischen Welt frei und frisch zu bewegen«. ALBERT MEIER

Nikolaus Lenau

* 13. August 1802 in Csatád im Banat (Lenauheim, Rumänien)
† 22. August 1850 in Oberdöbling bei Wien (Österreich)

(auch: Edler von Strehlenau [ab 1820]; d.i. Nikolaus Franz Niembsch) – Preußisch-schlesischer Abstammung, früher Tod des Vaters, Kindheit und Jugend in Ungarn (u.a. in Pest und Pressburg); 1822–1831 Studium der Rechtswissenschaften, Philosophie, Landwirtschaft und Medizin u.a. in Wien, Bekanntschaft mit F. Grillparzer; 1931 Übersiedlung nach Esslingen am Neckar, Teilnahme an den Treffen des schwäbischen Dichterkreises um L. Uhland, J. Kerner und H. Kurz; 1832 erster Gedichtband; 1832–1833 Aufenthalt in den USA; 1836 Versdrama *Faust*; 1844 Nervenkrankheit, Rückkehr nach Wien, letzte Jahre in Sanatorien; Lyriker, Versepiker.

Das lyrische Werk

Bis heute ist Nikolaus Lenau der Nachwelt entweder als Dichter biedermeierlicher Räuber- und Zigeunerromantik im Gedächtnis geblieben oder als Typus des melancholischen Poeten, als österreichisch-ungarisches Pendant zu Lord Byron. Indessen artikuliert sich in Lenaus Lyrik auf mitunter durchaus modern anmutende Weise die Spannung einer Zeit, die bestimmt war vom Gegensatz zwischen anachronistischer politischer Repression und den einschneidenden Veränderungen, die der technisch-industrielle Fortschritt mit sich brachte oder zumindest ahnen ließ. Lenaus Versuche einer ästhetischen Existenz, seine bohemehafte Sehnsucht nach einem »anderen Dasein«, die er zunächst 1831 im Umkreis der schwäbischen Dichterschule (G. Schwab, J. Kerner, L. Uhland) zu verwirklichen suchte, trieben ihn 1832 nach Amerika (»Vielleicht geht mir in der neuen Welt zugleich eine neue Welt der Poesie auf«) und schließlich ernüchtert wieder zurück in die Heimat (»Diese Amerikaner sind himmelanstinkende Krämerseelen. Tot, für alles geistige Leben, mausetot«), wo ihn sein mittlerweile erschienener Band *Gedichte* (1832) überraschend berühmt gemacht hatte. Die Sammlung erlebte bis zu Lenaus Tod sieben Neuauflagen und wurde 1838 ergänzt durch *Neuere Gedichte*.

Lenaus lyrische Anfänge sind nur spärlich überliefert und verweisen auf Vorbilder aus dem 18. Jh., auf die Lyrik der Empfindsamkeit und des Hainbundes. Unter seinem eigentlichen Namen trat Lenau erstmals 1828 als Lyriker an die Öffentlichkeit. Lenau war zeit seines Lebens nicht bereit, die Kunst, wie seine Freunde in Schwaben, als privaten Eskapismus neben einer im Übrigen bürgerlichen Existenz zu betreiben; persönliche Unrast verhinderte dies und auch Unzufriedenheit mit den politischen Verhältnissen, wie es etwa in seinen »Polenliedern« zum Ausdruck kommt oder im Gedicht »Abschied. Lied eines Auswandernden«: »Sei zum letztenmal gegrüßt, / Mein Vaterland, das, feige dumm, / Die Ferse dem Despoten küßt / Und seinem Wink gehorchet stumm.« Es gehört zu Lenaus Eigentümlichkeit, wie sie dann vor allem in den seit 1830 entstehenden Gedichten aufscheint, dass ihm sowohl Natur wie menschliche Geschichte letztlich zur Allegorie des Vergänglichen werden, die durch keine jenseitige Tröstung aufzuheben ist: »Vom Berge schaut hinaus ins tiefe Schweigen / Der mondbeseelten schönen Sommernacht / Die Burgruine; und in Tannenzweigen / Hinseufzt ein Lüftchen, das allein bewacht / Die trümmervolle Einsamkeit, / Den bangen Laut ›Vergänglichkeit‹.« (»Vergänglichkeit«)

Die barock anmutende »Poesie der Negation alles Positiven«, wie Joseph von Eichendorff diese Lyrik charakterisierte und auch kritisierte, bleibt dabei nicht ohne Versuche einer positiven Sinngebung. In einer Rezension über einen Gedichtband des heute vergessenen Georg Keil (*Lyra und Harfe*, 1834) legt Lenau seine Auffassung »Über Naturpoesie« dar; er fordert, dem Einfluss der idealistischen Philosophie Hegels und Schellings verpflichtet, der Dichter müsse »die Natur und das Menschenleben in einen innigen Konflikt bringen, und aus diesem Konflikt ein drittes ›Organischlebendiges‹ resultieren lassen, welches ein Symbol darstelle jener höhern geistigen Einheit, worunter Natur und Menschenleben begriffen sind«. Auch wenn die »Schilflieder« von 1832 in wehmütig-stimmungsvollen Bildern diese »Einheit« noch zu imaginieren scheinen, Beethovens Musik dem Dichter die Idee der »Versöhnung« nahe bringt (»Beethovens Büste«, 1840) oder Lenau in dem späten Zyklus der »Waldlieder« (1843) die Vorstellung einer durchgeistigten Natur entstehen lässt (»Sehnsüchtig zieht entgegen / Natur auf allen Wegen, / Als schöne Braut im Schleier, / Dem Geiste, ihrem Freier«), so fehlt dem überwiegenden Teil seiner Gedichte doch ein utopisch-tröstender Gedanke, wie er in der romantischen Lyrik noch zu finden war. Und obgleich der Dichter etwa seinem Epos *Die Albigenser* (1842) – eine Schilderung der Gräuel der Kreuzzüge gegen die Katharer – einen Schlussgesang anfügt, der eine sinnhafte Deutung der Geschichte als Abfolge befreiender Revolutionen möglich erscheinen lässt, steht ein spätes Gedicht wie »Die Drei« im Gegensatz dazu: »Drei Reiter nach verlorner Schlacht, / Wie reiten sie so sacht, so sacht! // Aus tiefen Wunden quillt das Blut, / Es spürt das Roß die warme Flut. // [...] /// Und lauernd auf dem Todesritt / Ziehn durch die Luft drei Geier mit. // Sie teilen kreischend unter sich: / ›Den speisest du, den du, den ich.‹«

Zwar erschloss Lenau der Lyrik weitflächige Landschaften mit ihrer extremen Natur, in den »Heidebildern« (1831) die Puszta Ungarns, in dem Zyklus »Atlantica« (1834) das offene Meer; dennoch bleibt sein Repertoire an Bildern konstant, was zusammen mit dem melancholischen Grundton seiner Gedichte zum Vorwurf der »Eintönigkeit« (G. Schwab) führte. Auch griff Lenau in Abkehr von der Romantik wieder auf die Formen der Rhetorik zurück, auf die sinnbildliche Auslegung der Phänomene, die kunstgerechte »Ausführung« der Idee, den »Wert der strengen Form« und den Wirkungsgrundsatz, »das Gemüt des Lesers allmählig hinauf- und herunterzustimmen«. So wird der Natur eine sinnbildliche Bedeutung beigefügt, gelegentlich attributiv verkürzt (»Wald des Lebens«, »Strand des Lebens«, »Wüstensand des Lebens«), oder es stehen Idylle und weltschmerzliches Pathos im bewussten Kontrast gegeneinander.

Lenau variiert die rhetorische Tradition aus einer Krise ihrer Voraussetzungen heraus. So ist das Doppelsonett »Einsamkeit« (1838) nicht als Gefühlsaussprache, sondern in paradoxer Steigerung als Anrede gehalten. Der Sprecher legt einem Gegenüber einen Grad von Einsamkeit dar, wie ihn sich der Angesprochene bislang nicht ausgemalt hatte, die Gedichte sind rhetorisch aus dem Topos des ›locus terribilis‹ entwickelt: »Die ganze Welt ist zum Verzweifeln traurig.« Doch belegt die Anrede gerade nicht die Gemeinschaft von Sprecher und Hörer, wie sie traditionell vorausgesetzt wurde; das Verhältnis des Dichters zum Publikum ist vielmehr von einem Aristokratismus des Talents bestimmt, das in einer poesiefeindlichen Zeit, wie Lenau beim Erscheinen der bürgerlich-liberalen Literaturgeschichte von G. G. Gervinus konstatiert, zu Einsamkeit, unverstandenem Schmerz und »sinnender Melancholie« verdammt ist. Entwurf und Inszenierung seiner ästhetischen Existenz, die Lenau im Kreis der schwäbischen Freunde bestätigt wurden, sind dabei in charakteristischer Weise ambivalent; Lenau wendet sich ab von der bürgerlichen Welt seines Publikums, dessen Bewunderung zugleich Voraussetzung seines Existenzentwurfs ist. Diese Abkehr spiegelt sich im exklusiven Gebrauch der hohen Formen gebundener Rede, in der Vorliebe für das Erhabene und Pathetische in Kunst und Natur (»Beethovens

Büste«, 1840), schließlich in den Sujets seiner Gedichte, die den Topos der Einsamkeit wiederholen, die Natur zum Freiraum gesellschaftlicher Außenseiter, vom Räuber bis hin zu den Indianern Nordamerikas (»Die drei Indianer«, 1833/34), stilisieren.

So widerstreitet die rhetorische Prämisse eines gemeinsamen Weltbildes von Publikum und Autor der ästhetischen Existenz des Dichters, der allein berufen scheint, das Rätsel der Natur zu begreifen; neben der Rolle des Leidenden wächst ihm die des Erlösers zu: »Ich fühle, daß die Kluft zwischen dem Leben des Menschen und der ihm kalt gegenüber trotzenden Natur eine unausfüllbare sei, und daß die Kreatur eines Mittlers bedürfe, damit sie nicht verzweifle und untergehe.« Einer Geschichte, die in Sinnlosigkeit und Vernichtung zu münden scheint (»Die Drei«; »Auf meinen ausgebälgten Geier«) und die im Sinnbild des »ewigen Juden« (»Der ewige Jude«; »Ahasver, der ewige Jude«), in der unerlösten Bewegung sich erschöpft, kann allein die Poesie widerstehen: »Daß alles vorübersterbe, / Ist alt und allbekannt; / Doch diese Wehmut, die herbe, / Hat niemand noch gebannt«, heißt es in den »Waldliedern« (1843). Ohne die Poesie wäre Geschichte auf eine bewusstlose, zerstörerische Wiederholung reduziert, erst ihre Bilder bannen die Vergänglichkeit, obgleich die Poesie sich ihrer eigenen Zeitlichkeit bewusst bleiben muss. Die poetischen Bilder, die sich dem Lebensprozess entziehen wollen, sind, wie die Kleinepen »Anna« (1838) und »Ziska« (1843) problematisieren, zur Sterilität des Ästhetizismus verdammt (»Anna«) oder steigern noch, wie in »Ziska«, die Exzesse der Mordlust. Als der Heerführer erblindet und der »Zauberspiegel« seines Auges für die Bilder der Welt stumpf wird, ist »Thanatos, der edle Genius«, wie es in Anspielung auf das von Lessing formulierte Ideal des sanften Todes heißt, »zum Sensenmann verbauert«.

Lenaus Lyrik reagiert dabei, aller Stilisierung zum Trotz, durchaus aggressiv auf die Zeitgeschichte; da diese für ein Handeln, das den Menschen aus einem Objekt der Geschichte zu deren Subjekt verwandeln könnte, keinen Raum lässt, muss das Wort die Tat ersetzen. Dabei ist Lenaus Engagement nie politisch-programmatisch, sondern wendet sich gegen die Anmaßungen einer philisterhaften Ordnung schlechthin, gegen die politische Repression, aber auch gegen die resigniert-erbaulichen Freiheitsbekundungen der schwäbischen Dichterkollegen. Der Dichter weiß sich auf der Seite des Wandels, wenn auch nicht im liberal-feuilletonistischen Stil des ›Jungen Deutschland‹, gegen das er in »Die

Poesie und ihre Störer« polemisiert: »Wenn mir's beliebt, werd' ich hier Blumen pflücken; / Wenn mir's beliebt, werd' ich von Freiheit singen; / Doch nimmermehr lass' ich von euch mich dingen!« Der rebellische, mitunter anarchisch anmutende Subjektivismus Lenaus bewahrt sich seine Sympathien für die tatsächlichen Außenseiter der Gesellschaft.

WALTER SCHMITZ / WALTERMEINHARD PRILL

Eduard Mörike

* 8. September 1804 in Ludwigsburg (Deutschland)
† 4. Juni 1875 in Stuttgart (Deutschland)

1818–1826 Theologiestudium in Urach und Tübingen; Vikariatszeit in Württemberg; 1834–1843 Pfarrer in Cleversulzbach, danach Pensionär; Aufenthalte in Schwäbisch Hall und Bad Mergentheim; 1851–1866 Lehrer in Stuttgart; zeitweilig Verlagslektor und Mitarbeiter verschiedener Zeitschriften; 1852 Ehrendoktor der Universität Tübingen; Freundschaft u.a. mit Wilhelm Hartlaub und Ludwig Uhland; Lyriker und Erzähler.

Das lyrische Werk

Obwohl sich die wissenschaftliche Forschung in den letzten Jahrzehnten zunehmend auch mit dem Roman *Maler Nolten* sowie mit den Novellen und Märchen des Dichters befasst hat, ist Mörike bis heute in erster Linie als Lyriker bekannt, und zweifellos zählt sein Gedichtwerk zu den bedeutendsten, die es in deutscher Sprache gibt – gerade hinsichtlich der Vielfalt an Themen, Formen und Ausdrucksmöglichkeiten kann es wohl nur mit demjenigen Goethes verglichen werden.

Mörike nutzt so gut wie alle formalen Möglichkeiten, die ihm seine Zeit zur Verfügung stellt, doch lassen sich zwei deutliche Schwerpunkte erkennen: zum einen liedhafte Reimstrophen, zum anderen antike Metren, insbesondere das Distichon, der Hexameter und der Senar. Andere Formen, wie etwa die Stanze, treten nur vereinzelt auf, und das Sonett verwendet der Dichter fast ausschließlich, gewissermaßen die Möglichkeiten dieser Strophentechnik erprobend, in einigen Gedichten an seine Verlobte Luise Rau (1830). Bemerkenswert bleibt die Bandbreite des lyrischen Tons Mörikes, dessen Werk volkstümlich-schlichte wie gedanklich-reflektierende, epigrammatisch-zugespitzte ebenso wie episch-erzählende, spielerisch-humorvolle wie bissig-satirische Gedichte umfasst. Die Vielstimmigkeit dieses Œuvres verdankt sich zum erheblichen Teil Mörikes Eigenart, produktiv an die verschiedensten literarischen Traditionen anzuknüpfen, wobei ihn seine Fähigkeit, sich die überlieferten Modelle anzuverwandeln und sie souverän weiterzubilden, stets vor bloßer Epigonalität bewahrte. Die Anakreontik und das Rokoko des 18. Jh.s, Goethe und die Romantik (hier insbesondere der Volksliedton nach dem Vorbild von *Des Knaben Wunderhorn*) sowie die Lyriker der griechischen und römischen Antike stellen seine wichtigsten Muster dar.

Lange Zeit galt Mörike als gemütvoller, naiver Poet, nicht nur wegen des fehlenden politischen und gesellschaftskritischen Engagements, sondern auch deshalb, weil er sich nie ausführlich zu ästhetischen Fragen und zu seiner Kunstauffassung geäußert hat. Bei näherer Betrachtung erweist sich sein lyrisches Schreiben jedoch als hochreflektiert; bewusstes Kunstwollen prägt auch die scheinbar einfachsten Texte. So ist beispielsweise die Volkstümlichkeit, die sich in Gedichten wie »Das verlassene Mägdlein« in der schlichten Form und der leicht archaisierenden Sprache manifestiert, Ausdruck der wohlkalkulierten Entscheidung für einen bestimmten lyrischen Gestus. Welch artifizielles Spiel hier getrieben wird, erhellt ein Vorfall aus dem Jahr 1837: Das soeben entstandene Gedicht »Die Schwestern« gab Mörike seinen Freunden gegenüber zunächst als Niederschrift eines Volkslieds aus, um auf diesem Wege gleichsam experimentell zu ermitteln, ob er den entsprechenden Ton überzeugend getroffen hatte.

Von der Bewusstheit seines Schaffens zeugen zudem viele poetologische Gedichte, die Bedingungen der dichterischen Produktion und Augenblicke der Inspiration thematisieren. Zu den wichtigsten Beispielen gehört »An einem Wintermorgen, vor Sonnenaufgang«, das Mörike auf Anraten von Hermann Kurz als eine Art Programmgedicht an den Anfang seiner Lyriksammlung stellte; aber auch das berühmte »Auf eine Lampe« – oft missverständlich als ›Dinggedicht‹ bezeichnet – reflektiert ästhetische Fragen, indem es ein »Kunstgebild der echten Art« zu seinem Gegenstand macht. Poetologische Überlegungen werden von Mörike nicht in theoretischen Schriften entwickelt, sondern als eine spezifische Aussagedimension den lyrischen Werken eingeschrieben. In diesem Zusammenhang stehen auch jene Gedichte, in denen er anderen Poeten, die er als Vorbilder ansah, seine Reverenz erweist, darunter »Theokrit«, »Tibullus«, »Brockes«, »An eine Lieblingsbuche meines Gartens, in deren Stamm ich Hölty's Namen schnitt« und »Antike Poesie« (mit Bezug auf Goethe).

Die Distanz des Künstlers und seine Beherrschung von Stoff und Form schlagen sich in poetischen Strategien nieder, die das genaue Gegenteil von Naivität darstellen. Dazu zählen Mörikes Vorliebe für die Rollenlyrik, die sich oft mit dem Volkston verbindet und dem Dichter ein ›maskiertes‹ Sprechen gestattet, und die ausgiebige Verwendung antiker Vers- und Gedichtformen ab etwa 1837: Der Rückgriff auf die griechisch-römischen Muster schafft Abstand zum jeweiligen Inhalt und beugt, indem er den Kunstcharakter der Gedichte unterstreicht, jeder Illusion von Unmittelbarkeit und Erlebniswirklichkeit vor. Überdies ist das lyrische Ich bei Mörike meist keine in sich ruhende, unproblematische Figur, sondern vielfältigen Erfahrungen der Dissoziation und der inneren Gefährdung ausgesetzt. Zweifel, Untreue und Trennung bestimmen einen beträchtlichen Teil der Liebeslyrik, und auch die Natur wird häufig als eine ferne oder verlorene imaginiert. Besonders bedeutsam ist in diesem Kontext die Rolle der Zeit in Mörikes Lyrik, vornehmlich die komplexe Verflechtung unterschiedlicher Zeitebenen, die die Flüchtigkeit des gegenwärtigen Augenblicks bewusst macht, ja ihn mitunter förmlich aufzulösen scheint. Gerade die halb lust-, halb schmerzvolle Erinnerung ist ein zentrales Thema bei Mörike, das von »Erinnerung. An C. N.«, einem seiner frühesten Gedichte, bis hin zum späten Zyklus »Bilder aus Bebenhausen« immer wieder aufgegriffen wird.

Andererseits begegnen in seinem lyrischen Werk auch zukunftsgerichtete Vorwegnahmen, so in »Septembermorgen« oder, in Form von Todesahnung und Memento mori, in »Denk' es, o Seele!« und »Erinna an Sappho«. Nicht zuletzt kann die plötzliche ›Durchsichtigkeit‹ der Gegenwart auf unermessliche Zeiträume Züge einer Epiphanie annehmen, wie es in »Göttliche Reminiscenz« geschieht. Wo Mörikes Gedichte aber positive Gegenbilder zu Phänomenen der Verunsicherung, der Zerrissenheit und des Entgleitens der Gegenwart entwerfen – sei es die mystische Einheit von Mensch und Natur, etwa in »Die schöne Buche«, sei es das ungebrochene sinnlich-erotische Erleben wie in »Leichte Beute« –, da präsentieren sie sich besonders deutlich als stilisierte Artefakte. Oft verwendet der Dichter, wie in den beiden genannten Beispielen, antikisierende Formen, um kenntlich zu machen, dass es hier um Projektionen der Sehnsucht und mithin um poetische Fiktionen geht, die vor dem Hintergrund spezifischer Verlust- und Entfremdungserfahrungen des modernen Menschen zu sehen sind.

Einige herausragende Gedichte Mörikes, darunter »Der Feuerreiter« und Teile des »Peregrina«-Zyklus, wurden bereits zwischen 1822 und 1824 geschrieben. Einen ersten quantitativen Höhepunkt erlebte sein lyrisches Schaffen dann gegen Ende des Jahrzehnts, und er fand nun auch Gelegenheit, Gedichte zu publizieren: Mehrere erschienen 1828/29 in Cottas *Morgenblatt für gebildete Stände*, und eine größere Anzahl wurde, nach dem Vorbild von Goethes *Wilhelm Meister*, in den 1832 veröffentlichten *Maler Nolten* integriert. Nach der Mitte der 1830er Jahre zog Mörikes

Etablierung als Pfarrer im württembergischen Cleversulzbach einen zweiten merklichen Produktivitätsschub nach sich, der rund zehn Jahre lang anhielt und vor allem durch die breite Aneignung lyrischer Formen der griechisch-römischen Dichtung gekennzeichnet war: Mörike, schon von Schule und Studium her mit den alten Sprachen vertraut, begann zu dieser Zeit, antike Lyrik zu übersetzen – 1840 brachte er die *Classische Blumenlese* heraus, 1855 folgte der Band *Theokritos, Bion und Moschos*, 1864 schließlich die Sammlung *Anakreon und die sogenannten anakreontischen Lieder* –, und erschloss sich dabei zugleich deren Formen, Themen und Motive für das eigene Dichten. Nach der Jahrhundertmitte scheint das schöpferische Vermögen, oberflächlich betrachtet, stark nachgelassen zu haben, denn aus der späteren Zeit sind an ›großen‹ Gedichten fast nur noch die »Bilder aus Bebenhausen« und »Erinna an Sappho« zu nennen, die 1863 entstanden. Dieser Eindruck wird indes relativiert, wenn man über die von Mörike zum Druck beförderten Texte hinaus die überwiegend nur handschriftlich verbreitete Gelegenheitslyrik ins Auge fasst, die im Spätwerk breiten Raum einnimmt und in einem Gesamtbild gerade dieses Autors keinesfalls vernachlässigt werden darf. Mörike schrieb im Alter durchaus nicht weniger, er verlagerte lediglich den Schwerpunkt seines Dichtens und visierte einen anderen, enger begrenzten Adressatenkreis an.

Sozusagen das Rückgrat von Mörikes lyrischem Werk bildet die im Cotta-Verlag publizierte Sammlung *Gedichte*, die zuerst 1838 herauskam und 1848, 1856 und 1867 drei jeweils bearbeitete und erweiterte Neuauflagen erlebte. Auswahl und Anordnung der Texte nahm der Dichter mit großer Sorgfalt vor. Er verzichtete auf eine Einteilung nach Rubriken und arrangierte die Gedichte stattdessen nach dem Prinzip der ›Mannigfaltigkeit‹; im Einzelnen sind die offenbar gründlich durchdachten Gesichtspunkte, an denen sich die Zusammenstellung orientierte, bislang noch wenig erforscht. Diese Sammlung hat die Rezeption des Lyrikers Mörike bis heute fast ausschließlich geprägt, bietet aber wegen seiner strengen Auswahlkriterien nur ein sehr unvollständiges Bild seines Schaffens: Von den über 700 Gedichten, die überliefert sind, fanden nicht mehr als 242 Aufnahme in zumindest eine der vier Auflagen des Bandes; rund 50 weitere wurden außerhalb der Sammlung verstreut veröffentlicht, doch mehr als die Hälfte der Texte blieb zu Mörikes Lebzeiten ganz ungedruckt und war auch größtenteils von vornherein nicht für die Öffentlichkeit bestimmt – es handelt sich um die schon erwähnten Gelegenheitsgedichte, die Mörike in der Regel nur einem kleinen Leserkreis zugänglich machte.

Im Gegensatz zu vielen Literaten des Vormärz verfasste Mörike keine politischen, ›eingreifenden‹ Gedichte. Im Mittelpunkt stehen bei ihm vielmehr die traditionell eng mit der Gattung Lyrik verbundenen Themen Liebe und Natur. In der Liebeslyrik befasste er sich auffallend intensiv mit dem Komplex von Untreue, Schuld und Reue, so schon sehr früh in »Nächtliche Fahrt« und in den »Peregrina«-Gedichten, später etwa in »Das verlassene Mägdlein« und »Die Tochter der Heide«, wo die Rollenfiktion wohl auch der Absicherung gegen eine Problematik dient, die der Dichter selbst als höchst bedrängend empfand. Liebe ist bei Mörike meist ein zwiespältiges, zugleich beglückendes und beängstigendes Gefühl. Gerade die Lockungen des Eros werden in frühen Balladen wie »Der Feuerreiter« und »Die schlimme Greth und der Königssohn« mit einer Mischung aus Faszination und Schrecken betrachtet, doch Mörike gestaltete auch mehrfach die Sehnsucht nach lustvoller Sinnlichkeit, z. B. sehr offen in »Nimmersatte Liebe«, spielerisch verschlüsselt in »Der Gärtner« oder im antikisierenden Gewand in »Götterwink«.

Seine Naturgedichte aus den 1820er Jahren kreisen um das Verlangen des Ich nach einer Verschmelzung mit der mütterlichen Natur. In »Im Frühling« deutet sich eine solche Vereinigung in der träumerischen Versunkenheit des Sprechers tatsächlich an, häufiger aber enthüllen die Gedichte die Unerfüllbarkeit der regressiven Sehnsüchte (»Mein Fluß«, »Besuch in Urach«), womit sie zugleich Mörikes Abstand zu Positionen der Romantik markieren. In den späteren Texten dieses Genres bleibt die Distanz zwischen dem beobachtenden, empfindenden und deutenden Ich und der Natur auch da gewahrt, wo sie beschauliche, idyllische Szenerien schildern. Generell zeichnet sich die Naturlyrik des Dichters dadurch aus, dass sie sowohl sinnliche Wahrnehmungen als auch die durch sie ausgelösten seelischen Regungen mit außerordentlicher Präzision sprachlich zu vermitteln vermag.

Gering ist die Zahl von Mörikes Balladen, von denen die meisten wiederum aus den frühen Jahren stammen. Dabei bevorzugte der Dichter phantastische, märchenhafte oder unheimliche Stoffe (»Der Feuerreiter«, »Schiffer- und Nixenmärchen«, »Die traurige Krönung«), während er, anders als sein Landsmann Ludwig Uhland, historische Themen mied. Weitaus häufiger begegnet in Mörikes Lyrik das Phänomen des Komischen, und zwar in den unterschiedlichsten Varianten. Während viele Gedichte von einem verklärenden oder zumindest versöhnlichen Humor geprägt sind, gibt es auch einige scharfe satirische Angriffe auf menschliches Fehlverhalten, etwa auf die »Sehrmänner«, die mit affektiertem Gehabe ihre innere Leere überspielen (»An Longus«). In parodistischer Absicht bringt der Dichter gelegentlich eine anspruchsvolle poetische Form mit einem banalen oder witzigen Inhalt zusammen, z. B. die Odenstrophe in »An Philomele« oder das Distichon in »Häusliche Scene«. Kühner Sprachwitz, der sich bis zur reinen Unsinnspoesie steigert, kennzeichnet das Ensemble der »Wispeliaden«, das als Produkt des von Mörike erfundenen Hochstaplers und Möchtegern-Poeten Liebmund Maria Wispel firmiert. Und auch die derbe, groteske Komik hat ihren Platz in Mörikes Werk; sie macht sich besonders in dem kleinen Versepos »Märchen vom sichern Mann« geltend, das an den von Mörike und Ludwig Bauer gemeinsam ausgesponnenen Orplid-Mythos anschließt und Versatzstücke aus antiken Sagen, christlicher Mythologie und Philosophie parodistisch aufgreift.

128 Mörikes Gelegenheitslyrik schließlich stellt ein ebenso umfangreiches wie heterogenes Feld dar. Es gibt Casualcarmina im engeren Sinne, d. h. Gedichte für bestimmte Personen zu besonderen Anlässen wie Geburtstag oder Hochzeit, des Weiteren Gedichte an Kinder, an Tiere, Dank- und Widmungspoeme, Stammbuchverse und nicht zuletzt eine Fülle von Texten, die schlichte Alltagsbegebenheiten aus dem Familienleben und dem Freundeskreis in lyrischer Sprache behandeln und damit für die Zukunft festhalten und zugleich überhöhen. Die Gelegenheitspoesie ist überwiegend in recht einfachen Formen und einem leichten, heiteren Ton gehalten. Sie strebt eine verklärende Poetisierung des gewöhnlichen Daseins und der privaten zwischenmenschlichen Beziehungen an und vollzieht, indem sie im Umfeld des Dichters eine unmittelbare soziale Funktion erfüllt, eine für die nachklassische Zeit durchaus typische Abkehr von der Autonomieästhetik. Übrigens unterschied Mörike nicht streng zwischen den Gelegenheitsgedichten und der ›hohen‹, für eine breitere Leserschaft bestimmten Dichtung, denn eine ganze Reihe der ersteren wurde auch in die Sammlung aufgenommen, so »Der alte Turmhahn«, hervorgegangen aus einigen Versen über den Wetterhahn der Cleversulzbacher Kirche, und »An Gretchen«, das aus einer Familienszene – der Titel bezieht sich auf Mörikes Ehefrau Margarethe – eine komplexe Erfahrung und Reflexion von Zeit und Zeitlichkeit entwickelt.

Mörike gehörte nicht zu den Erfolgsautoren seiner Epoche und konnte sich, was die Auflagenhöhe seiner Gedichtbände betraf, nicht im Entferntesten mit Lyrikern wie Georg Herwegh oder Ferdinand Freiligrath messen. Immerhin erlangte er seit den 1840er Jahren eine gewisse überregionale Bekanntheit und insbesondere die Bewunderung berühmter Dichterkollegen, darunter Theodor Storm, Emanuel Geibel und Gottfried Keller. Popularität verschafften ihm vor allem die zahlreichen Vertonungen seiner Gedichte; neben vielen anderen sind hier die Komponisten Robert Schumann, Johannes Brahms und Hugo Wolf für das 19., Hugo Distler und Othmar Schoeck für das 20. Jh. zu nennen. Beim Lesepublikum ebenso wie innerhalb der Literaturwissenschaft blieb die Mörike-Rezeption bis heute stets bemerkenswert konstant: Der Dichter wurde niemals Mode, geriet aber auch nie in Vergessenheit. Es ist zu hoffen, dass von den im Erscheinen begriffenen Gedichtbänden der historisch-kritischen Gesamtausgabe neue Anstöße für die Beschäftigung mit seinem lyrischen Werk ausgehen. ULRICH KITTSTEIN

Mozart auf der Reise nach Prag

Die Novelle und wohl bekannteste Dichtung des Autors erschien 1855 im *Morgenblatt für gebildete Stände.* – Seit seinem Besuch einer Aufführung des *Don Giovanni* in Stuttgart 1824 bewahrte sich Mörike eine bleibende Verehrung für Mozart. Überlegungen, den Komponisten in den Mittelpunkt einer Erzählung zu stellen, tauchen in Mörikes Briefen immer wieder auf, tatsächlich aber widmete er sich erst ab Ende 1852 der Novelle: »im Ganzen heiter, der Stoff dazu erfunden, doch der Mensch, wie ich hoffe, wahr« (an K. Mayer, 21. Mai 1855). Als eine Hauptquelle Mörikes für seine Kenntnis der Persönlichkeit Mozarts gilt die dreibändige Biographie des Komponisten von Alexander Oulibischeff (dtsch. *Mozart's Leben, nebst einer Übersicht der allgemeinen Geschichte der Musik*, 1847).

Geschildert wird ein Tag aus dem Leben Mozarts im Herbst 1787. Der Komponist ist mit seiner Frau Konstanze auf dem Weg von Wien nach Prag, wo die Uraufführung seiner neuen Oper *Don Juan* stattfinden wird. Als man auf dem Land, nahe dem Schloss des Grafen von Schinzberg, Rast macht, spaziert Mozart durch den Schlosspark und pflückt gedankenverloren eine Orange vom schönsten Pomeranzenbäumchen des Parks, wobei er vom gräflichen Gärtner überrascht wird. Die darauf folgende Auseinandersetzung endet damit, dass Mozart ein Billett an die Gräfin schreibt und ins Schloss geladen wird. Dort feiert das gräfliche

Paar soeben die Verlobung ihrer Nichte Eugenie. Mozart und seine Frau fügen sich harmonisch in den kultivierten Kreis ein, und schließlich spielt der gefeierte, im Zenith seines Ruhmes stehende Maestro der heiteren Runde aus der fast fertigen neuen Oper vor. In Eugenie aber, und Mörike lässt dieses wehmütige Fazit durch einen anonymen Erzähler bekräftigen, ruft gerade die begeistert aufgenommene Musik die Ahnung vom baldigen Tod Mozarts hervor. Am nächsten Morgen reist Mozart, vom Grafen mit einem Reisewagen bedacht, weiter; mit dem volksliedhaften Gedicht »Ein Tännlein grünet wo [...]« klingt das Werk aus.

Es bildet den Reiz dieser Novelle, dass sie die Grenzen der Gattung souverän überspielt. Mörikes Lust am Anekdotischen, an der Ausmalung von Details und der Verschränkung verschiedener Erzählperspektiven sticht hervor; im retardierenden Handlungsaufbau, in der Spannung zwischen epischem Sich-Ausbreiten und raschem Anstieg zu einem Höhepunkt hat mancher Interpret eine Analogie zur Musik Mozarts und ihrem Wechsel zwischen Rezitativ und Arie zu finden geglaubt – wie

denn überhaupt die Erzählstruktur der Komposition von Musikwerken nachgebildet ist, in denen die divergierendsten Themen zunächst angeschlagen, dann durchgespielt werden und in wechselnden Konstellationen sich vereinigen. So bindet Mörike das Entfernteste zusammen: den munteren nonchalanten Plauderton der Eheleute und rhythmisch hochdifferenzierte Sätze mit starker melodischer Kurve, festlich erhöhte Rokoko-Geselligkeit und romantisch unbedingte Individualität (»Genießend oder schaffend, kannte Mozart gleichwenig Maß und Ziel«), biedermeierliche Idyllensehnsucht und dämonische Selbstentäußerung, realitätsgesättigte Analyse der ökonomischen Bedingungen von Mozarts Existenz und ungeniertes Fabulieren, hochgradige künstlerische Bewusstheit und produktives, unwillkürliches Eingedenken im Sinne von Prousts »mémoire involontaire«. Die Schlossparkszene entfaltet eine synästhetische, auf Baudelaire deutende Verschmelzung von Gestalt und Duft der Pomeranze mit der Erinnerung an eine Jugendszene: Auf diese Weise erfindet dann Mozart, fast im selben Zuge, eine Melodie.

Diese Vielstimmigkeit der Erzählung entsteht gleich eingangs, auf der Fahrt der Eheleute bis hin zum Schloss, und prägt sich symbolisch in der Schlossparkszene aus – das Motiv des Paradieses und des »Sündenfalls«, des »frevelnden« Eingriffs der Kunst und des Künstlichen in die paradiesische Natur verschränkt sich dort mit der Idee einer höheren Vereinigung von Natur und Kunst. Am Ende erst verliert sich das helldüstere Doppelantlitz der Erzählung, und die »Nachtseite« der Existenz tritt, während des Mozart'schen Klavierspiels, ihre Herrschaft an.

Durch die Ansiedlung des Helden im historisch fixierten Raum wird die im Ansatz romantische Künstlernovelle zum »Charaktergemälde« (an Cotta, 6. Mai 1855) einer künstlerischen Existenz ausgeweitet, die nicht ohne Bezug zur Person Mörikes ist. Seine Interpretation Mozarts und des *Don Giovanni*, im 19. Jh. an Modernität derjenigen E. T. A. Hoffmanns (*Don Juan*) vergleichbar, empfing ihre Autorität aus verwandten Zeiterfahrungen: Was als die »Nachtseite« der Existenz in ihr Künstlertum einging, deutet, im Falle Mozarts, auf die Auflösung der aristokratischen Rokoko-, im Falle Mörikes auf die Problematik der beschränkt-bürgerlichen Biedermeier-Kultur hin. ULRICH KITTSTEIN

Heinrich Heine

* vermutlich 13. Dezember 1797 in Düsseldorf (Deutschland)
† 17. Februar 1856 in Paris (Frankreich)

(d.i. Harry Heine) – Sohn jüdischer Eltern; Kindheit und Schulbesuch in Düsseldorf; 1819–1825 Jurastudium in Bonn, Berlin und Göttingen; 25. Juni 1825 protestantische Taufe (und Annahme des Vornamens Heinrich), 20. Juli 1825 Promotion; 1831 dauerhafte Übersiedlung nach Paris; 1841 Heirat mit der langjährigen Lebensgefährtin Crescentia Eugénie (Mathilde) Mirat; 1848 durch Krankheit an die »Matratzengruft« gefesselt; bestattet auf dem Montmartre-Friedhof; ›Vollender und Überwinder‹ der Romantik, Lyriker, Prosaist und einer der ersten deutschen Feuilletonisten.

Das lyrische Werk

Das *Buch der Lieder* von 1827 wurde Heines berühmtester und populärster Gedichtband. Dennoch brauchte er einige Zeit, um sich durchzusetzen: Die zweite Auflage erschien erst 1837. Danach ging es allerdings schnell: 1844 erschien die fünfte, von Heine noch einmal aufmerksam durchgesehene Ausgabe letzter Hand, und der Autor erlebte 1855 noch die 13. Auflage. Später wurde das *Buch der Lieder* zu einem der meistgedruckten deutschen Gedichtbücher überhaupt. Wichtiger als die vielen literarischen Epigonen wurde für die Verbreitung der Texte und für den weltweiten Ruhm Heines als Lyriker die Flut von beinahe 10 000 Vertonungen.

Blickt man auf die Entstehung des *Buchs der Lieder*, so überrascht zunächst das Geschick, mit dem der junge Autor seine Texte in geradezu optimaler Weise verkauft hat. Bis auf sieben Ausnahmen waren alle Gedichte der Sammlung bereits früher zum Teil mehrfach gedruckt; sie entstanden in einem Zeitraum, der von den Düsseldorfer Jahren 1815/16 bis ins Jahr 1827 reicht. Da die Teile des *Buchs der Lieder* in der Chronologie ihrer Entstehung gedruckt sind, lässt sich die Sammlung als Dokumentation von Heines dichterischem Entwicklungsgang lesen. Die »Jungen Leiden« waren 1822 unter dem Titel *Gedichte* als Heines allererste Buchveröffentlichung erschienen. Sie zeigen ihn noch bemüht, sich aus der klassisch-romantischen Epigonalität zu lösen. Unter den »Romanzen« stehen mit »Belsatzar« und »Die Grenadiere« bereits zwei sehr bekannte Texte. Das »Lyrische Intermezzo«, ein Zyklus von 65 durchnummerierten Gedichten, zuerst erschienen in dem Band *Tragödien, nebst einem lyrischen Intermezzo* von 1823, entwickelt dann jenen bekannten ›originalen‹ Heine-Ton der maliziös-sentimentalen Lieder, gefasst in raffiniert vereinfachte Formen. Der zentrale Zyklus der »Heimkehr«, entstanden 1823 bis 1825, baut diese Ansätze aus: Heine spielt mit den Möglichkeiten des neu gefundenen Tons, der es erlaubt, sentimental und witzig, naiv und ironisch, harmonisch und zerrissen zugleich zu sein. Die »Heimkehr« enthält die bekanntesten Texte wie die »Loreley« oder »Du bist wie eine Blume«. Die in freien Rhythmen verfassten Gedichte der abschließenden beiden »Nordsee«-Zyklen variieren das Grundthema des Liederbuchs, die unglückliche Liebe, in einer anderen Tonart. Heine hielt sich seit 1823 beinahe jährlich auf den Inseln und an der Küste auf und war als literarischer Entdecker der Nordseelandschaft prädestiniert.

In den im *Buch der Lieder* vielfältig variierten Formen des Liebesschmerzes drücken sich ebenso vielfältige Verlusterfahrungen aus, die sich keineswegs auf das persönliche Liebesleid des Autors in der Begegnung mit seinen beiden Hamburger Cousinen Amalie und Therese reduzieren lassen. Eine wesentliche Einsicht Heines in der Auseinandersetzung mit der romantischen Tradition war, dass Kunstwelt und ›wirkliche Welt‹ im Medium der Poesie nicht zur Deckung gebracht werden können. Ihr Aufeinanderprallen führt in den Gedichten zu jener berühmten Heine'schen Ironie, zu dem für den ›Heine-Ton‹ so charakteristischen Ineinander von echtem Gefühl und Pose, Wahrheit und Lüge, die sich unentwirrbar zu verstricken scheinen.

Die *Neuen Gedichte* von 1844, Heines zweiter Lyrikband nach dem *Buch der Lieder*, sind zum einen tief in diesem verwurzelt, haben sich andererseits aber auch weit davon entfernt. Enge Verbindungen zeigen die ersten Abteilungen des neuen Bandes, »Neuer Frühling« und »Verschiedene«, die sowohl entstehungsgeschichtlich wie inhaltlich-thematisch mit den Zyklen des Liederbuches zusammenhängen. Getrennt wird das neue Gedichtbuch vom alten zunächst durch die neuen Erfahrungen, die Heine seit seiner Übersiedlung nach Paris im Mai 1831 gemacht hat, dann aber vor allem durch die Folgen, die die gesellschaftlichen Entwicklungen nach der französischen Julirevolution von 1830 auch für die deutsche Literatur hatten. Heine reagierte auf die Entstehung der politischen Vormärzlyrik in seinen »Zeitgedichten«, die wesentlich dafür ursächlich waren, dass die *Neuen Gedichte* unmittelbar nach Erscheinen verboten wurden.

Am wenigsten Probleme werden dem Zensor die unter »Neuer Frühling« zusammengestellten Gedichte gemacht haben, Nachklänge der frühen Lyrik. Anstoß erregten dagegen die Gedichte der Gruppe

»Verschiedene« mit ihrer für die deutsche Lyrik ungewöhnlich offenen, sinnlichen Erotik. In sie ist Heines Beschäftigung mit Theorie und Praxis des Saint-Simonismus eingeflossen, einer frühsozialistischen Heilslehre, in der die ›Emanzipation des Fleisches‹ und der Kampf gegen die Körperfeindlichkeit des Christentums eine zentrale Rolle spielten. Er hat in diesen Texten aber auch ganz bewusst das Liebesmodell des *Buchs der Lieder* durchbrochen: erfüllte, aber auch desillusionierte Liebe, Sinnlichkeit statt vergeblichem Schmachten und lustvollem Schmerz. Die Aufnahme der Körperlichkeit ins lyrische Inventar löste in Deutschland eine Flut von Schmähungen aus, die bezeichnenderweise stets vom Modell des Erlebnisgedichts her argumentierten und die Texte als biographische Dokumente auffassten. Dabei ist ihr starker politischer Akzent nicht zu übersehen: Die Liebe stand im reaktionären Deutschland wie die Politik im Zeichen von Entsagung und Unterdrückung. Die letzte Gedichtgruppe des Bandes sind die »Zeitgedichte«, Heines Beitrag zur deutschen politischen Lyrik, die Anfang der 1840er Jahre für Furore sorgte. Ihr Skandal war ein doppelter: Heine setzt sich in ihnen einerseits mit deutscher Politik und ihren königlichen Repräsentanten, andererseits mit deutscher politischer Lyrik und deren ästhetischer Qualität kritisch auseinander. In der Literatur kommt es nicht auf die Gesinnung an, sondern auf den richtigen Umgang mit der Sprache. Genau das versucht Heine durch die äußerst kunstvolle und virtuose Struktur seiner Gedichte sichtbar zu machen.

Seit Beginn der 1840er Jahre war Heine ernsthaft krank. Sein Zustand verschlechterte sich rapide bis zum völligen körperlichen Zusammenbruch im Mai 1848, von dem er sich nicht mehr erholte. Seit dieser Zeit lag er in seiner von ihm so genannten »Matratzengruft«, eine Art lebender Toter mit fast abgestorbenem Körper, aber unerhört wachem Geist. Die Gedichte des *Romanzero* (1851), seines dritten Gedichtbandes, datieren – mit einer einzigen Ausnahme – aus dieser Zeit der Krankheit; mit dem Schrecken kokettierend, nennt Heine sie sein »versifizirtes Lebensblut«. Man trifft jetzt auf einen in seltsamer Weise entrückten Dichter, den nichts mehr umtreibt und dem die Welt deshalb ein großes Narrenhaus geworden ist, dessen Bewohner nach immer demselben Muster die immer gleichen Irrtümer begehen. Er spielt dabei mit der Koinzidenz von historischer und individueller Geschichte: Seinem körperlichen Verfall entspricht der Verfall der bürgerlichen Gesellschaft, von deren Revolte gegen das Königtum im Jahre 1848 er sich bald enttäuscht abwandte.

Im *Romanzero* hat Heine drei vom Umfang her annähernd gleiche Bücher gebildet. Die »Historien« sind historische und geographische Wanderungen durch eine Welt, in der eine Verbindung von Mord, Verbrechen, Betrug und Hinterlist herrscht. Von Ägypten über Indien, Polen, Paris, Düsseldorf bis nach Persien und Mexiko spannt sich der Bogen, und er reicht von der mythischen Vorzeit bis in die aktuelle Gegenwart. Auf diese Diagnose des welthistorischen Ist-Zustandes folgen die »Lamentationen«, in denen ein Ich-Sprecher sein Leben ohne Illusionen, wenn auch nicht ohne Stolz, Revue passieren lässt. Im Zentrum stehen dabei die 20 Gedichte des »Lazarus«-Zyklus. Verschiedene Abschieds- und Erinnerungsgedichte nehmen das Lamento über eine Welt auf, in der es nicht um das Sein, sondern nur um das Haben geht.

Die »Hebräischen Melodien« schließlich thematisieren in drei längeren Texten die Leidensgeschichte des jüdischen Volkes. Insbesondere im Leben des jüdischen Dichters Jehuda ben Halevi, dem ein langes, Fragment gebliebenes Gedicht gewidmet ist, erkannte Heine Züge seines eigenen Schicksals wieder. Jehuda ist als Vertriebener und Exilierter der
Urtyp des postromantischen, modernen Dichters. Die abschließende »Disputation« zwischen einem Mönch und einem Rabbi über die Frage, welche der beiden Konfessionen denn die ›wahre‹ Religion vertrete, leitet bereits über zum »Nachwort zum Romanzero« mit seinen Äußerungen zur ›religiösen Kehre‹ Heines. Das erneuerte Bekenntnis zu einem Gott – nicht zu einer Konfession – ist sehr ernst gemeint und steht in Zusammenhang mit der Verabschiedung des Fortschrittsglaubens Hegel'scher Provenienz. Die Philosophie hat die Vernunft in eine Sackgasse manövriert. Die Rückkehr zu ›Gott‹ meint die Rückkehr zu einem Anfangspunkt, von wo aus ein neuer Anlauf zur Verwirklichung der Ideale der Aufklärung unternommen werden kann, an denen Heine festhält.

Die Gedichte der allerletzten Jahre, gesammelt unter dem Titel *Gedichte. 1853 und 1854* in Band 1 der *Vermischten Schriften*, sind der beste Beweis dafür, dass der schwer kranke Heine seine öffentliche Rolle ganz bewusst angenommen, sich nicht nur hinter den Vorhang seines Schlafzimmers zum Sterben zurückgezogen hatte. Der Blick dieser Gedichte auf die Welt ist noch abgeklärter als im *Romanzero*. Insbesondere die Politik wird zum Paradigma des Verkommenen schlechthin. Im bestehenden System sah Heine keinerlei Ansatzpunkte zu einer konstruktiven Kritik; es war adäquat einzig in Form der Satire und Groteske darzustellen. Politische Ahnungslosigkeit und Naivität, Obrigkeitsdenken und Untertanenmentalität werden mittels einer Reihe von Tierfabeln attackiert. Die religiösen Bekenntnisse des *Romanzero*-Nachwortes erfahren in Gedichten, in denen der christliche Himmel als Spießerveranstaltung und ewige Langeweile karikiert und das Christentum insgesamt als Religion der Ausbeuter kritisiert wird, eine merkwürdige Brechung. Am intensivsten aber ist die Auseinandersetzung mit dem religiösen Thema im Zyklus »Zum Lazarus«. Er bildet den Kern der Sammlung, wie überhaupt das Lazarus-Motiv die späte Lyrik zusammenhält. Dabei werden die beiden neutestamentlichen Lazarus-Figuren mit der Figur des Hiob gekreuzt. Hiob gibt dem Dulder und Leider Lazarus seine Würde zurück, nur aus seiner selbstbewussten Perspektive ist ein Nachdenken und vor allem auch ein Schreiben über das Leiden und Sterben überhaupt möglich, weil erträglich. BERND KORTLÄNDER

Die romantische Schule

Der Essay über die deutschen Literaturverhältnisse aus dem Jahr 1835 hat eine besonders komplexe Vorgeschichte. Der Auftrag kam von der französischen Zeitschrift *Europe Littéraire*, wo die erste Fassung vom März bis Mai 1833 unter dem Titel »Etat actuel de la littérature en Allemagne« in acht Artikeln erschien. Heine schrieb für ein französisches Publikum, dem die deutsche Literatur entweder ganz fremd war oder das durch die Darstellung in Madame de Staëls Buch *De l'Allemagne* (1810) ein stark ideologisiertes Bild dieser Literatur vor Augen hatte. Gleichzeitig schrieb er aber auch für Deutschland, wo der Text ebenfalls 1833 unter dem Titel *Zur Geschichte der neueren schönen Literatur in Deutschland* als Buch herauskam, bevor 1835 die überarbeitete endgültige Fassung als *Die romantische Schule* zum Druck gelangte.

Ansatzpunkt war die Sicht Madame de Staëls auf die deutsche Geistesgeschichte. Diese Position, die auf das Ausblenden von Gegenwartsfragen, von Politik und Gesellschaft aus dem Denken und Schreiben deutscher Philosophen und Literaten als nationalen Charakterzug abhebt, will Heine aber zugleich als Ergebnis der Einflüsterungen der deutschen Romantiker, als Ziel ihres reaktionären Denkens entlarven. So entwickelt er auf dem Umweg über de Staël die ideologiekritische Hauptthese seines Essays in Bezug auf die Absichten und Wirkungen der romantischen Schule in Deutschland. Für ihn sind die Brüder August Wilhelm Schlegel und Friedrich Schlegel, in denen er die Anführer und Chefideologen der Schule ausgemacht hat, direkte Handlanger jener politischen Restauration, die das Rad der Geschichte zurückdrehen möchte, um gleichsam den ästhetischen Vorlieben der Romantiker für das katholische Mittelalter auch mittelalterliche politische Zustände an die Seite zu stellen. Diese Einsicht wird zum kritischen Maßstab seiner Literaturgeschichtsschreibung, ausgehend von ihr sucht er nach alternativen Traditionen.

Die drei Bücher der *Romantischen Schule* verteilen die Gewichte ganz im Sinn der Ziele der Darstellung. Buch I umgreift die Zeit vom Mittelalter bis zu Goethe, dem der größte Abschnitt gewidmet ist. In dem in vier Unterabschnitte aufgeteilten zweiten Buch geht es ausführlich um die Schlegels und die übrigen Frühromantiker wie Tieck und Novalis. Im dritten, umfänglichsten Buch werden dann die Spätromantiker von Achim von Arnim bis Ludwig Uhland vorgestellt und kritisiert. Das dritte Kapitel dieses dritten Buchs enthält einige Kernaussagen Heines über das Verhältnis von Literatur und Politik, Literatur und Leben und sein eigenes Literaturverständnis. Authentische moderne Literatur kann nur von Autoren stammen, die die ideale und die materiale Seite miteinander vermitteln, die »keinen Unterschied machen wollen zwischen Leben und Schreiben, die nimmermehr die Politik trennen von Wissenschaft, Kunst und Religion, und die zu gleicher Zeit Künstler, Tribune und Apostel sind«. BERND KORTLÄNDER

Deutschland. Ein Wintermährchen

»Versifizirte Reisebilder« nennt Heine selbst die 1844 erschienene Schilderung der Reise seines Ich-Erzählers durch das unter dem Eis von politischer und geistiger Unterdrückung erstarrte Deutschland. Die geschilderte Route entspricht in etwa jenem Reiseweg, den Heine selbst für seine Rückfahrt von Hamburg nach Paris im Winter 1843 wählte, nachdem er zum ersten Mal nach zwölf Jahren wieder Deutschland besucht hatte. Nur ordnet der Text die Stationen in umgekehrter Reihenfolge an, also nicht als Reise von Hamburg nach Aachen, wie Heine sie tatsächlich gemacht hat, sondern von Aachen nach Hamburg. Der Text war 1844 zuerst Teil der *Neuen Gedichte*. Im selben Jahr kam ein Separatdruck heraus, und Karl Marx druckte den Text im Pariser *Vorwärts!* ab.

Den 27 Capita ist ein Vorwort vorangestellt, das dem deutschen Leser zu erklären versucht, wie Patriotismus und Kosmopolitismus aus derselben Quelle gespeist werden und – wohlverstanden – zusammenfallen. Damit ist zugleich vorweg klargestellt, worum es in diesem Text geht: um eine Kritik des deutschen Obrigkeitsstaates sowohl hinsichtlich seiner ideologischen und historischen Wurzeln als auch seines Erscheinungsbildes. Dabei nimmt Caput I die Hochgestimmtheit des Vorworts noch mit hinüber in die Verserzählung und entwirft die Utopie einer befreiten Menschheit, die sich aus der Bevormundung durch die alten Mächte gelöst hat. »Zuckererbsen für jedermann« lautet die Verheißung und zugleich der Maßstab von Heines Kritik an den deutschen Zuständen. Das Ergebnis dieser Kritik ist vernichtend: Angeleitet von Hamburgs Stadtgöttin Hammonia sieht der Ich-Erzähler am Ende in Caput 26 im Nachtstuhl Karls des Großen eine in jeder Hinsicht abscheuliche Zukunft auf Deutschland zukommen. Diese Schlussvision dementiert nun aber keineswegs die Paradieseshoffnung des Eingangs, sondern zieht lediglich die Linie des historischen Ist-Zustandes weiter.

Zwischen beiden Visionen spannt er den Faden der Reise, der sich an drei Punkten verdickt: Dem Aufenthalt in Köln (Cap. 4–7), dem Besuch bei Barbarossa im Kyffhäuser (14–17) und dem Aufenthalt in Hamburg (20–26) widmet Heine jeweils mehrere Capita. Im Köln-Abschnitt geht es um radikale Religionskritik, darum, wie die Konsequenz der deutschen idealistischen Philosophie zu ziehen ist. Der Besucher im Kyffhäuser enttarnt den verheißenen Befreier als abgelebtes Gespenst alten Standesdenkens und dementiert damit zugleich die vom Preußen-König Friedrich Wilhelm IV. so sehr betonte mittelalterliche Legitimation politischer Herrschaft. Schließlich erfolgt die düstere Vision von Deutschlands Zukunft nicht umsonst im Nachtstuhl Karls des Großen, dem die Rolle eines Begründers der deutschen Nation zugeschrieben wurde. Die Zukunft des Vaterlandes aus einem eng-nationalistischen Ansatz muss, so ist Heines Resümee, in die Katastrophe führen. Neben diesen auf die ideologischen und historischen Wurzeln zielenden Angriffen nimmt er all die üblen Erscheinungen des deutschen Obrigkeitsstaates aufs Korn, aber auch die hohle Rhetorik der national-liberalen Opposition, das Kleinlich-Harmlose von Kunst und Theater. All das wird aber nicht nur in Form von direkten Angriffen bloßgestellt, es ist die Machart des Textes, sein Witz, seine Lebendigkeit, die phantastischen Reime, die dem Leser das Verdrehte und Verkehrte der Verhältnisse offenbaren.

Das *Wintermährchen* sollte populäre und klassische Dichtung zugleich sein. Es fand schon 1844 begeisterte Leser ebenso wie engagierte Gegner. Die preußische Polizei verbot seinetwegen die Gesamtproduktion des Verlages Hoffmann und Campe. Heute gehört es zu den bekanntesten Heine-Texten. BERND KORTLÄNDER

Franz Grillparzer

* 15. Januar 1791 in Wien (Österreich)
† 21. Januar 1872 in Wien (Österreich)

1804–1811 Philosophie- und Jurastudium in Wien; nach Tod des Vaters (1809) Hauslehrer; ab 1813 Finanzbeamter, 1832 Archivdirektor, 1856 Hofrat, pensioniert; schon in den 1820er Jahren prominenter Burgtheaterdichter, Erfolge auch in Deutschland; 1826 Bekanntschaft mit Tieck, Hegel und Goethe; zahlreiche Reisen, u.a. nach Griechenland und in die Türkei; kritische Distanz zum System Metternich, nach Misserfolg von *Weh dem, der lügt!* (1838) Rückzug aus der Öffentlichkeit; bedeutender Repräsentant des nachklassischen Theaters.

Des Meeres und der Liebe Wellen

Seit 1820 beschäftigte sich Grillparzer mit der Sage von Hero und Leander, schrieb zwischen 1826 und 1828 die ersten vier Akte des Trauerspiels in fünf Aufzügen, schloss es im Februar 1829 ab und veröffentlichte es 1831. Die Uraufführung fand im Wiener Burgtheater am 3. April 1831 statt. Das Drama war Grillparzers erster großer Misserfolg beim Wiener Publikum: Nach vier Vorstellungen wurde es bereits abgesetzt. Erst Heinrich Laubes Neuinszenierung von 1851 machte es zum populärsten, meistgespielten Stück Grillparzers.

Selbstzufrieden und geborgen lebt Hero im Dienst der Göttin Aphrodite. Sie schmückt den Tempel für das bevorstehende Fest ihrer Weihe zur Priesterin. Heros Eltern müssen für immer Abschied von der Tochter nehmen, denn jede Berührung mit der Außenwelt ist ihr fortan untersagt; auch Ehelosigkeit ist Pflicht. Bei der heiligen Handlung selbst kommt es zu einem Zwischenfall: Heros Blick trifft den Leanders, der sich mit seinem Freund Naukleros unter den Zuschauern befindet. Hero stört das Zeremoniell durch ihre Verwirrung; Leander verfällt in trübsinniges Brüten. Wenig später begegnen die beiden Freunde Hero beim Wasserholen. Leander wagt zunächst gar nicht, sie anzusprechen. Aus übergroßer Scham wirbt er schließlich allzu stürmisch. Der Priester kommt hinzu, als Hero den Liebeskranken aus ihrem Krug trinken lässt, und vertreibt die Eindringlinge unter Drohungen aus dem heiligen Bezirk. Leander ist jedoch zur Rückkehr um jeden Preis entschlossen. Der Priester geleitet Hero in ihr Turmgemach und ermahnt sie zu innerer Sammlung.

An die Stelle des dramatischen Worts tritt, wie oft bei Grillparzer, die Geste, wenn Hero nun ihren Mantel ablegt zum Zeichen der Absage an das äußere Leben. Der dramatische Vorgang jedoch kehrt diese Deutung um: Hero setzt sich, in naiver Unschuld, der Gewalt des Wirklichen aus, das in Gestalt der Liebe zu Leander auf sie eindringt. Dieser steht unversehens leibhaftig vor ihr. Tollkühn hat er das Meer durchschwommen und ihren Turm erklettert. Wie Leanders Drängen und Heros Widerstreben über alle Stufen der Annäherung bis zum vereinenden Kuss geführt wird, gehört bis heute zum Faszinierendsten an Stimmungskunst im dramatischen Werk Grillparzers. Der Abschied wird indes vom Tempelhüter beobachtet und dem Priester gemeldet. Am Abend des folgenden Tages stellt Hero, wie verabredet, das Öllämpchen ins Fenster. Beim Warten auf den Geliebten schlummert sie, träumerisch dessen Ankunft vorwegnehmend, übermüdet ein. Unterdessen löscht der Priester das Licht, und Leander kommt in den Wellen um. Am anderen Morgen entdeckt Hero die Leiche. In wilder Trauer klagt sie den Priester an, einem abstrakten Prinzip zuliebe – um »Unrecht abzuhalten« – zum Verräter am Leben überhaupt geworden zu sein: »Sein Leben war das Leben, deines, meins, / Des Weltalls Leben.« Von Schmerz überwältigt, stirbt Hero.

Grillparzer hielt – auch nach dem Erfolg – an seiner »Überzeugung von den Kompositionsfehlern« der letzten beiden Akte fest. Insbesondere dem Priester glaubte er nicht gerecht geworden zu sein. Diese Gestalt verweist, neben der Metaphorik des Meeres, allegorisch auf die anonymen Zwänge einer Gesellschaft, die das Individuum vor die zynische Alternative stellt, entweder den Rückzug in das Nichts einer welt- und gesellschaftslosen Innerlichkeit anzutreten oder sich ohnmächtig den Verfügungen einer für Individuelles blinden öffentlichen Gewalt zu überlassen. Der lyrisch klingende Titel schlägt um in Ironie: Die versprochene Romantik wird als unzeitgemäß verweigert. DIETER BARBER

Der arme Spielmann

Die von Adalbert Stifter und Franz Kafka als Meisterwerk gewürdigte Erzählung von 1848 verbindet kunstvoll den ›Rahmen‹ persönlicher Betrachtung mit der eigentlichen Handlung, in die der Erzähler immer wieder einbezogen wird: Er, »ein leidenschaftlicher Liebhaber der Menschen, vorzüglich des Volkes«, besucht ein großes Jahrmarktsfest in einer Wiener Vorstadt, denn: »Von dem Wortwechsel weinerhitzter Karrenschieber spinnt sich ein unsichtbarer, aber ununterbrochener Faden bis zum Zwist der Göttersöhne, und in der jungen Magd, die, halb wider Willen, dem drängenden Liebhaber seitab vom Gewühl der Tanzenden folgt, liegen als Embryo die Julien, die Didos und die Medeen.« Hier auf dem Fest trifft er einen armen alten Geiger, der ihm seine Lebensgeschichte, eine Erzählung in der Erzählung, berichtet: Sohn eines hohen und einflussreichen Staatsbeamten, versagt er, weich, traumerisch und nach innen gewandt, vor den Anforderungen der Wirklichkeit, wird von dem ehrgeizigen und jähzornigen Vater von der Schule genommen und muss nun als kleiner Schreiber in einem Büro arbeiten. Aber auch hier entzieht er sich der lauten und rohen Umwelt; nur sein Geigenspiel und Barbara, die Tochter eines Gemischtwarenhändlers, die er schüchtern und demütig liebt, sind ihm Zuflucht und Lebensinhalt. Barbara jedoch, den untüchtigen Mann halb verachtend, von seiner bürgerlichen Naivität und künstlerischen Besessenheit dennoch tief berührt, heiratet schließlich, als der Spielmann sich nach dem Tode seines Vaters um sein reiches Erbe kläglich hat betrügen lassen, einen Schlachtermeister. Der Spielmann zieht seither als Außenseiter durch Wien. Viele Jahre später trifft der Erzähler Barbara an des Geigers Totenbett. Sie hat ihn nie vergessen. Als der Erzähler die Geige als Andenken kaufen will, verweigert sie ihm dies: »Mein letzter Blick traf die Frau. Sie hatte sich umgewendet, und die Tränen liefen ihr stromweise über die Backen.«

In der Lebensgeschichte des armen Spielmanns Jakob finden sich verschiedene Vorkommnisse, die wir auch aus Grillparzers Biographie kennen. Der autobiographische Gehalt der Erzählung zeigt in einigen Episoden die psychische Disposition des Autors und seine eigene Selbsteinschätzung. So beleuchtet er etwa das Missverhältnis von Kunstideal und tatsächlicher künstlerischer Begabung sowie seine Unmännlichkeit: Der Spielmann küsst Barbara nur durch eine Glasscheibe – eine Schlüsselstelle der Erzählung. Um sich von seinen unordentlichen Zimmernachbarn abzusetzen, zieht Jakob einen Kreidestrich auf dem Boden als Grenze. Die trennende Glasscheibe und der Distanz schaffende Kreidestrich sind Begrenzungsmetaphern, denen im Grillparzer'schen Werk eine zentrale Bedeutung zukommt.

Die politischen Zeitverhältnisse (Restauration, Vormärz) werden in einer konsequent durchgehaltenen Metaphorik (Strom, Überschwemmung) angedeutet. Jakobs Referate über Kunst und Musik sind dezidierte kunsttheoretische Überlegungen. Er kann selbst die einfachsten Walzermelodien nicht richtig spielen, gleichwohl hat er den höchsten

Begriff von seiner Kunst. Die Ironie der Erzählung liegt in dem Missverhältnis von Anspruch und Vermögen, von idealer Vorstellung und bescheidenem Können des Musikanten. Er erstrebt nämlich die vollkommene Kunst, die absolute Musik (er will »den lieben Gott« spielen; »Worte verderben die Musik«), eine genuin romantische Kunstidee, die in der Indifferenz des einen vollkommenen Klanges (»der ferne Klang«) alle Differenzen aufheben will.

Das beziehungsreiche Netz von autobiographischen, politischen, psychologischen und kunsttheoretischen Elementen ordnet die erzählte Wirklichkeit. Hinter ihr steht eine diffizile mythologisch-tektonische Idee: Die Erzählung wird durch den Demeter-Persephone-Mythos strukturiert; zwischen dem Volksfest am Anfang der Geschichte (die Anfangspartie ist durch Goethes *Römischen Karneval* geprägt) und der Überschwemmung der Donau am Ende, zwischen Leben und Tod wird dieser Mythos vielfach funktionalisiert. Jakobs Leben als Künstler ist ein Leidensweg, eine Passion, eine ›Imitatio Christi‹. Am Ende der Erzählung wird seine Geige mit dem Kruzifix in einer Ecke der Wohnung Barbaras so arrangiert, dass durch einen Spiegel zwischen den beiden Gegenständen jeder als Zeichen sich in dem andern widerspiegeln kann.

HELMUT BACHMAIER

Georg Büchner

* 17. Oktober 1813 in Goddelau bei Darmstadt (Deutschland)
† 19. Februar 1837 in Zürich (Schweiz)

1831–1833 Medizinstudium in Straßburg, 1833–1834 in Gießen; konspirative politische Opposition; 1835 Flucht nach Straßburg, naturwissenschaftliche Studien und literarische Arbeit; 1836 Promotion, Privatdozent an der Philosophischen Fakultät in Zürich; 1837 Tod durch Typhus.

Dantons Tod. Ein Drama

In seinem 1835 erschienenen, erst 1902 in Berlin uraufgeführten Geschichtsdrama artikuliert der Verfasser der sozialrevolutionären Flugschrift *Der Hessische Landbote* Fatalismus und Skepsis gegenüber einer Steuerbarkeit gesellschaftlicher Umwälzungsprozesse. Am Beispiel einer Phase der krisenhaften Zuspitzung der Französischen Revolution, der sogenannten Jakobinerdiktatur der Jahre 1793/94, thematisiert Georg Büchner das Umschlagen freiheitlicher Ideale in autoritäre Willkürherrschaft und stellt angesichts einer sich verselbständigenden zerstörerischen Geschichtsdynamik die Handlungsmöglichkeiten des Subjekts in Frage.

Das vieraktige Drama schildert die letzten Lebenstage von Georges Jacques Danton, der, wenngleich selbst Jakobiner, d.h. Mitglied der radikalen Bergpartei, dennoch der fortschreitenden Radikalisierung dieser politischen Gruppierung zum Opfer fällt. Ausgiebig greift Büchner auf historische Quellen, insbesondere auf Adolphe Thiers *Histoire de la Révolution Francaise* (Paris 1823–1827) und die 36-bändige Kompilation *Unsere Zeit oder Geschichtliche Übersicht der merkwürdigsten Ereignisse von* 1789–1830 zurück und situiert die Handlung historisch genau in dem kurzen Zeitraum zwischen der Hinrichtung des Sozialrevolutionärs Jacques René Hébert (von der zu Beginn des Stückes die Rede ist) am 24. März und der Verurteilung und Ermordung des Titelhelden (mit der das Stück endet) am 5. April 1794.

Die Hauptakteure des Dramas, sämtlich ›gebrochene‹ Charaktere, sind neben dem Protagonisten Danton sein Antagonist Maximilien Robespierre und das Volk. Während Danton das Leben eines sensualistischen Libertins führt, philosophisch einem nihilistischen Lebensüberdruss huldigt, dabei zugleich aber den humanistischen Revolutionär verkörpert, gefällt sich Robespierre in der Doppelrolle des rigorosen

Tugendhelden und kalten Vollstreckers. Das Pariser Volk schließlich wird allein durch das fortwährende blutige Spektakel der Guillotinierungen von seiner materiellen Not abgelenkt, hat mit seinen wankelmütigen, spontan-emotionalen Reaktionen im Machtkampf zwischen Danton und Robespierre die Funktion eines Züngleins an der Waage und desavouiert durch seine Unfähigkeit, als kollektives Subjekt handelnd einzugreifen, die Revolution als eine rein bürgerliche und sozial gescheiterte.

Im ersten Akt erscheint Danton als ein Lebemann in der Welt des Spiels und der Grisetten. Kontrastiert wird dies einerseits mit der Lebenswirklichkeit eines einfachen Mannes aus dem Volke, dessen Tochter sich prostituiert, um die Familie zu ernähren, und andererseits mit Robespierre, der im Jakobinerclub den Schrecken als die »Waffe der Republik« rechtfertigt. Der Akt endet mit einem verbalen Disput zwischen Danton und Robespierre, der einzigen unmittelbaren Begegnung der beiden Widersacher.

Im zweiten Akt wird Danton von seinen Anhängern verstärkt zu einer programmatischen Rede gegen die ›terreur‹ gedrängt, die er jedoch hinauszögert, bis die Nachricht seiner beschlossenen Verhaftung ihn erreicht. Gelähmt durch Schuldgefühle wegen seiner Rolle bei den Septembermorden im Jahre 1792 interpretiert Danton sein damaliges Verhalten als Konsequenz eines historischen Determinismus, der den Handelnden ihre Handlungen diktiere: »Puppen sind wir von unbekannten Gewalten am Draht gezogen; nichts, nichts wir selbst.« Dieser fatalistischen Geschichtskonzeption steht diejenige St. Justs gegenüber, der die geplante Guillotinierung Dantons im Nationalkonvent durch eine Parallelisierung von Menschheits- und Naturgeschichte rechtfertigt.

Nach seiner Gefangennahme hält Danton im dritten Akt vor dem Revolutionstribunal eine flammende Rede der Selbstverteidigung, mit der er die Geschworenen so beeindruckt, dass nur eine Verschwörungsintrige seiner Feinde einen Stimmungsumschwung bringt. Der vierte Akt in der Conciergerie ist ganz von den drohenden Guillotinierungen geprägt: Die Gefangenen führen Gespräche über den Tod und die Existenz Gottes und stützen sich in Gesten der Freundschaft und Solidarität beim Gang aufs Schafott.

Das Innovationspotenzial von *Dantons Tod* liegt in den knappen Dialogen, die die Verschiedenheiten der Milieus treffsicher einfangen, und in der Struktur des Stückes, die einen Bilderbogen wechselnder Schauplätze entfaltet und in loser Abfolge Szenen präsentiert, die weniger der Dynamik einer mit Spannung erwarteten Handlung (dass Danton sterben wird, verrät schon der Titel), sondern vielmehr der Inszenierung und kontrastiven Spiegelung unterschiedlicher Welten und Stilebenen dienen. Wohl gerade weil Georg Büchner seinen dramatischen Blick auf die Französische Revolution bewusst offen gehalten und sich so einer Ideologisierbarkeit verweigert hat, ist *Dantons Tod* bis heute eines der meistgespielten Dramen der Weltliteratur. TANJA VAN HOORN

Lenz

Die möglicherweise unvollendete, 1839 auf der Grundlage einer verschollenen Abschrift von Büchners Braut Wilhelmine Jaeglé durch Karl Gutzkow veröffentlichte Erzählung ist der einzige überlieferte narrative Text des Verfassers. In *Lenz* entwickelt Georg Büchner Grundzüge seiner antiklassizistischen Ästhetik und setzt Maßstäbe für ein modernes psychologisches Erzählen.

Die Hauptquelle für den auf historischen Tatsachen beruhenden Prosatext über den Sturm-und-Drang-Dichter Jakob Michael Reinhold Lenz ist ein Bericht des philanthropischen Pfarrers Johann Friedrich Oberlin. Der Sozialreformer und engagierte Pädagoge aus Waldersbach im elsässischen Steintal hatte den von psychotischen Schüben heimgesuchten Dichter für 20 Tage, vom 20. Januar bis 8. Februar 1778, bei sich aufgenommen, ihn schließlich jedoch aufgrund seines sich dramatisch verschlechternden Gesundheitszustandes nach Straßburg zurückbringen lassen.

Büchner erhielt Oberlins nachträgliches Protokoll des Aufenthalts, das den Charakter einer Selbstrechtfertigung trägt, in Straßburg von August Stöber, dem Sohn des Nachlassverwalters. Neben dieser historischen Quelle bezieht er sich ausgiebig auf verschiedene literarische Prätexte, insbesondere auf Goethes distanziert-gönnerhaftes Lenz-Porträt in *Dichtung und Wahrheit*, das Büchner unter Rekurs auf die von Goethe Jahrzehnte früher im *Werther* selbst entwickelten subjektivistischen Erzählverfahren empathisch korrigiert.

Die 30 Druckseiten umfassende Erzählung schildert die für den weiteren tragischen Werdegang des historischen Lenz entscheidende Elsass-Episode. Zumeist in personaler Perspektive und mit avancierten narrativen Verfahren wie der erlebten Rede zeichnet Büchner in chronologischer Reihenfolge die kurze Zeitspanne zwischen der Ankunft des emotional aufs Äußerste gespannten Lenz und dem Abtransport des

Umnachteten nach und sucht erzählerisch nach möglichen Schaltstellen der Entwicklung.

Die Novelle setzt mit dem einsam »durchs Gebirg« streifenden Lenz ein, dessen innere Unruhe, Verwirrung und psychische Gefährdung sich in den beinahe expressionistischen Naturbildern widerspiegeln. Virtuos verwandelt sich Büchner die unstete Innenwelt des Kranken an und bringt dessen hektische Wahrnehmungen, die bald bedrohlich, alle Sinne betäubend dahinjagen, dann in apathischer Leere stagnieren oder in Angstschüben ausbrechen, zur Darstellung. Lenz' Getriebensein gewinnt hier unmittelbare sprachliche Gestalt in komplexen, sich rauschhaft steigernden Hypotaxen und elliptischen, verblosen Hauptsätzen.

Erst in »Waldbach« (wie Waldersbach in der Erzählung heißt) bei Oberlin erfährt Lenz eine freilich immer wieder von Suizidversuchen und nächtlichen Panikanfällen unterbrochene Beruhigung. Er besinnt sich auf den christlichen Glauben und hält eine sonntägliche Predigt.

Dann jedoch bricht mit dem Sturm-und-Drang-Genie Christoph Kaufmann die Welt, vor der er geflohen ist, in das elsässische Refugium ein: Zwar kann sich Lenz im sogenannten Kunstgespräch, in dem er gegen einen schwärmerischen, dem Geniekult huldigenden ›Idealismus‹ und für einen ›Realismus‹, d.h. für eine der sozialen Wirklichkeit zugewandte Kunst plädiert, noch einmal eloquent und auf der Höhe seiner geistigen Kraft als Dichter und Verfasser der Dramen *Der Hofmeister* und *Die Soldaten* präsentieren, doch Kaufmanns Mahnung zur Rückkehr ins väterliche Haus bewirkt eine Verstimmung und in der Folge eine Zuspitzung seiner Krankheit.

Nachdem ihm der Versuch der Auferweckung eines toten Mädchens misslungen ist, fühlt Lenz eine tiefe Entfremdung vom Glauben und lässt sich zu atheistischer Gotteslästerung hinreißen. Jeglichen psychischen Haltes beraubt, spitzt sich sein Wahnsinn zu, wie im Fieber ruft er nach seiner Geliebten. Oberlin, zurückgekehrt von seiner mit Kaufmann unternommenen Schweiz-Reise, weiß keinen anderen Rat, als den schizophrenen Dichter, der sich fühlt »als sei er doppelt«, nach Straßburg abtransportieren zu lassen, was Lenz teilnahmslos geschehen lässt: »Er fühlte keine Angst mehr, kein Verlangen; sein Dasein war ihm eine notwendige Last. – So lebte er hin.«

Während das soziale Drama *Woyzeck* den Untergang eines ›underdog‹ thematisiert, zeichnet die Erzählung *Lenz* das Zerbrechen eines Genies nach. Gemeinsam ist diesen beiden fiktionalisierten Einzelschicksalen, dass ihr Scheitern letztlich das Scheitern einer Gesellschaft ist, deren zur zweiten Natur gewordene Strukturen den einen zum Mord, den anderen in den Wahnsinn treiben. Diese Diagnose Büchners hat ihre Brisanz bis heute nicht eingebüßt. TANJA VAN HOORN

Ludwig Tieck

* 31. Mai 1773 in Berlin (Deutschland)
† 28. April 1853 in Berlin (Deutschland)

(Pseudo. Peter Lebrecht, Gottlieb Färber) – Gymnasium in Berlin, Freundschaft zu W. H. Wackenroder, erste literarische Versuche; 1792–1794 Studium der Literatur, Altertumswissenschaften und Philosophie in Halle, Göttingen und Erlangen; ab 1794 freier Schriftsteller in Berlin; 1799–1800 in Jena, Freundschaft u. a. zu Friedrich von Schlegel und A. W. Schlegel, Novalis, Brentano und Fichte; 1803–1819 auf Landgut in Ziebingen, zeitweise in Berlin, 1805 Italienreise; 1819–1841 in Dresden, 1825 Dramaturg des Hoftheaters, zahlreiche Novellen; ab 1841 wieder in Berlin; bedeutender romantischer Erzähler, Dramatiker, Lyriker, Kritiker, Übersetzer, Philologe.

Des Lebens Überfluß

148 Als vorletztes Werk des Autors gehört diese 1838 erschienene Novelle bereits der ausgehenden, sich zum Realismus öffnenden Romantik an; romantische und realistische Weltsicht und Erzählweise durchdringen einander so, dass verklärende Poesie und bare Wirklichkeit sich gegenseitig relativieren und in Frage stellen. Zugleich weist das Werk inhaltlich schon auf die Idylle des Biedermeier hin.

Ein junges Ehepaar, Heinrich und Klara, lebt verarmt in einer schäbigen Dachstube. In den langen Dialogen und feinsinnigen Reflexionen der Liebenden offenbart sich ihre Kraft, durch das persönliche Glück Armut und Isolation von der Umwelt zu überwinden. Ihrer Liebe wegen – Klaras Vater duldete die Verbindung seiner adligen Tochter mit dem bürgerlichen Diplomaten Heinrich nicht – mussten beide fast mittellos aus der Heimatstadt fliehen. Als sie im Winter kein Holz mehr kaufen können, zersägt und verfeuert Heinrich die Treppe, die als einzige Verbindung zwischen der Dachkammer und der Außenwelt noch bestand. Gerade durch das Fehlen der Treppe aber wird der Bezug zwischen Dachstubenidylle und gesellschaftlicher Realität wiederhergestellt: Von einer Kur zurückgekehrt, wütet der Hausbesitzer über den »Verbrauch« der Treppe. Er holt die Polizei und droht mit einer Klage vor Gericht. In letzter Minute wendet sich alles zum Guten: Heinrichs Freund Andreas Vandelmeer kehrt aus dem Orient zurück, wo er viele Jahre gelebt hat; auch für Heinrich hat er mit einer kleinen Geldsumme spekuliert und ihm ein großes Vermögen erworben. Er befreit die Liebenden aus ihrer Notlage und versöhnt sie auch wieder mit Klaras Vater, der seine Härte bereut.

Die Poesie der Idylle, in der Liebe, Glück und Humor den Alltag unwirklich werden lassen, wird dem Zustand einer Gesellschaft gegenübergestellt, die in ihrer materialistischen Enge und rationalen Einseitigkeit das Individuum zu unterdrücken droht. ELKE HEIDENREICH

Jeremias Gotthelf

* 4. Oktober 1797 in Murten (Schweiz)
† 22. Oktober 1854 in Lützelflüh (Schweiz)

(d. i. Albert Bitzius) – Sohn eines Pfarrers; wuchs in Murten und Utzenstorf auf; 1814–1820 Theologiestudium in Bern; 1821/22 Studienjahr in Deutschland; 1820–1831 Pfarrvikar in Utzenstorf, Herzogenbuchsee, Bern; 1832–1854 Pfarrer zu Lützelflüh; 1833–1845 kantonaler Schulkommissär; 1836 Durchbruch als Schriftsteller; wichtiger Vertreter des Realismus; in seinen Bauernromanen, Novellen und Dorfgeschichten Volkserzieher und Sozialkritiker.

Die schwarze Spinne

Die Novelle erschien 1842 in der Sammlung *Bilder und Sagen aus der Schweiz*. Von den Produkten der Trivial- und Schauerromantik, an die Titel und Zentralmotiv anknüpfen (z. B. August Langbein, *Die schwarze Spinne*, 1821), wie von der idyllischen Biedermeierliteratur der Zeitgenossen hebt sich Gotthelfs allegorisierend didaktische Novelle durch ihre kunstvolle Komposition deutlich ab. Ein aktualisierender dreiteiliger Rahmen und die zweiteilige, Vergangenheit und Gegenwart aufeinander beziehende Binnenhandlung sind durch das mehrfach abgewandelte Motiv der Taufe und das Symbol des schwarzen Fensterpfostens eng miteinander verzahnt. Im Rahmengeschehen schildert Gotthelf ein sonntägliches Tauffest in einem reichen Emmentaler Bauernhof. Die Frage an den Großvater, warum in dem schönen Haus ein uralter, schwarzer Fensterpfosten stehengelassen worden sei, setzt die eigentliche Erzählung in Gang, deren unheimliche, dämonisch irrlichternde Atmosphäre mit der heiteren Ungetrübtheit des Rahmens kontrastiert. Der Erzähler greift Jahrhunderte zurück, in eine Vergangenheit, die in Gestalt des Pfostens bis in die Gegenwart hineinragt.

Die leibeigenen Bauern von Sumiswald leiden unter der unmenschlich harten Fronarbeit für den Ritter Hans von Stoffeln, der nach einem aufwendigen Schlossbau seine Untertanen zwingt, innerhalb eines Monats einen Schattengang von hundert Buchen zu pflanzen. Da bietet der Teufel in der Maske des grünen Jägers seine Hilfe an – um den Preis der Seele eines ungetauften Kindes. Für die entsetzten Bauern schließt Christine, eine glaubens- und ruchlose Magd, den Satanspakt, in der Hoffnung, den Teufel am Ende doch noch überlisten zu können. Während die

Arbeit am Schattengang mit gespenstischer Eile vorangeht, schwindet das Grauen der Bauern vor dem unheimlichen Helfer. Der Tag rückt näher, an dem ein Weib ein Kind gebären soll. Nach der Geburt nimmt der gottesfürchtige Priester unverzagt den Kampf mit dem Bösen auf und tauft das Neugeborene. Das Mal auf Christines Wange aber – vom Teufelskuss herrührend, der mythischen Vermählung mit dem Bösen – schwillt an, immer mehr einer giftigen Kreuzspinne gleichend. Nach der zweiten, vom Priester siegreich bestandenen Prüfung platzt das scheußliche Mal und wirft unzählige kleine, schwarze Spinnen aus, die Tod und Verderben über das Tal bringen. Christine leidet Höllenqualen, als eine weitere Geburt im Dorf bevorsteht; zugleich aber wächst die Bereitschaft der Bauern, das geforderte Opfer zu bringen. Der Priester gewinnt indes auch diesen letzten Kampf – Christine verwandelt sich in die schwarze Spinne, die mordgierig die Menschen anfällt, »und das Sterben daran war schrecklicher als man es je erfahren, und schrecklicher noch als das Sterben war die namenlose Angst vor der Spinne, die allenthalben war und nirgends«. Eine gottergebene Frau opfert endlich ihr Leben und sperrt die Spinne mit einem Zapfen in das vorbereitete Loch im Fensterpfosten ein.

Die Erzählung blendet kurz auf den Rahmen zurück und variiert im zweiten Teil die Motivmuster des ersten. Zwei Jahrhunderte später haben sich Reichtum und Wohlstand im Tal ausgebreitet, aber auch Hochmut und Hoffart. Von »hoffärtiger Ungeduld« getrieben, baut Christen, ein Nachkomme jener opferbereiten Mutter, ein neues, prächtiges Haus; das alte mit dem verhängnisvollen Pfosten überlässt er dem Gesinde, das an einem Weihnachtsabend auf dem Höhepunkt eines Gelages die Spinne befreit. Wieder wütet der Schwarze Tod, bis Christen sein Leben opfert, die Spinne einfängt und wieder in den Fensterpfosten einsperrt. Generationen rechtschaffener Bauern folgten, und »man fürchtete die Spinne nicht, denn man fürchtete Gott«.

Der Großvater, die Erzählerfigur der Rahmenhandlung, schließt seine Geschichte mit der lehrhaften Anmerkung, dass der stehengebliebene schwarze Fensterpfosten zugleich »den alten Sinn, der ins alte Holz die Spinne geschlossen«, bewahren solle. Bei der sich anschließenden Diskussion der Taufgäste verweist der junge Götti den vorlauten Vetter, der am Wahrheitsgehalt solcher Geschichten zweifelt, auf eine andere, der Predigt nahestehende Sinnebene der Überlieferung und hebt damit gleichfalls das lehrhafte Moment hervor: »Sei jetzt daran wahr, was da wolle, so könne man viel daraus lernen.«

Eine Entmythologisierung zumindest hinsichtlich des Aberglaubens, ungetaufte Kinder verfielen dem Teufel, hat die Geschichte auch im Sinn Gotthelfs nötig, wenn sie ihre Lehre von der angemessenen Vermittlung zwischen Altem und Neuem der Gegenwart näherbringen will. Nicht nur der Rahmen, sondern auch der zweite Teil der Binnenerzählung unterstützt diese Aktualisierungstendenz. Unfähig zum lebendigen, Altes und Neues verbindenden Glauben waren allerdings die unter dem Frondienst leidenden Vorfahren: Unselbständig und dem starren Aberglauben verfallen, meiden sie den offenen Konflikt und versuchen sich aus der Affäre zu ziehen, indem sie eine Randexistenz wie Christine als Ersatzopfer vorschieben. Doch wie diese werden sie selbst zu Geprellten, ihre Kollektivverdrängung fällt potenziert als quasi alttestamentliches Strafgericht auf sie zurück, wobei im Umkreis des küssenden und Kinder heischenden »Grünen« wie der »gebärenden« Spinne die Verteufelung des Geschlechtlichen als eine besondere Ausprägung der Sozialmotivik sichtbar wird. Gegenüber Christine als einer negativen Opfergestalt durchbrechen der Priester, die junge Mutter und Christen im legendenartigen Martyrium den kollektiven Teufelskreis. Sie verkörpern so das im Sinn des Erzählers lebendig zu erhaltende Alte, welches das ebenso seit alters latent im Menschen liegende Dämonische zu bannen vermag, das der Erzähler in der Tiersymbolik, im Einbezug der elementaren Naturgewalten und der Gestaltung phantastisch-grotesker Auftritte gestaltet. Die Sprachkraft der wegen ihres lehrhaften Charakters eher allegorischen als symbolischen Erzählung, die der Versinnlichung dient, wie sie andererseits eine quasi politische Tendenzverkündigung mit eher rückwärtsgewandter Neigung unterstützt, wurde jahrzehntelang kaum beachtet, noch Elias Canettis Autobiographie *Die gerettete Zunge* (1977) erzählt davon. Seit den 1930er Jahren existiert indes eine Fülle von Deutungen, Nachdichtungen und Vertonungen. VOLKER HOFFMANN

Friedrich Hebbel

* 18. März 1813 in Wesselburen/Dithmarschen (Deutschland)
† 13. Dezember 1863 in Wien (Österreich)

Sohn eines Tagelöhners; Maurerlehre, nach dem Tod der Eltern 1827 Schreiber in Wesselburen, autodidaktische Studien; 1836–1839 Studium in Heidelberg und München, finanziell unterstützt durch eine Hamburger Näherin und Putzmacherin; 1841 erster großer Theatererfolg mit *Judith*; 1842/43 Kopenhagen, königlich-dänisches Reisestipendium; 1846 Heirat mit der Wiener Burgtheaterschauspielerin Christine Enghaus; Feuilletonredakteur; einer der bedeutenden nachklassischen Dramatiker und Dramentheoretiker.

Maria Magdalene. Ein bürgerliches Trauerspiel

Der Titel der Tragödie in drei Akten, die 1843 entstand, 1844 erschien und am 13. März 1846 in Königsberg uraufgeführt wurde, sollte ursprünglich »Klara« lauten, der schließlich gewählte Titel verweist auf die biblische Figur der reuigen Sünderin, deren Name (Maria Magdalena) durch einen Druckfehler auf dem Titelblatt des Erstdrucks zu »Magdalene« wurde. Unter diesem Titel wurde das Stück bekannt, auch Hebbel selbst gebrauchte ihn schließlich in dieser Form.

Dem Werk ist ein Vorwort vorangestellt, das die in Hebbels Aufsatz »Ein Wort über das Drama« (1843) ausgeführten grundsätzlichen Überlegungen zum Drama (»Die dramatische Schuld [entspringt] nicht, wie die christliche Erbsünde, erst aus der Richtung des menschlichen Willens […], sondern unmittelbar aus dem Willen selbst, aus der starren, eigenmächtigen Ausdehnung des Ichs«) aufgreift und im Zusammenhang mit dem bürgerlichen Trauerspiel konkretisiert. Lessings *Miss Sara Sampson* (1755) trug als erstes Stück in deutscher Sprache erstmals diese Bezeichnung, aber die weitere Entwicklung hat die Gattung, wie Hebbel festhält, in »Mißkredit« gebracht, da die tragischen Konflikte nicht »aus der schroffen Geschlossenheit, womit die aller Dialektik unfähigen Individuen sich in dem beschränktesten Kreis gegenüberstehen«, entwickelt wurden, sondern »aus allerlei Äußerlichkeiten, z. B. aus dem Mangel an Geld bei Überfluss an Hunger, v. a. aber aus dem Zusammenstoß des dritten Standes mit dem zweiten und ersten in Liebes-Affären«. Die Kritik zielt auf Schillers *Kabale und Liebe* (1784) ebenso wie auf das sozialkritische Drama des Jungen Deutschland, allen voran K. Gutzkow (*Richard Savage*,

1839; *Werner*, 1840). Hebbels Absicht ist es, wie er in seinem Tagebuch (4.12.1843) notiert, »das bürgerliche Trauerspiel zu regeneriren und zu zeigen, daß auch im eingeschränktesten Kreis eine zerschmetternde Tragik möglich ist«. Während das traditionelle bürgerliche Trauerspiel die bürgerlichen Normen und Werte als menschlichen Verhaltenskodex schlechthin zu etablieren suchte, vor allem gegen den Feudaladel, problematisiert Hebbels Stück gerade die bürgerliche Ordnungswelt, die sich mittlerweile politisch wie gesellschaftlich durchgesetzt hat.

Die für den Typus des bürgerlichen Trauerspiels konstitutive Vater-Tochter-Beziehung ist in ihrer Bedeutung für den tragischen Ablauf des Hebbel'schen Stücks gegenüber früheren Vertretern der Gattung noch gewachsen. Klara, die Tochter des Tischlers Meister Anton, der seine Familie und Umgebung mit engherziger Rechtschaffenheit tyrannisiert, hat sich nicht durch eine entschiedene Partnerbeziehung wie Sara Sampson oder Luise Millerin von dem väterlichen Haus getrennt; sie hat sich zwar Leonhard, ihrem Bräutigam, hingegeben, aber ohne Liebe in einem

Augenblick, als ihre Jugendliebe zu einem Sekretär wieder aufleben wollte. Das periphere Mutter-Sohn-Verhältnis schafft die Zuspitzung der Tragödie. Karl, der Bruder Klaras, wird unter dem Verdacht des Diebstahls verhaftet, die Mutter trifft der Schlag: So sieht sich Klara noch ausschließlicher auf ihren prinzipientreuen Vater verwiesen, der ihr mit Selbstmord droht, falls auch sie ihm Schande bereite. Rückhalt findet Klara weder bei dem Sekretär, der nicht darüber hinwegkommt, dass sie sich seinem unwürdigen Nebenbuhler hingegeben hat, noch bei ihrem Bräutigam, dem sie sich bittend hinwirft; unzufrieden mit Klaras Aussteuer und von der Aussicht auf eine lukrative Heirat fasziniert, hat sich Leonhard von Klara unter dem Vorwand losgesagt, die Familie haben durch die Verhaftung Karls ihre Bürgerehre verloren. Während der Sekretär Leonhard zu einem Pistolenduell fordert und erschießt, ertränkt sich die von allen isolierte Klara in einem Brunnen, weil sie weiß, dass ihr Vater – auch nach der erfolgten Rehabilitierung seines Sohnes – ihr Verhalten und ihren Wunsch, der Enge ihres Daseins zu entfliehen, nie begreifen und anerkennen wird; allein bleibt am Schluss Meister Anton zurück mit den Worten: »Ich verstehe die Welt nicht mehr!«

Die Diskrepanz zwischen der individuellen Selbstgerechtigkeit und der moralischen Engherzigkeit, Bigotterie, der gewinnsüchtigen Taxierung der Umwelt wie der mangelnden Zivilcourage ist kennzeichnend für die bürgerlichen Vertreter des Stücks, für Meister Anton ebenso wie für Leonhard und den Sekretär. Während sich Klaras Bruder durch den Entschluss, auf See zu gehen, von dieser Welt, die als »Grab« und »Kerker« bezeichnet wird, lösen will, zeigt Klara noch durch ihren Selbstmord, wie sehr sie an die Normen der Gesellschaft gebunden ist, deren Verständnislosigkeit sich auch im Monologischen des Dialogs – man spricht aneinander vorbei – und im unreflektiert-geschwätzigen Umgang mit der Sprache der Luther-Bibel widerspiegelt.

Hebbels Werk beendet das Genre des bürgerlichen Trauerspiels: Die bürgerliche Welt insgesamt ist nach der gesellschaftlichen Etablierung des Besitzbürgertums kein Gegenstand mehr für eine Tragödie im klassischen Sinne. Stattdessen wird der vierte Stand Konfliktträger: Aus dem bürgerlichen Trauerspiel wird das soziale Drama (G. Hauptmann). Dabei werden die von Büchner und Hebbel vorgezeichneten Formen des mangelnden Bewusstseins für die Konstitution des Tragischen in einem Ausmaß wichtig, dass Tragik, die im strengen Sinn an Bewusstheit gebunden bleibt, nicht mehr möglich ist und Formen des ›Lächerlichen‹ und ›Absurden‹, die von Hebbel noch verbannt wurden, aus dem Bereich der Komödie in die Tragödie einbezogen werden. VOLKER HOFFMANN

Conrad Ferdinand Meyer

* 11. Oktober 1825 in Zürich (Schweiz)
† 28. November 1898 in Kilchberg bei Zürich (Schweiz)

Sohn eines Regierungsrats; 1843–1844 Privatunterricht beim Historiker L. Vulliemin in Lausanne; 1844–1845 Jurastudium, erste Gedichte; Geschichtsstudium; 1855 Sekretär der ›Geschichtsforschenden Gesellschaft der Schweiz‹; Reisen nach Paris und Italien; ab 1870 Erzählprosa; Nervenerkrankung, zog sich 1877 auf Gut Kilchberg am Zürichsee zurück; populärer Schweizer Erzähler und Lyriker.

Das lyrische Werk

Unter den bürgerlichen Realisten nimmt der Schweizer C. F. Meyer als Lyriker einen wichtigen Rang ein. Sein Beitrag zur Lyrik lässt sich mit dem Beitrag Kellers oder Fontanes zum Roman oder mit dem Hebbels zum Drama vergleichen. Das innovative Moment seines lyrischen Wer-

kes liegt in einer Form, die im Ansatz schon symbolistische Verfahrensweisen der nachfolgenden Generation antizipiert.

Am Beginn des lyrischen Werkes stehen anonym publizierte *Zwanzig Balladen von einem Schweizer* (1864) sowie die Sammlung *Romanzen und Bilder* (1870), die infolge ihrer formalen wie inhaltlichen Konventionalität kaum Beachtung fanden; es handelt sich, neben historisierender, meist der Antike und dem Mittelalter zugewandter Lyrik, vorwiegend um romantisch-empfindsame Natur- und Heimatdichtung. Einem breiteren Publikum wurde Meyer erstmals durch sein Versepos *Huttens letzte Tage* (1872) bekannt. Meyer passte sich zu jener Zeit als Günstling des engen Bismarck-Vertrauten François v. Wille und mit Blick auf den engen Literaturmarkt den Möglichkeiten an, die Deutschland gegenüber dem »Holzboden« Schweiz (Keller) bot. Meyers Ruf als Lyriker beruht vor allem auf der Sammlung *Gedichte*, die 1882 in erster Auflage mit 191 Gedichten und Balladen erschien und im Verlauf der fünf weiteren Auflagen, die zu Meyers Lebzeiten erschienen, um 40 Gedichte erweitert wurde. In dieser Sammlung finden sich auch die meisten Gedichte der beiden ersten Lyrikbände. Viele Texte erschienen zuerst in bürgerlichen Familienzeitschriften wie Cottas *Morgenblatt für gebildete Stände*, der *Gartenlaube* oder den (schweizerischen) *Alpenrosen*.

In der deutschsprachigen Lyrik des 19. Jh.s ist Meyers lyrisches, in neun Zyklen gegliedertes Hauptwerk mit seiner immer wieder revidierten Komposition ein besonderer Fall. Der ausgefeilten Gruppierung der Gedichte entspricht die intensive Arbeit an der Form der Einzelgedichte. Meyers Suche nach dem »großen Styl« führte bei 96 der 231 Gedichte zu Umarbeitungen mit teilweise mehr als zehn Fassungen. Eines der prägnantesten Beispiele für diese Arbeitsweise ist das Gedicht »Der römische Brunnen«, das Meyer 1882 als letzte von zwölf Bearbeitungsstufen aus dem 1860 verfassten »Springquell« zu einem formalen Höhepunkt seiner Verskunst entwickelte: »Aufsteigt der Strahl und fallend gießt / Er voll der Marmorschale Rund / Die, sich verschleiernd, überfließt / In einer zweiten Schale Grund; / Die zweite gibt, sie wird zu reich, / Der dritten wallend ihre Flut, / Und jede nimmt und gibt zugleich / Und strömt und ruht.«

Meyers Stärke liegt nicht in der kombinatorischen Verskunst, in der er etwa von E. Geibel mühelos übertroffen wird, sondern im konstruktiven Gestaltungspotenzial. Häufig sind die Ausgangsgedichte belanglose Reimereien; sie kommen zu ihren späteren Fassungen nicht stufenförmig, sondern erfahren zumeist sprunghafte motivische, metrische und strophische Veränderungen. In deren Verlauf entwickelt sich mit der reduktiven Setzung von Attributen und Adjektiven eine Tendenz zu Pointierung und präziser Bildlichkeit. Meyers immanente Poetik der reinen Form knüpft noch an das Ideal der Expressivität des lyrischen Ichs an, ist aber von einem objektivistischen, oft geradezu depersonalisierenden Zug geprägt, weshalb Meyer für diese Gedichte die Kennzeichnung »Bilder« wählte. Daher weist, entgegen dem noch über die romantische Genieästhetik definierten Selbstverständnis, die dichterische Technik in eine andere Richtung. Das Erlebnis ist nur noch gelegentlich der Ausgangspunkt, während Meyers ureigenstes Verfahren die konstruktive Erzeugung der Stimmungen ist, mit der er den poetischen Subjektivismus zu überwinden und die dichterische Aussage zu objektivieren sucht.

Meyers literarisches Werk stellt kein organisches Ganzes dar. Seine Geschichtsballaden zeigen noch am ehesten eine Kontinuität zur Prosa, deren Rahmenstruktur auf eine Reihe von Balladen übertragen wird (»Thespesius«, »Gesang der Parze«, »Der Pilger und die Sarazenin«, »Die Füße im Feuer«). Den historischen, von der Antike bis in die Reformation und – spärlicher – darüber hinaus reichenden Szenerien liegt ein protestantisch-idealistisches Geschichtsbild zugrunde, das jeder ›großen‹ Figur ihren historischen Ort und die ihr zukommende Bedeutung zuweist.

Besonders sinnfällig konkretisiert sich Meyers Poetik in den zentralen Themenbereichen Tod, Zeit und künstlerisches Wirken. In einer oft an barocke Dichtung gemahnenden Grundstimmung offenbart alles Lebendige oder Lebenspendende immer schon seine moribunde Kehrseite, so im Gedicht »Marmorknabe«, in dem sich die Amorfigur als Todesengel erweist, oder in »Lenz Wanderer, Mörder, Triumphator«: »Mit den Veilchen, mit den Flöten / Kommt mich dann der Lenz zu töten.« Das Leben selbst scheint seine eigentliche Präsenz erst aus der Erinnerung zu gewinnen: »Eine liebe, liebe Stimme ruft / Mich beständig aus der Wassergruft«, heißt es etwa in »Schwüle«, und in »Lethe«: »Sprachst zu mir mit trautem Augenwinken: / Herz, ich trinke dir Vergessen zu.«

Obwohl sich der Lyriker Meyer erst postum gegenüber dem Erzähler durchsetzte, ist sein lyrisches Werk heute, wie schon Hofmannsthal in den 1920er Jahren feststellte, einer breiten Lektüre kaum mehr zugänglich. PETER KOHLHAAS

Der Schuß von der Kanzel

Der Plan für die 1878 im *Zürcher Taschenbuch* erschienene, im selben Jahr als Buchausgabe unter dem Titel *Denkwürdige Tage* veröffentlichte Novelle entstand während der Recherchen für den Roman *Jürg Jenatsch*. Über eine Person dieses Romans, den Zürcher General Otto Anton Werdmüller (1614–1677), stellte Meyer weitere Nachforschungen an; im *Schuß von der Kanzel* avancierte Werdmüller zum Protagonisten einer Handlung, die das bereits in der frühneuzeitlichen Schwankliteratur nachweisbare Motiv des Kanzelschusses aktualisiert.

Im Mittelpunkt des Geschehens steht ein eigenwilliger, gebildeter Freigeist und General, dessen an sich gutmütig gemeinte Scherze in seiner Umgebung oft auf Unverständnis stoßen. Zwischen zwei Feldzügen weilt Wertmüller in seinem Landhaus auf der Insel Au, umgeben von ebenso eigenwilligen und seltsamen Figuren wie dem Pfarrer von Mythikon, seinem Vetter, und dem Kandidaten Pfannenstiel, der in der Pfarre seinen Vorbereitungsdienst leistet, aber eher philologisch interessiert ist. Pfannenstiel ist in die Pfarrerstochter Rahel verliebt, bittet jedoch den General – aus Furcht, von Rahel zurückgewiesen zu werden – um eine Stelle als Feldkaplan in dessen venezianischer Kompanie. Die Novellenhandlung spitzt sich zu, als der General seinem Vetter, einem Waffennarr wie er selbst, eine nicht intakte Pistole schenkt, diese aber heimlich gegen eine funktionierende austauscht. Als der Pfarrer während der Predigt, von der Gemeinde unbemerkt, mit der kleinen Waffe spielt, geht ein Schuss los. Die Kirchenältesten verlangen Rechenschaft, der General aber setzt der von ihm inszenierten Komödie ein Ende: Er überlässt dem Pfarrer sein eigenes Haus als Besitz und der Gemeinde ein begehrtes Stück Land, wenn sie den Vorfall »zu den ungeschehenen Dingen« tue. Rahel und Pfannenstiel aber können heiraten und erhalten zu guter Letzt die Pfarrei, während der General – ein Kontrastmotiv zur heiteren Schlussidylle – in den Tod zieht.

Der historischen Figur Wertmüller näherte sich Meyer in der virtuos und anspielungsreich erzählten Novelle auf humoristische Weise. Vorwürfe wegen seiner spöttischen Haltung den Geistlichen gegenüber beantwortete er mit der Bemerkung, dasselbe groteske Licht falle auf alle Figuren. Trotz der allgemein sehr positiven Rezeption blieb Meyer dem eigenen Werk gegenüber stets auf Distanz, sah es eher als Farce und humoristisches Seitenstück und wollte es durchaus nicht mit Kellers *Zürcher Novellen* (1877) messen lassen. Die Novelle wurde 1942 von Leopold Lindtberg verfilmt. VESNA KONDRIČ HORVAT

Adalbert Stifter

* 23. Oktober 1805 in Oberplan/Böhmen (Horní Planá, Tschechien)
† 28. Januar 1868 in Linz (Österreich)

Benediktinergymnasium in Kremsmünster; Studium in Wien (Jura, Mathematik, Naturwissenschaften), 1827 Verbot der Hochzeit mit Fanny Greipl durch die Eltern; 1837 Ehe mit der Modistin Amalie Mohaupt; Hauslehrer und Redakteur; ab den 1840er Jahren zunehmende Bekanntheit als Erzähler; große Neigung zur Malerei, Vorläufer impressionistischer Techniken; 1848 Beteiligung an der Revolution in Wien, Abgeordneter der Frankfurter Paulskirche; 1850 Schulrat in Linz; 1853 Landeskonservator für Oberösterreich; Freitod.

Brigitta

Schon in der Journalfassung von der Kritik positiv aufgenommen, erschien die Erzählung zunächst in *Gedenke Mein! Taschenbuch für* 1844 und in überarbeiteter Fassung 1847 im vierten Band der *Studien*.

Den eigentlichen Kern der Handlung entfaltet der Autor erst nach einer langen Einleitung, die das Schema der traditionellen Rahmenhandlung variiert und zwei der insgesamt vier Kapitel des Textes umfasst. Der namenlos bleibende Ich-Erzähler hat auf seinen letztlich ziellosen Reisen in Neapel einen Major kennengelernt, der ihm durch die Erhabenheit seiner Erscheinung im Gedächtnis blieb. Von ihm eingeladen, ihn auf seinem Schloss in der ungarischen Steppe zu besuchen, macht er sich schließlich nach zwei Jahren auf den Weg, allerdings nicht, um zielgerichtet seinen Gastgeber aufzusuchen – im ersten Kapitel mit dem Titel »Steppenwanderung« –, sondern erst nach »monatelangem Herumwandern« in Ungarn. Wie häufig bei Stifter dient diese langsame Annäherung auch der Demonstration, wie sehr sich Eindrücke – sei es von einer Landschaft oder von Menschen – im zeitlichen Ablauf verändern; die Steppe erscheint dem Ich-Erzähler zunächst als eine »Öde«, bevor sie sich ihm als etwas »Selbständiges und Ganzes« zu erkennen gibt. Nicht anders ergeht es ihm mit Brigitta, der Unbekannten, die er in der Nachbarschaft des Schlosses antrifft und um den Weg fragt; er hält sie aus der Ferne zunächst für einen Mann, und als sie ihm Auskunft gibt, für eine Bedienstete, eine »Art Schaffnerin«, die er mit Geld für ihre Freundlichkeit belohnen will. Im zweiten Kapitel – »Steppenhaus« – freundlich vom Major empfangen, teilt der Erzähler dessen Alltag; er bemerkt das soziale und wirtschaftliche Engagement des Gutsherrn, die Vielfältigkeit seiner Interessen, aber auch sein Bestreben, eine patriarchalische Führungsrolle über seine Untergebenen zu behaupten, die er einmal auch auf größere Dimensionen projiziert: »Wie müßte es sein, so Hunderttausende zu leiten, und sie zum Guten zu führen; denn meistens, wenn sie vertrauen, sind sie wie Kinder, und folgen zum Guten, wie zum Bösen.«

Vor der erneuten Begegnung mit Brigitta entfaltet der Erzähler im Kapitel »Steppenvergangenheit« die Vorgeschichte ihres Schicksals, die er nochmals, wie schon den Beginn der Erzählung selbst, mit einer Reflexion über die Wirkungsmacht des Schönen einleitet. Brigitta, als hässliches und von der Umgebung latent abgelehntes Mädchen aufgewachsen, zieht die Aufmerksamkeit und Liebe des weltgewandten Stephan Murai, des Majors, auf sich, der »etwas Wildes und Scheues an sich« hat. Seiner Werbung widersetzt sie sich zunächst. Murai gewinnt sie schließlich dennoch zur Frau; die Ehe, aus der ein Sohn hervorgeht, verläuft glücklich, bis Stephan wegen eines schönen Mädchens Brigitta untreu wird: »Brigittas Herz aber war zu Ende.« Sie verlässt Stephan, zieht mit ihrem Sohn Gustav auf das Gut Maroshely, das Stammgut ihrer Familie, und beginnt in einem neuen Leben die Öde ringsum zu bebauen und fruchtbar zu machen.

Nach 15 Jahren lässt Stephan Murai sich in der Nachbarschaft von Maroshely, auf seinem Landsitz Uwar, »wo er sonst nie gewesen war«, nieder. Vor einem gemeinsamen Leben schrecken beide zurück; aus Angst vor erneuter Enttäuschung beschließen sie, ein freundschaftlich-nachbarschaftliches Verhältnis zu pflegen. Eine Wendung erfährt dieses Verhältnis im letzten Kapitel »Steppengegenwart«. Als ihr Sohn Gustav – der nicht weiß, dass der Major sein Vater ist – von Wölfen angefallen wird, rettet ihm Murai das Leben, und am Krankenbett fallen sich Brigitta und ihr Mann wieder in die Arme: »Sie waren wie zwei Menschen, von denen eine große Last genommen ist. Die Welt stand wieder offen.«

Die Figur der emanzipierten Frau war ansatzweise schon in der Gestalt der Therese in Goethes *Wilhelm Meister* vorgebildet, zudem existierte, wie G. von Petrikovits zeigen konnte, ein historisches Vorbild in der Person der Frau von Friedland (1754–1804), die in der Mark Brandenburg ein landwirtschaftliches Gut nach den modernsten Kenntnissen der Zeit führte und auch von Theodor Fontane im Abschnitt »Oderland« seiner *Wanderungen durch die Mark Brandenburg* porträtiert wurde. Die außergewöhnliche Persönlichkeit von Stifters Heldin resultiert jedoch nicht nur aus ihrer wirtschaftlich emanzipierten Stellung, in der sie zudem – erst recht auffällig für das 19. Jh. – als Ratgeberin ihres männlichen Nachbarn fungiert. Stifter hat, indem er die Hässlichkeit Brigittas betont, ihre Emanzipation nicht nur im Kampf gegen die Widerstände der Umwelt gezeichnet, sondern auch gegen ihr eigenes Selbstbild, ihre eigene Verbitterung. Der Prozess der Befreiung vollzieht sich vor dem Hintergrund einer umgreifenden Vermenschlichung der Natur; die Öde der Steppe kontrastiert mit ihrem späteren Bild als fruchtbares Kulturland, die Weite der trockenen Landschaft mit der Ordnung des von Menschenhand geschaffenen Parks. MEINHARD PRILL

Der Nachsommer. Eine Erzählung

Die Vorarbeiten zu dem 1857 in drei Bänden erschienenen Roman reichen in die 1840er Jahre zurück. Obwohl seine Konzeption stark von Stifters revolutionären und nachrevolutionären Erfahrungen geprägt ist, zeigen sich motivische und strukturelle Übereinstimmungen mit einigen der frühen Erzählungen (*Feldblumen*, *Brigitta*, *Der Hagestolz*). Als unmittelbare Vorstufe darf ein nur fragmentarisch überliefertes Erzählungsprojekt mit dem Titel *Der alte Hofmeister* gelten, das Stifter seit 1852 unter dem Arbeitstitel »Der alte Vogelfreund« zu einem »selbständigen Buch« auszuarbeiten plante.

Der Roman ist die fiktive Autobiographie des aus gutbürgerlichen Verhältnissen stammenden Ich-Erzählers Heinrich Drendorf, der seinen Lebensweg bis zur Hochzeit wiedergibt. Heinrich beginnt eine autodidaktische Ausbildung in aller Breite, aus der sich dann die Naturstudien, und besonders die Geologie, als Schwerpunkt herausschälen. Bei einer seiner naturkundlichen Reisen findet er im alten Freiherrn von Risach den Mentor seiner künftigen Entwicklung. Risach hat sich in seinem »Rosenhaus« eine ideale kleine Welt aufgebaut mit einer genauen Ordnung der Wohnräume, Sammlungen von Natur- und Kunstgegenständen und ausgefeilten ökologischen Gartentechniken. Der Roman erstreckt sich über mehrere Jahre, die Heinrich im Wechsel zwischen winterlichen Stadtaufenthalten mit privaten Studien, sommerlichen Forschungsreisen und längeren Phasen im Rosenhaus verbringt, wo er an bildenden Gesprächen über Natur, Kunst, Geschichte und Gesellschaft teilhat. Das Vorbildhafte der dortigen Lebensordnung zeigt sich nicht in bedeutenden Ereignissen und umfassenden Plänen, sondern gerade im schlichten, aber völlig durchgearbeiteten Alltäglichen, in dem alles einen gleichförmigen, gemessenen und affektfreien Gang geht. Hier lernt Heinrich Risachs Jugendfreundin Mathilde und deren Tochter Natalie kennen, die er später heiraten wird. Bevor aber die Hochzeit gefeiert und Heinrich zum Erben Risachs und seiner Lebensordnung werden kann, muss Risach seine Lebensgeschichte erzählen, denn sie ist der Schlüssel zur Rosenhauswelt. Durch das unheilvolle Wirken der Leidenschaften war Risachs Jugendliebe zu Mathilde gescheitert, und seine anschließende politische Laufbahn hatte nur zu Enttäuschungen geführt. Nachträglich wird enthüllt, dass das Rosenhaus ein utopischer Gegenentwurf ist: gegen die affektiven Quellen der Verfehlung des eigenen Lebens wie gegen die soziale und politische Realität. Anders als für Heinrich und Natalie bleibt für Risach und Mathilde – darum der Romantitel – nur ein »Nachsommer« des Lebens ohne vorangegangene Erfüllung.

Strukturell und gattungstheoretisch gesehen, lassen sich im *Nachsommer* zwei Hauptstränge unterscheiden: zum einen die Entfaltung einer vorbildhaften Ordnung des Lebens, die im Rosenhaus realisiert ist; zum anderen die Entfaltung eines pädagogischen Konzepts, das am Werdegang Heinrichs demonstriert, wie die Individuen zu einer solchen idealen Lebensform gebracht werden können. Mit Blick auf diese zweisträngige Grundkonstellation hat man den *Nachsommer* in verschiedene literarische Traditionen eingeordnet, zum einen in die der Idylle und der Raumutopie, zum anderen in die des Bildungsromans.

Der Roman entfaltet systematisch ein Programm des Wissens und der Entwicklung, wie es einzigartig ist in der Literatur, ein Programm allerdings, dem sein Subjekt entschwindet, weil es ihm nur noch subsumiert wird. In mehreren Stationen vollzieht sich der Prozess einer Modellierung des Ichs als Einordnung in übergreifende Zusammenhänge. Heinrich wendet sich zunächst der Naturwissenschaft zu, der es um die Rekonstruktion der Ordnung der Natur geht. Unter Risachs Anleitung entdeckt er dann die Dimension der Geschichte und der Kunst, die im Rosenhaus im Geiste von Klassizismus und Historismus gesammelt und restauriert wird. Am deutlichsten wird die normative Kraft der Antike in Gestalt einer antiken Marmorstatue, die im Zentrum des Rosenhauses steht. Sie ist nicht nur für die Entwicklung von Heinrichs Kunstsinn wesentlich, sondern spielt auch in der verhaltenen Liebesgeschichte zwischen Heinrich und Natalie eine entscheidende Rolle. Die antike Kunst wird zum Medium, durch das hindurch eine sublimierende Wahrnehmung des Körpers etabliert und Liebe in einer affektiv bereinigten Weise ermöglicht wird. Im Gegensatz zu anderen Entwicklungsromanen des 18. und 19. Jh.s ist Heinrichs Weg von vornherein frei von Abweichungen und Verirrungen, die die Orientierung auf die Objektivität der ›Dinge‹ verstellen könnten. Gehen Entwicklungsgeschichten zumeist von einem Anfangszustand der subjektiven Selbstverfallenheit und Weltverkennung aus, so gibt es bei Heinrich keine Leidenschaften, keine falschen Anlagen, nichts, was in einem Entwicklungsgang abgeschliffen werden müsste. Heinrich ist insofern eine modellhafte Un-Person.

Dieses faktische Ausfallen einer Individualität gehört zu einer erzählerischen Strategie, die noch einmal das Projekt des Bildungsromans realisieren will, indem sie es zugleich aufhebt: die (wenigstens relative) Harmonie zwischen den Ansprüchen des Einzelnen auf Selbstwerdung und den objektiven Gegebenheiten der Wirklichkeit. Eine solche, historisch problematisch gewordene Harmonie realisiert sich im *Nachsommer* nur unter zwei Prämissen: Auf der einen Seite muss das besondere Individuum mit seinen willkürlichen Bestrebungen annulliert werden, wie sich an Heinrich in unübertroffener Radikalität zeigt. Auf der anderen Seite kann die Welt, mit der eine solche Versöhnung allein möglich wäre, nur eine sein, die sich im Gegensatz zur schlechten vorgefundenen Wirklichkeit strikt an der objektiven und wesentlichen Ordnung der Dinge orientiert.

Dieses Ziel soll sich in der utopischen Sphäre des Rosenhauses erfüllen. Wenn hier scheinbar eine heile Welt dargestellt wird, dann liegt darin keine ideologische Verklärung des Bestehenden, sondern dessen ebenso versteckte wie fundamentale Kritik. Auffällig ist im Rosenhaus die strikte Ordnung von Haus und Garten. Sie umfasst noch die kleinsten Details des alltäglichen Lebens und trägt bei aller Idyllik Züge des Sterilen und Zwanghaften. Geben die nach Funktionen streng getrennten Zimmer eine klare Begriffsordnung wieder, so folgen die Gartenanlagen den Prinzipien der Natur selbst. Die zahlreichen Sammlungen von Natur- und Kunstdingen repräsentieren in überschaubarer Form die systematische Ordnung der Dinge, nehmen sie exemplarisch ins Haus hinein und binden dieses derart an die Wirklichkeit in einem emphatischen Sinne an. Das Haus wird so zu einem Museum, einer Art Welt-Museum. Wie der Raum, so soll auch die Zeit gemäß der Ordnung der Natur gestaltet werden. Im Gegensatz zur linearen Zeit der Geschichte, einer Verfallsgeschichte, vergeht die Zeit im *Nachsommer* zyklisch und bildet ein Kontinuum. Sie läuft im Kreis, folgt dem Lauf der Natur und begründet darin die Tendenz, dass immer das Gleiche geschieht und alles sich wiederholt. Genau das entspricht Risachs Ideal, das richtige Leben nicht nur aufzubauen, sondern zu verstetigen.

Die Entsubjektivierung und Wendung zum Objektiven, die Stifter seinen Figuren ›abverlangt‹, vollzieht er auch in seinem eigenen Schreiben. Selbst in der Ich-Form des *Nachsommers* erfolgt eine Entsubjektivierung des Erzählens, das hinter der Ordnung des Dargestellten zurücktreten und die Dinge selbst zur Geltung kommen lassen will. Auktoriales Erzählen, Erzählerkommentare und -reflexionen werden daher ebenso zurückgedrängt wie die Innensicht. Der Erzähler weiß über seine Figuren nur, was allgemein wahrnehmbar ist, und lässt innere Prozesse lediglich indirekt, in vergegenständlichter Form zur Erscheinung kommen. Stifter zeigt sich hier als ein unpsychologischer Erzähler par excellence, und dazu gehört auch eine subtile Strategie des Verschweigens. Diese Tendenzen bringen schließlich auch den unverwechselbaren Stifter'schen Stil hervor, der sich im *Nachsommer* bereits auf dem Weg zu der monumentalen ›Verkarstung‹ und Vereinfachung des Spätwerks befindet. Auch im Satzbau und den rhetorischen Mitteln sucht Stifter alles zu vermeiden, was auf die besondere Sichtweise eines Subjekts hindeuten würde. Metaphern werden nach Möglichkeit vermieden, Hauptsätze und Parataxen beginnen zu dominieren, die Wahl der Substantive und der Verben – vor allem die besondere Vorliebe für das Hilfsverb ›sein‹ – führt zu einer zunehmenden Abstraktheit der Darstellung. Mit Recht hat die Forschung hier von einem »ontologischen Stil« gesprochen, der dazu neigt, nur noch das bloße Dasein der Dinge ohne all ihre zufälligen Aspekte und ohne subjektive Verzerrungen auszusagen.

Im Freiherrn von Risach spiegelt sich Stifters politische, soziale und persönliche Resignation nach der Revolution von 1848. Risachs Leitfaden ist »die Ehrfurcht vor den Dingen, wie sie an sich sind«, und »das, was die Dinge nur für sich forderten, und was ihrer Wesenheit gemäß war«. Die vom Eigeninteresse geleitete Politik, ja überhaupt die gesamte Kultur seiner Zeit verfehle dieses Postulat, und ein Leben, das ihm folgen will, könne sich daher nur im Privaten verwirklichen. Die »Ehrfurcht vor den Dingen« ist auch der Fundamentalbegriff von Stifters eigenem Denken und Schreiben. Insofern ist Risach eine poetologische Figur, in der Stifter sein literarisches Programm reflektiert. Auch er reagiert auf die vermeintlichen Exzesse der Revolution und die nachrevolutionären Enttäuschungen mit einem gegenbildlichen Konzept, das zum einen

Bildung und Pädagogik, zum anderen die Wendung aus dem korrupten Öffentlichen in ein intaktes Privates glorifiziert. Könnte dies fast noch biedermeierlich erscheinen, so verdeutlicht die Orientierung an den Dingen, ihrem Wesen und ihrer Ordnung die Verwurzelung des Romans im Realismus. Das rigoros durchgeführte erzählerische Programm führt allerdings zu einem paradoxen Umschlag in sein Gegenteil, nämlich zum Eindruck extremer Artifizialität. Damit drängt der Roman dem Leser seine eigene Textualität förmlich ins Blickfeld und deutet in diesem Punkt auf die selbstreferenziellen Schreibweisen der Moderne voraus.

Die Zeitgenossen haben den Roman zurückhaltend, gelegentlich verständnislos aufgenommen. Berühmt wurden die boshaften Rezensionen Friedrich Hebbels, und nach Stifters Tod wurde der Roman lange Jahre nur in gekürzter Form verlegt. Unter den positiven Gegenstimmen ist vor allem Friedrich Nietzsche zu nennen, der den *Nachsommer* zum halben Dutzend der besten deutschen Bücher rechnete (*Menschliches, Allzumenschliches*). Erst nach der Jahrhundertwende setzte wieder eine intensivere Auseinandersetzung mit Stifter und seinem Roman ein, und zwar sowohl in der Literaturwissenschaft wie bei den Literaten selbst. Hermann Bahr, Hugo von Hofmannsthal, Karl Kraus und Thomas Mann bekundeten ihre Faszination von Stifter. Nach dem Zweiten Weltkrieg wurden Stifter und der *Nachsommer* für viele prominente Autoren zur Orientierungsinstanz ihrer eigenen Poetik (Peter Handke, Peter Rosei u.a.), aber auch zur Reibungsfläche (Arno Schmidt, Thomas Bernhard).

CHRISTIAN BEGEMANN

Richard Wagner

* 22. Mai 1813 in Leipzig (Deutschland)
† 13. Februar 1883 in Venedig (Italien)

1833–1839 Chorleiter in Würzburg, Kapellmeister in Magdeburg, Königsberg, Riga; Jugendwerke *Die Feen, Das Liebesverbot*; 1839–1842 in Paris; 1842–1849 Hofkapellmeister in Dresden, 1848 Teilnahme an der Revolution; 1850–1858 Exil in Zürich, Schriften zur Kunsttheorie: Entwicklung der Theorie des musikalischen Dramas im Gegensatz zur traditionellen ›Oper‹; ab 1864 lebenslanges Mäzenat König Ludwigs II. von Bayern; 1865–1872 Ausweisung aus Bayern und Übersiedelung nach Triebschen bei Luzern, 1872 Umzug nach Bayreuth, Bau des Festspielhauses; 1876 Uraufführung des *Ring* bei den ersten Bayreuther Festspielen; bedeutender Opernkomponist des 19. Jh.s, entwickelte neue, wegweisende Techniken der Harmonik; Erfinder der Leitmotivik, Dichter der eigenen Libretti.

Tristan und Isolde. Handlung in 3 Aufzügen

Die Bezeichnung des zwischen 1856 und 1859 entstandenen, 1859 im Druck erschienenen und am 10. Juni 1865 in München uraufgeführten Werks als »Handlung« scheint auf den ersten Blick angesichts der äußeren Handlungsarmut paradox. Wagner versteht die Handlung indessen als ›inneres‹ Drama. Seiner Auffassung des Mythos folgend, verdichtet und konzentriert er die epischen Strukturen seiner Quelle, des *Tristan*-Epos Gottfrieds von Straßburg, auf wenige zentrale und symbolische Ereignisse: die Freilegung der unterbewusst verborgenen Liebe zwischen Tristan und Isolde während der Überfahrt nach Cornwall durch die Einwirkung des vermeintlichen Todestranks, der von Isoldes Dienerin Brangäne jedoch gegen einen Liebestrank ausgetauscht wurde, im ersten Akt; die verbotene Liebesnacht Tristans und Isoldes und ihre Entdeckung durch König Marke im zweiten Akt; den Fieberwahn und Tod des verwundeten Tristan sowie den Liebestod Isoldes im dritten Akt.

Die Vorgeschichte, Tristans Kriegszug nach Irland, bei dem er den Verlobten Isoldes, Morold, erschlug, sowie die Verwundung und Heilung Tristans durch Isolde, wird nur als Erzählung in das Drama hineingetragen. Nach Entdeckung der Liebenden erfolgt – anders als in der mittelalterlichen Quelle – keine Bestrafung Isoldes. Tristan allerdings stürzt sich bei Wagner ins Schwert seines verräterischen Freundes Melot und wird schwer verwundet. Sein treuer Diener Kurwenal bringt den

Sterbenden auf dessen Burg Kareol. Das jahrelange Eremitenleben der Liebenden im Epos entfällt hier ebenso wie die Isolde-Weißhand-Handlung. Auch hat Wagner die etwa in T. Malorys *Le Morte d'Arthur* erfolgte Verbindung der Tristanhandlung mit dem Artusstoff nicht übernommen, obwohl er einige Zeit erwog, den irrenden Parzival am Lager des fiebernden Tristan erscheinen zu lassen. Der Minnetrank hat – wie schon bei Gottfried von Straßburg – keine magische Wirkung mehr, sondern symbolisiert die Freilegung der Seele der Liebenden.

Insgesamt stellt Wagner die Handlung ganz in den Dienst einer hinter ihr stehenden Idee, ähnlich wie in den Dramen Calderóns, mit denen sich Wagner während der Entstehung des Werks eingehend auseinandersetzte. Diese beherrschende Idee ist die nur in der sublimsten erotischen Begegnung zu erreichende Verneinung des Willens und Aufhebung des Ichs, wodurch die Trennung zwischen Welt und Subjekt überwunden und dessen Erlösung herbeigeführt werden soll. Daneben wird die Sehnsucht nach dem Chthonischen und Ungeschiedenen zur

romantischen Sehnsucht nach der Nacht als dem Refugium eines höheren inneren Lebens, ähnlich wie bei Novalis, an dessen Sprache das Libretto gemahnt, oder in Friedrich Schlegels *Lucinde*. Zu dieser Erlösungskonzeption war Wagner einerseits durch seine Beschäftigung mit dem Buddhismus und der Philosophie Schopenhauers gelangt, andererseits durch die erschütternde, zur Entsagung führende Liebesbegegnung mit Mathilde Wesendonck.

Wagner verbindet mithin zwei zunächst nicht zusammengehörige Gedanken: Der im Buddhismus und bei Schopenhauer als Erlösung verstandene Übergang ins Nicht-mehr-Sein (das Nirwana) durch Askese und Entsagung bedarf nunmehr der (romantisch verstandenen) Erotik als Ausgangspunkt und Mittel. Den Dualismus von Ich und Welt sah Wagner unter Schopenhauers Einfluss als ein unabänderlich gegebenes metaphysisches Verhältnis an. Tatsächlich hat sich hier aber auch die gesellschaftliche Erfahrung des von der Welt getrennten, entfremdeten und dennoch vollkommen von ihr determinierten Subjekts im Hochkapitalismus niedergeschlagen. Wagner setzt dagegen die Liebenden der Gesellschaft gegenüber von vornherein ins Recht. Die bereits in der mittelalterlichen Behandlung des Stoffs angelegte Tendenz, Tristan und Isolde als moralisch schuldlos anzusehen, hat sich bei Wagner weiterentwickelt: Es ist nunmehr die Welt, die sich vor dem mythischen Liebespaar zu rechtfertigen hat.

Entsprechend der fast ausschließlich inneren Handlung von *Tristan und Isolde* ist die musikalische Gestalt dieses Werks durch analytische Entwicklung bestimmt und symphonisch organisiert. Die Motivtechnik tritt dagegen zurück. Die einzigartige Stellung aber, die das Werk in der romantischen Musik einnimmt, hat ihren Grund in der hier erstmalig erfolgenden Anwendung der Chromatik als musikalisches Strukturprinzip, die nunmehr das diatonische Gefüge, das jahrhundertealte Fundament der abendländischen Musik, aufzulösen beginnt. Zugleich hat in *Tristan und Isolde* das romantische Prinzip der »unendlichen Melodie« eine vollkommene, sonst nirgends in der Romantik erreichte Verwirklichung erfahren. Der suggestive, geradezu narkotische Eindruck des Werks ist der eines mystischen, nicht enden wollenden Sich-Sehnens. Seine Wirkung auf die europäische ›décadence‹ des 19. Jh.s, besonders auf Nietzsche oder Mallarmé und seinen Kreis, war daher ungeheuer. Die in *Tristan und Isolde* vollzogene, musikalisch wie textlich einzigartige Synthese aus romantischer Liebes-, Nacht- und Todessehnsucht vermochte aber in der säkularisierten, wissenschaftlich und ökonomisch positivistischen und so durch eine fortschreitende Entzauberung der Welt bestimmten Folgezeit zu noch erhöhter Bedeutung zu gelangen. SVEN FRIEDRICH

Gottfried Keller

* 19. Juli 1819 in Zürich (Schweiz)
† 15. Juli 1890 in Zürich (Schweiz)

Aus ärmlichen Verhältnissen, früher Tod des Vaters (1824); Verweis von der Industrieschule Zürich; Autodidakt; 1840–1842 Maler in München; Kontakte u. a. zu Herwegh, Freiligrath, Hoffmann von Fallersleben; 1842 Rückkehr nach Zürich, Unterstützung durch die Mutter; 1846 *Gedichte*; 1848/49 Stipendium zum Studium in Heidelberg, Bekanntschaft mit Ludwig Feuerbach; 1850–1855 Aufenthalt in Berlin; Novellen und Erzählungen (u. a. *Leute von Seldwyla*; erste Fassung des *Grünen Heinrichs*); ab 1861 Erster Stadtschreiber in Zürich; umfangreiches erzählerisches Werk, Bekanntschaft mit Paul Heyse, Theodor Storm und Richard Wagner; ab 1882 zunehmende gesundheitliche Zerrüttung.

Der grüne Heinrich

Der Roman, nach Plänen von 1842/43 entstanden in den Jahren 1846 bis 1850, erschien in vier Bänden 1854/55; Keller arbeitete ihn um und legte 1879/80 eine zweite Fassung vor. Neben Goethes *Wilhelm Meister* (1795–1821) und Stifters *Nachsommer* (1857) gilt dieses Werk gemeinhin als der bedeutendste deutschsprachige Bildungsroman des 19. Jh.s, obgleich die Fachwissenschaft diese Kennzeichnung heute übereinstimmend als schematisierend und normierend ablehnt und auch eine Traditionslinie von Goethe über die Romantik hin zu Kellers Werk nur bedingt gelten lässt. Wie bei kaum einem anderen Roman sahen sich die Interpreten dazu veranlasst, das Schicksal der Romanfigur mit dem Lebensweg des Autors zu vergleichen, oftmals sogar gleichzusetzen.

Keller erzählt im *Grünen Heinrich* – unter Rückgriff auf seine eigene Kindheit und Jugend – die Lebensgeschichte eines Künstlers, der bei dem Versuch, seiner Bestimmung oder dem, was er dafür hält, gegen alle Widerstände zu folgen, an der Realität scheitert. Dieser Konflikt liefert zugleich das strukturbildende Prinzip – Keller nennt es das »Schema« – des gesamten Romans, das zwischen den scheinbar nur episodischen Einzelheiten der Erzählung einen auf die Grundproblematik des Helden bezogenen Sinnzusammenhang herstellt.

Die Schilderung von Heinrich Lees Lebensweg gliedert sich in zwei Abschnitte: Kindheit und Jugend, Aufenthalt in der Fremde und Heimkehr. Nach dem frühen Tod des Vaters wächst Heinrich, der wegen der

Farbe seines Wamses der »grüne« genannt wird, bei der stets um den Sohn besorgten, gottesfürchtigen Mutter in einfachen Verhältnissen auf. In den Episoden aus Heinrichs Kindheit, die – wie es in der Urfassung heißt – »ein Vorspiel des ganzen Lebens ist und bis zu ihrem Abschlusse schon die Hauptzüge der menschlichen Zerwürfnisse im kleinen abspiegelt«, zeigt sich ein Grundzug von Heinrichs Wesen in der besonderen Neigung des Kindes, die Wirklichkeit aus der inneren Anschauung zu sehen und zu erklären. So hält der Knabe die vom oberen Stockwerk des Hauses in der Ferne sichtbaren weißen Bergkuppen, da sie über der Erde zu schweben scheinen, für etwas Lebendiges und Mächtiges, für Wolken, wovon ihn auch niemand abzubringen vermag. Ein langes, hohes Kirchendach dagegen ist für ihn ein Berg. Auch seine Vorstellung von Gott ist bestimmt durch »ganz innerliche Anschauungen«. Einmal glaubt er, der »glänzende goldene« Turmhahn, ein andermal, ein »prächtig gefärbter« Tiger sei Gott. Die Gebilde seiner Phantasie gewinnen bei Heinrich zusehends den Vorrang vor der Wirklichkeit. So gelingt es dem Siebenjährigen, mit einer erfundenen Geschichte dem Lehrer und dem Pfarrer glaubhaft zu machen, vier ältere Mitschüler hätten ihn gezwungen, unanständige Wörter auszusprechen, und als die Jungen bestraft werden, empfindet er Befriedigung darüber, »daß die poetische Gerechtigkeit meine Erfindung so schön und sichtbarlich abrundete«.

Die Poetisierung der Realität geht nicht immer so glimpflich aus wie in diesem »Kinderverbrechen«. Als er sich später einmal an die Spitze eines gegen einen Lehrer gerichteten Demonstrationszuges setzt – nicht aus Überzeugung, sondern von dem Vorgang fasziniert (»Mir schwebten sogleich gelesene Volksbewegungen und Revolutionsszenen vor«) –, wird er von der Schule verwiesen. Er bildet sich nun autodidaktisch weiter und wendet sich der Landschaftsmalerei zu. Bei dem Kunstmaler Habersaat lernt er zunächst nach der Natur zu malen. Bald jedoch befreit er sich von der »Naturwahrheit« und malt phantastische Bilder, wobei es ihm – wie in dem »Kinderverbrechen« – gelingt, seine Erfindungen für die Wirklichkeit auszugeben. Verstärkt wird diese Neigung durch Heinrichs Beschäftigung mit Jean Paul, der ihn »von einem Geiste träumerischer Willkür und Schrankenlosigkeit besessen« macht. Erst durch die Lektüre von Goethes Werken wird ihm klar, dass nicht das »Unbegreifliche und Unmögliche, das Abenteuerliche und Überschwengliche« »poetisch« ist; was der Künstler braucht, ist vielmehr die »hingebende Liebe an alles Gewordene und Bestehende, welche das Recht und die Bedeutung jeglichen Dinges ehrt und den Zusammenhang und die Tiefe der Welt empfindet«. Heinrichs Bemühung, die Dinge nun in ihrer Eigengesetzlichkeit zu erfassen, findet Unterstützung durch den Maler Römer, in dem er einen »wirklichen Meister« gefunden hat, der ihn hart in die Schule nimmt und keine »wunderliche Fiktion« duldet. Aber immer wieder regt sich die »Erfindungslust« des Schülers und beginnt die »gemeine Naturwahrheit« zu überwuchern.

Das Schwanken zwischen Phantasiebild und Wirklichkeit, Geist und Natur bestimmt auch Heinrichs Doppelliebe zu Anna und Judith, die er bei seinen Verwandten auf dem Dorf kennenlernt. In der zarten und blassen Anna glaubt er den »besseren und geistigeren Teil« seiner selbst zu lieben, während die »kräftige und stolze« Judith seine »sinnliche Hälfte« anlockt, ihn verwirrt und verführt. Annas Anziehungskraft beruht darauf, dass sie ihm ermöglicht, sich ein Bild von der heiligenden Wirkung der Liebe zu machen, weshalb er das Mädchen auch vorwiegend in Bildern sieht (»zarte Knospe«, »Elfe«) und lieber Briefe an sie schreibt, als dass er ihr nahezukommen sucht. Manchmal erscheint sie ihm auch wie eine »fast wesenlose Gestalt«, ein »urfremder, wesenloser Gegenstand«. Die ältere, erfahrene Judith dagegen bedeutet für ihn die »blühendste Wirklichkeit«, das »Leben und Weben der Liebe«, aber sobald er sich außerhalb ihres Bannkreises befindet, beschäftigt sie seine ganz von Anna in Anspruch genommene Phantasie nur wenig. »Als ich Anna geküßt, war es gewesen, als ob ich eine wirkliche Rose berührt hätte; jetzt aber küßte ich eben einen heißen, leibhaften Mund [...].« Tief verwirrt von der Erfahrung, dass, unabhängig von seinem Willen, beide Frauen Macht über ihn haben, vermag er sich von keiner der beiden zu lösen: »Ich fühlte mein Wesen in zwei Teile gespalten [...].« Erst als Anna stirbt, entscheidet er sich für das Andenken an sie, als die »edlere und höhere Hälfte der Liebe«, und reißt sich von Judith und damit von der Realität los.

Dass er zu Unrecht das Bild der Liebe über die Wirklichkeit stellte, wird Heinrich bezeichnenderweise erst viel später klar: in der Kunststadt München, in die er als 20-Jähriger gekommen ist, um dort seinen Malerberuf auszuüben. Das »Bild« Annas verbleicht vor der »Gestalt« Judiths in ähnlicher Weise wie seine Kunstprodukte vor der Wahrheit des Seins. Wie seine Liebe ist seine Malerei ein »Herausspinnen einer fingierten, künstlichen, allegorischen Welt aus der Erfindungskraft, mit Umgehung der guten Natur«. Als er erkennt, dass er nie ein großer Maler werden wird, beschließt er verzweifelt, der Kunst zu entsagen, und schlägt sich so lange als Gelegenheitsarbeiter durch, bis er etwas Geld für den Rückweg in seine Vaterstadt verdient hat, wo die Mutter in großer Sorge um den Sohn auf eine Nachricht wartet. Abgerissen und ausgehungert gelangt er unterwegs zu einem Schloss, wird von einem Grafen freundlich aufgenommen und verliebt sich leidenschaftlich, doch ohne es ihr zu gestehen, in dessen Nichte Dortchen Schönfund, die ihn mit der atheistischen Philosophie Feuerbachs bekannt macht. Hier ereignet sich nun ein »Glückswandel«. Heinrich kommt plötzlich durch seine Bilder noch zu einem kleinen Vermögen; doch auch diese Anerkennung vermag an seiner zunächst aus Verzweiflung getroffenen Entscheidung, den Künstlerberuf aufzugeben, nichts mehr zu ändern; er wiederholt sie aus freier Wahl und will hinfort im öffentlichen Dienst sinnvolle Arbeit für die menschliche Gemeinschaft leisten. Als er nach Monaten zu Hause ankommt, liegt seine Mutter, durch die Sorge um ihn zermürbt, im Sterben. Der Sohn kommt zu der Erkenntnis, er sei an der »Unverantwortlichkeit der Einbildungskraft« nicht nur als Künstler, sondern auch moralisch gescheitert.

In der Urfassung ist bei seiner Ankunft die Mutter schon tot, und er selbst geht bald darauf an der unseligen Verschlungenheit von Schuld und ehrlichem Wollen zugrunde. Keller hat in der zweiten Fassung diesen »zypressendunklen Schluß« geändert und Heinrichs Schuld gemildert. Er bescheidet sich und nimmt ein Amt im Staatsdienst an. Erst die erneute Begegnung mit der seinetwegen aus Amerika zurückgekehrten Judith, die ihm von nun an treu zur Seite steht, vermag die Schatten, die seine »ausgeplünderte Seele« erfüllen, zu vertreiben. Die Freundin gibt ihm Frieden durch ihre Liebe und Menschlichkeit. Die Abwandlung des Schlusses ist die einschneidendste, aber nicht die einzige inhaltliche Änderung, die die zweite Fassung von der ersten unterscheidet. Neu sind die beziehungsreiche Geschichte des Albertus Zwiehan, die Hulda-Episode, die Figur des Gilgus. Anstößig Wirkendes – wie die herrliche Szene der badenden Judith – wurde gestrichen, »das subjektive und eitle Geblümsel«, die allzu spontanen Gefühlsäußerungen, die zeitkritischen Ansichten, Urteile und Polemiken, vor allem gegen Schule, Staat und Kirche, mussten einer distanzierten Betrachtung weichen. Persönlich gefärbte Epitheta fielen ganz weg oder wurden durch sachlichere ersetzt, kommentierende Einschübe und Reflexionen des Erzählers sind eingeschränkt, in direkte Rede umgeschrieben oder ganz entfernt.

Die stärkste Veränderung aber erfuhr die formale Anlage des Ganzen: Während Keller in der ersten Fassung, die mit Heinrichs Reise nach

München beginnt, nur die an einer späteren Stelle eingefügte Jugendgeschichte von diesem selbst erzählen lässt, entschied er sich später für die einheitliche Verwendung der Ich-Form, wozu ihn vor allem die Literaturhistoriker Hettner und Kuh anregten. Dieser entscheidende Eingriff, aus dem sich die chronologische Anordnung des Stoffes und vielfach auch eine andere Motivierung des Erzählten ergab, unterstrich die Fiktion, dass der Held Selbsterlebtes berichtet, und steht im Zusammenhang mit einer allgemein stärkeren Konzentrierung des Ganzen auf die Hauptfigur. Der ersten Fassung wird gern lyrische Intensität und Unmittelbarkeit zugeschrieben, die zweite erreicht mit Hilfe der »größeren Ökonomie und Knappheit« künstlerische Ausgewogenheit und eine Einheit von Gehalt und Gestalt, von sachlicher Aussage und poetischer Verklärung, der dieser Roman seinen Rang als Meisterwerk des ›poetischen Realismus‹ verdankt. STEFFEN EWIG

Kleider machen Leute

174 Die Erzählung erschien 1874 im zweiten Band des Novellenzyklus *Die Leute von Seldwyla*; der Text entstand wohl in den 1860er Jahren in Zürich. – Ein arbeitsloser Schneidergeselle aus Seldwyla, Wenzel Strapinski, hat sich auf die Wanderschaft begeben, darf unterwegs aber bald in einer vornehmen Kutsche Platz nehmen, die mit ihm in das Nachbarstädtchen Goldach einfährt. Der dem herrschaftlichen Wagen entsteigende Schneider wird vom Kutscher als Herr von aristokratischer Herkunft ausgegeben, und Wenzel, der durch sein romantisch-melancholisches Aussehen, vor allem aber durch seinen langen und kostbar wirkenden, samtgefütterten Mantel Aufsehen erregt, gilt bald als ein polnischer, mit Reichtümern gesegneter Graf, den die neugierige und gewinnsüchtige Bürgerschaft fürstlich bewirtet und gebührend feiert.

Das verträumte Schneiderlein fördert das für ihn märchenhafte Missverständnis nicht von sich aus, findet aber auch nicht den Mut, es aufzuklären. Die wachsende Neigung zur Amtstochter Nettchen verführt ihn endgültig dazu, die allseitige Bewunderung freundlich hinzunehmen und aus der glanzvollen gesellschaftlichen Erhöhung Nutzen zu ziehen. Sein natürlich-vornehmes Wesen und sein »fürstlicher« Aufzug erwecken bald zärtliche Gefühle bei der Amtstochter, die in Wenzel den Märchenprinzen erblickt, den sie in ihren romantischen Träumen herbeisehnte. Doch auf dem prächtig zugerüsteten Verlobungsfest, das Wenzel mit einem Spielgewinn finanzieren will, wartet dem Paar eine

Abordnung aus Seldwyla mit einer schadenfrohen Entlarvungskomödie auf. In einer auf ihn zielenden allegorischen Pantomime über das Wortspiel »Leute machen Kleider – Kleider machen Leute« sieht sich der Kostümgraf entdeckt und flieht verzweifelt in die Winternacht hinaus. Halb erfroren findet ihn Nettchen, die ihm nachgefahren ist, im Schnee. Durch kluge Fragen bringt sie ihn zum Sprechen, erkennt nach anfänglicher Entrüstung, dass Unschuld und Wahrhaftigkeit sich hinter seiner romantischen Verirrung verbergen, und setzt gegen den Widerstand des Vaters, und ohne den Spott der Bürger zu fürchten, die Heirat durch. Wenzel rechtfertigt glänzend das in ihn gesetzte Vertrauen: Er wird ein angesehener Tuchherr in Seldwyla, später in Goldach, der seinen Besitz, aber auch seinen Leibesumfang und die Zahl seiner Kinder nach Belieben erweitert.

Wie in den anderen Erzählungen seines Zyklus deckt Keller auch hier das komplexe Verhältnis zwischen Täuschung und Realität, zwischen Schein und Sein unter gesellschaftskritischem Aspekt auf, so aber, dass der freie Humor als dominierende Erzählhaltung alle Ansätze zu satirischer Schärfe überspielt und eine freundliche Distanz des Erzählers zu seinen Gestalten ermöglicht. Der wandernde Schneider, eine typisch spätromantische Figur, kommt durch seinen vornehmen Mantel und die melancholische Blässe seines Angesichts dem heimlichen Wunschbild der Kleinstädter entgegen – einem Wunschbild, das nur die exzentrische Kehrseite ihrer kleinbürgerlichen Enge ist und das es im ersten Teil der Erzählung den beiden jungen Leuten gestattet, sich dem romantischen Schein uneingeschränkt zu überlassen. Die unvermeidliche Entlarvung dieser Täuschung stürzt das Liebespaar in eine Verzweiflung, in der erst die befreiend-heitere Wende erfolgen kann.

In Nettchen, die sich, allen maskenhaften Konventionen zum Trotz, tapfer zu Wenzel bekennt, kristallisiert sich Kellers Ideal praktischer Humanität: »So feierte sie erst jetzt ihre rechte Verlobung aus tief entschlossener Seele, indem sie in süßer Leidenschaft ein Schicksal auf sich nahm und Treue hielt.« Nicht in einer träumerisch-weltfremden Gebärde und im aristokratischen Habitus erscheint das Wunderbare – zeichenhaft hierfür steht der Mantel, den Keller wie zahlreiche andere Details in den Rang eines dem Allegorischen angenäherten Dingsymbols zu erheben wusste –, sondern das Wunder ereignet sich einzig in einer der gesellschaftlichen Wirklichkeit kritisch zugewandten Haltung, in der neben Tatkraft vor allem die Liebe dominiert. GERT SAUTERMEISTER

Wilhelm Raabe

* 8. September 1831 in Eschershausen/Herzogtum Braunschweig (Deutschland)

† 15. November 1910 in Braunschweig (Deutschland)

(Pseudo. Jakob Corvinus) – 1831–1842 in Holzminden, 1842–1845 in Stadtoldendorf (neben Schulbesuch Privatunterricht in Latein, Griechisch, Musik), seit 1845 (nach dem Tod des Vaters, eines Juristen) in Wolfenbüttel, Schulabgang 1849 ohne Abitur; 1849–1853 Buchhändlerlehre in Magdeburg (ohne Abschluss); 1853–1854 Privatstudien in Wolfenbüttel; 1854–1856 Gaststudent an der Berliner Universität: *Die Chronik der Sperlingsgasse* (unter dem Pseudonym Jakob Corvinus); 1856–1862 freier Schriftsteller in Wolfenbüttel; 5. April – 18. Juli 1859 ›Bildungsreise‹ (u.a. Leipzig, Dresden, Prag, Wien, Hallstatt, Salzburg, München, Stuttgart, Heidelberg); 26. Mai 1860 Mitglied des Deutschen Nationalvereins; 1862–1870 Stuttgart; 1870–1910 Braunschweig; eigenwilliger Vertreter des ›Poetischen Realismus‹, der das Problem der Wirklichkeitsabbildung durch humoristisch-ironische Erzählhaltung zu lösen versucht.

Der Hungerpastor

Der beliebteste und umstrittenste Roman Raabes entstand 1862/63 und erschien 1864 in der gerade neu gegründeten Berliner *Deutschen Roman-Zeitung* und als Buch. Raabe hat den Roman später zu seinen »Kinderschriften« gezählt und als »literarische Jugendsünde« bezeichnet.

In dem ›Bildungsroman‹ wird der Werdegang eines Knaben aus äußerst ärmlichen Verhältnissen geschildert und mit dem eines jüdischen Jungen verbunden. Beide haben insofern ähnliche Bedingungen, als sie nicht zur bürgerlichen Gesellschaft gehören und sich den Weg zur Bildung erkämpfen müssen, der eine wegen seiner Armut, der andere wegen seines Judentums. Als Kinder Freunde, die für einander einstehen, werden sie im Lauf der Zeit einander fremd, schließlich sogar feind. Moses Freudenstein bewältigt mit seinem scharfen Verstand jede Aufgabe mit Leichtigkeit, verlässt die Schule als bester Schüler und studiert Philosophie, während Hans Unwirrsch seinen Phantasien nachhängt, nach innen gekehrt lebt und sich der Theologie zuwendet. Den Hunger nach Höherem teilen sie: Moses aber geht zielgerichtet den Weg des Erfolgs; Hans, als reiner Tor, sucht das Gute, Wahre, Schöne. Das entspricht dem im 19. Jh. herrschenden Klischee vom skrupellos vorgehenden Juden und dem treuherzigen, nach Idealen sich ausrichtenden Deutschen. Der große Publikumserfolg mag darauf zurückzuführen sein, gewiss aber auch auf die Sentimentalität, mit der der moralische Sieg des Guten über das Böse geschildert ist. Hans kämpft gegen widrigste Umstände als Idealist und gibt sich mit seinem Fränzchen und einer Hungerpfarre an entlegener Ostseeküste schließlich zufrieden, während Moses als Dr. Theophile Stein und konvertierter Katholik in Paris die höchsten Stufen der Gesellschaftsleiter erklimmt, dabei aber manches Leben zerstört.

Gegen den Vorwurf des Antisemitismus hat sich Raabe gewehrt und auf andere Werke hingewiesen mit positiven jüdischen Gestalten. Heute wird der Roman besonders wegen seiner Schwarz-Weiß-Malerei wenig geschätzt, mit Ausnahme der Schilderung des Lebens in der Kröppelstraße: Unter seiner Schusterkugel träumt Meister Anton Unwirrsch von Jakob Böhme und dessen »großem Hunger nach einem andern höhern und bessern Leben«; Oheim Grünebaum besteht die Misslichkeiten des Erdendaseins durch Renommisterei und lange Reden; die Base Schlotterbeck und Hans' Mutter sorgen für die dem Kind notwendige Wärme. Der Erzähler erinnert – durchaus nicht im Sinne eines Antisemiten – an die entwürdigende Behandlung Moses Mendelssohns beim Eintritt in die Stadt Berlin, an die mit dem »schauerlichen Hepphepp«-Geschrei verbundenen »infamen Quälereien« (denen auch Moses ausgesetzt ist) und lässt Hans mutig gegen solche »Niederträchtigkeit« vorgehen, woraus die Freundschaft resultiert und sich ihm im Trödelkeller des Vaters Samuel eine »ganz andere Welt«, eine weite, geistige Welt, eröffnet.

ROSEMARIE SCHILLEMEIT

Horacker

An seinen Verleger Grote schrieb Raabe am 10. Januar 1876 über diesen 1875 entstandenen und 1876 erschienenen Roman: »Es ist Mancherlei hineingearbeitet; und unter dem Scherz und Humor liegt ein Ernst, der sicherlich für eine längere Zeit sein Recht behaupten [...] wird.« Die Aufnahme – wenn man von Heyses brieflich geäußerter Begeisterung absieht – ist (zunächst) enttäuschend; heute wird das Buch außerordentlich geschätzt. Bei dem »Raubmörderidyll« – wie Raabe das Buch oxymorisch nennt (an Jensen 24. Dezember 1875) – geht es um einen jungen Burschen, Cord Horacker, den man zum »Mörder und Jungfernschänder« macht, obwohl er nur, wegen kleinerer Diebstähle in einer Besserungsanstalt gelandet, aus dieser ausbricht, weil man ihm zusteckte, seine Liebste sei ihm untreu geworden. Diese, Dortchen Achterhang, ehemals in der Obhut des Pfarrerehepaars Winckler, läuft, als sie von dem Gerücht hört, zu Fuß von Berlin nach Gansewinckel (= Boffzen bei Holzminden), wo sie, abgerissen und halb verhungert, wieder im Pfarrhaus Zuflucht findet. Im benachbarten Städtchen glaubt man das Gerücht ebenfalls, obwohl der Staatsanwalt öffentlich dagegen gesprochen hat.

Die Handlung setzt ein, als am Nachmittag des 25. Juli 1867 gegen drei Uhr Konrektor Eckerbusch und der junge Zeichenlehrer Windwebel auf dem Weg nach Gansewinckel im Wald auf den ›Delinquenten‹ stoßen, ihn einfangen und überreden können, sich den Behörden zu stellen. Inzwischen hat sich in der Stadt ein noch schlimmeres Gerücht verbreitet: Horacker habe zwei Schulmeister erschlagen, was den Staatsanwalt mit einem Gehilfen sowie die beiden Ehefrauen der Lehrer samt einem sie unwillig begleitenden Kollegen an den ›Tatort‹ treibt; den Juristen aber mehr seiner verlorenen Schnupftabaksdose wegen und Konrektorin Eckerbusch, weil sie ihren Mann, den »frivolen Sünder«, hinter der »Mordgeschichte« vermutet und ihren Teil an der Lösung der Krise haben möchte. So ist im Pfarrgarten schließlich eine zahlreiche Gesellschaft versammelt, die beim Punsch berät, wie dem jungen Paar zu helfen sei. Hauptperson der 150-Seiten-Geschichte mit ihrer auf wenige Stunden zusammengedrängten Handlung ist »der letzte Konrektor«, der sich, weil für ihn die moderne Losung »Stramm, stramm, stramm; Alles über einen Kamm« nicht gilt, wie ein seltener Vogel ausnimmt. Unbefangen, innerlich frei und zu jedem Schabernack aufgelegt, begegnet er der schalen Wirklichkeit.

Den Exkurs über »das schreckliche, das wundervolle, erhabene kleine Wort: man« hat Raabe gegenüber E. Sträter (5. Februar 1890) verteidigt (Horacker wie Dortchen haben das »man« zu spüren bekommen!). Die unauflösliche Verquickung von Pathos und Komik macht *Horacker* zu einem Juwel der humoristischen Literatur. ROSEMARIE SCHILLEMEIT

Gerhart Hauptmann

* 15. November 1862 in Ober-Salzbrunn/Schlesien (Szczawno Zdrój, Polen)
† 6. Juni 1946 in Agnetendorf/Schlesien (Jagniątków, Polen)

Kurzzeitige Studien in Breslau, Dresden und Berlin; Kontakte zu naturalistischen Kreisen um W. Bölsche, M. Kretzer, Heinrich und Julius Hart; verfasste nach dem spektakulären Theatererfolg und -skandal mit *Vor Sonnenaufgang* (1889) in rascher Folge eine große Anzahl von sozialkritischen Stücken und Komödien, auch Erzählungen; Welterfolg mit *Die Weber* (1892); 1912 Nobelpreis; 1914 publizistische Kriegsbegeisterung, nach 1918 Engagement für die Demokratie; im März 1933 Loyalitätserklärung für den Nationalsozialismus, private Distanz zum Faschismus; 1945/46 Ehrungen durch sowjetische Militärkreise und kommunistische Kulturfunktionäre, u.a. Johannes R. Becher.

Vor Sonnenaufgang

Das 1899 erschienene soziale Drama in fünf Akten wurde am 20. Oktober 1889 im Berliner Lessingtheater uraufgeführt. Die in einen Skandal mündende Uraufführung durch den Verein ›Freie Bühne‹ bedeutete nicht nur für den Autor, sondern auch für die naturalistische Bewegung insgesamt den spektakulären Durchbruch auf dem deutschen Theater. A. Holz feierte das Stück als »das beste Drama, das jemals in deutscher Sprache geschrieben« wurde. Theodor Fontane bemerkte unter dem Eindruck des Werks mit Richtung auf die offiziöse Kritik des Wilhelminischen Staates, die der neuen Kunstrichtung nur Ressentiments entgegenbrachte: »Es ist töricht, in naturalistischen Derbheiten immer Kunstlosigkeit zu vermuten. Im Gegenteil, richtig angewandt (worüber dann freilich zu streiten bleibt) sind sie ein Beweis höchster Kunst.« Mit Hauptmanns *Vor Sonnenaufgang* vollzieht das deutsche Drama den Anschluss an die Weltliteratur, an literarische Strömungen, die sich in Frankreich, Skandinavien und Russland mit den Werken É. Zolas, H. Ibsens und L. Tolstojs bereits durchgesetzt hatten und deren Einflüsse auf Hauptmann unverkennbar sind.

Der Verkauf seiner kohlefündigen Felder hat den schlesischen Bauern Krause reich gemacht; Müßiggang und Alkoholabhängigkeit bestimmen seither sein Leben. Zweimal nur erscheint er auf der Szene, beide Male torkelt er in den frühen Morgenstunden johlend nach Hause. Seine ältere Tochter, verheiratet mit dem Ingenieur Hoffmann, der seine sozialistischen Jugendideen längst zugunsten rücksichtsloser Profitmacherei über Bord geworfen hat, ist ebenfalls alkoholabhängig. Krause wird von seiner zweiten Frau betrogen, er selbst stellt seinen Töchtern nach. Hoffmann begehrt Helene, Krauses jüngere Tochter, die, dem Wunsch ihrer verstorbenen Mutter entsprechend, in Herrenhut erzogen wurde und in ihrer Reinheit inmitten der Familie ein leidvolles Leben führt.

In dieses Milieu dringt ein Jugendfreund Hoffmanns, Alfred Loth, ein, um eine sozialkritische Studie über das schlesische Kohlerevier zu schreiben. Mit äußerster Prinzipienstarrheit und leidenschaftlichem Einsatz verfolgt Loth seine sozialreformerischen Ideen. Sein »Kampf ist ein Kampf um das Glück aller«. Helene, die an Loth glaubt, hofft auf ihre Befreiung aus der verkommenen Umwelt; Loth hingegen sieht in ihr mehr die »Aufgabe«, die sich seinem Reformdogmatismus stellt. Ohne Skrupel und Zögern zerstört er dann auch die aufkeimende Liebe und verlässt Helene, als er vom Alkoholismus in ihrer Familie erfährt: Mit seinen Anschauungen über Vererbung und Rassenhygiene lässt sich diese Sucht nicht vereinbaren. Helene, deren letzte Hoffnung damit zerstört wird, ersticht sich.

Vor dem düsteren Hintergrund der Kohlegruben und ihrer Arbeiter scheint sich eine Familientragödie abzuspielen, doch zur Tragödie im herkömmlichen, klassischen Sinn kommt es gar nicht mehr: Das Bewusstsein von Tragik fehlt, zu eigenverantwortlichem Handeln sind die Figuren nicht imstande. Helene ist Opfer, nicht ›Heldin‹. Wenn auch äußerliche Formkriterien die Erfüllung der Regeln klassischer Poetik vermuten lassen, so sind es doch gerade diese Konventionen, die durch das Stück in Frage gestellt werden. Vor allem das Vertrauen zur Sprache, die überdies in ein Spannungsverhältnis von Dialekt und Hochsprache eintritt, scheint verloren. Gebärde und stummes Spiel übernehmen vielfach die Funktion der Rede. Ausführliche Regieanweisungen markieren die Tendenz zum Epischen, die für das soziale Drama kennzeichnend ist. Sie entfaltet sich hier aus der Familienthematik: Formen des Zerfalls und das unverbundene Nebeneinander der Menschen treten an die Stelle gewohnter Harmonie und Einheit. So bedarf es auch der – in der literaturwissenschaftlichen Forschung bis heute kontrovers diskutierten – Figur des von außen kommenden Alfred Loth, damit sich die dramatische Handlung überhaupt entfalten kann. Hauptmanns dramatischer Erstling steht damit am Beginn jener Dramen der Moderne, denen die eigene Gattung zum Problem geworden ist. GUNTER REISS

Theodor Storm

* 14. September 1817 in Husum (Deutschland)
† 4. Juli 1888 in Hademarschen (Deutschland)

1837–1842 Jura-Studium; 1843–1852 Rechtsanwalt in Husum; 1853–1864 Gerichtsassessor und Kreisrichter in Potsdam und Heiligenstadt; 1864–1880 Landvogt, Amtsrichter und Amtsgerichtsrat in Husum; 1880–1888 Alterssitz in Hademarschen in Holstein; dem eigenen Selbstverständnis nach vor allem Lyriker; einer der ästhetisch bedeutendsten und marktstrategisch erfolgreichsten Novellisten des ›Poetischen Realismus‹.

Hans und Heinz Kirch

Die 1882 erschienene Novelle verarbeitet die Geschichte eines Schiffers und seines Sohnes, die sich in Heiligenhafen an der Ostsee zugetragen haben soll, wie Storms Schwiegersohn Gustav Haase dokumentierte. Zugleich hat sie ebenso wie die Erzählung »Carsten Curator« einen autobiographischen Hintergrund: Sie entstand »unter dem Bann« eines auf Storm lastenden »Gemüthsdrucks« über seinen erblich belasteten Sohn Hans. Dieser hatte erst nach elfjährigem Studium sein medizinisches Examen abgelegt und danach durch seine Alkoholabhängigkeit nicht nur Gesundheit und Ruf, sondern auch seine Existenz als Arzt in Heiligenhafen ruiniert.

Hans Kirch, ein kleiner Schiffseigner, bringt es mit Fleiß, Ehrgeiz und menschlicher Härte zu einigem Wohlstand und sieht es als selbstverständlich an, dass sein Sohn Heinz, der zunächst mit dem Vater reist und dann als Matrose auf große Fahrt geht, später sein Nachfolger wird. Aber die Briefe des Sohnes, der noch am Abend vor der Abreise vom Vater wegen seiner verspäteten Heimkehr gedemütigt wird, bleiben aus. Hans Kirch weigert sich, für einen letzten unfrankierten Brief des Sohnes »30 Schillinge« Nachporto zu zahlen – der Bezug zur Judasgeschichte wird deutlich –, und lässt das Schreiben zurückgehen. Der Sohn gilt als verschollen, bis er nach 17 Jahren zurückkehrt und vom Vater aus Hamburg heimgeholt wird. Hans Kirch kann in dem völlig veränderten Heimkehrer den ›verlorenen Sohn‹ nicht mit Sicherheit erkennen. Erneut wächst sein Groll gegen Heinz, der sich dem ihm vorgezeichneten »Stufengang der bürgerlichen Ehren« verweigert und dem Vater so nur Schande bereitet habe. Schließlich kommt es zum endgültigen Bruch: Heinz verlässt das Elternhaus für immer, und Hans geht an der Einsicht in sein schuldhaftes Verhalten zugrunde (»Ich bin Hans Kirch, der seinen Sohn verstoßen hat, zweimal!«).

Storm stellte hier den Vater-Sohn-Konflikt aus einer im Vergleich zu »Carsten Curator« völlig veränderten Perspektive dar. Während sich die ›Tragödie‹ dort aus dem schuldhaften Verhalten des Sohnes entwickelt, wird sie in »Hans und Heinz Kirch« eindeutig vom Vater ausgelöst, an dessen Egoismus und bürgerlicher Verbohrtheit beide zerbrechen. Indem Storm die gesellschaftlichen Bedingungen von Hans' Verhalten aufzeigt (Hans ist Produkt eines Milieus, dessen Wertvorstellungen er internalisiert und pervertiert), relativiert er die biblisch vorgegebenen Erklärungsmuster und verlagert so die Schuldfrage auf eine ›psychologisch realistische‹ Ebene. Mit der Darstellung dieser modernen Form der ›Tragik‹ zeigt Storm, dass »die Novelle, trotz ihrer dehnbaren Form, auch als die epische Schwester des Dramas auftreten kann«.

CLAUDIA STOCKINGER

182 Der Schimmelreiter

Die 1888 erschienene, letzte (und neben *Immensee* erfolgreichste) Novelle des Autors verlegt eine ursprünglich westpreußische, an der Weichsel spielende Deichsage (»Der gespenstige Reiter«) an die nordfriesische Küste. Die sagenumwobene Gestalt des genialen Deichbauers Hauke Haien entsteht in einer zweifach verschachtelten Erzählkonstruktion, die zum einen auf die unsichere Überlieferungslage verweist, zum anderen den Wahrheitsgehalt sowohl der phantastischen als auch der realistischen Elemente des Geschehens offenlässt. Der Rahmenerzähler erinnert sich an die frühe Lektüre eines »Zeitschriftenheftes«, dessen Inhalt er im Folgenden aus dem Gedächtnis rekonstruiert. Er leitet damit in die erste Binnenerzählung über, in der ein zweites Erzähler-Ich davon berichtet, während eines Unwetters auf dem Deich einem geheimnisvollen Reiter auf einem Schimmel begegnet zu sein. In einem Gasthof Schutz suchend, trifft er dort auf einen alten Schulmeister, der im Rahmen einer zweiten Binnenerzählung möglichst objektiv über Hauke Haiens Leben zu berichten vorgibt, indem er explizit zwischen historiographisch verbürgten Bestandteilen (im ersten Teil seiner Erzählung) und ›abergläubischen‹ Elementen (im zweiten Teil) unterscheidet.

Schon als Kind widmet sich Hauke Haien, hochbegabt und einzelgängerisch, ein Autodidakt ohne ererbten Besitz, der Deichbaukunst. Später tritt er als Knecht in den Dienst des alten Deichgrafen, dessen Tochter

Elke er nach dem Tod ihres Vaters heiratet. Hauke übernimmt nun selbst das Amt des Deichgrafen, für das er sich bereits zuvor durch technische Kenntnisse und unermüdlichen Arbeitseinsatz qualifiziert hatte. Mit verbissener Tatkraft begegnet er dem Vorwurf, er sei nur durch seine Ehe Deichgraf geworden, ein Vorwurf, den sein größter Feind, der ehemalige Großknecht Ole Peters, geschickt auszunutzen weiß. Gegen die Trägheit, Skepsis und Missgunst der Dorfbewohner setzt Hauke seinen gewaltigen Plan durch, einen neuen, architektonisch kühnen Deich zu bauen. Privates Glück aber bleibt ihm versagt: Sein Kind, das nach Jahren des Wartens geboren wird, ist geistig behindert. Einsamkeit und Krankheit schwächen Haukes Widerstandskraft, und in einem Augenblick der Verzagtheit gibt er seinem Gegenspieler Ole Peters nach und wird damit sich und seinem Werk untreu. Dieses Versagen führt seinen Untergang herbei: Eine schwere Sturmflut vernichtet seine Familie, und Hauke Haien stürzt sich mit seinem Schimmel in die entfesselten Fluten. Nach Haukes Tod lässt die Sage den gespenstischen Reiter immer dann erscheinen, wenn Unwetter die Deiche bedrohen.

Die Novelle lebt aus der Spannung zwischen ›Aberglaube‹ und ›Realismus‹: Storm wies selbst mehrfach auf die Schwierigkeiten hin, die sich daraus ergaben, »eine Deichgespenstsage auf die vier Beine einer Novelle zu stellen, ohne den Charakter des Unheimlichen zu verwischen«. Auf dieser Grundlage bietet der Text einen durchaus ambivalenten Blick auf das Geschehen, das die Figur des Schimmelreiters zwischen Selbstlosigkeit und Egomanie ansiedelt, das dessen Handeln aus Herkunft, sozialem Umfeld und historischer Situation zwar klar motiviert, in der abergläubischen Rede aber zugleich mystifiziert. Was bleibt, ist zum einen Haukes und Elkes Liebe, die weder eine neidische Umwelt noch berufliche Rückschläge, Kinderlosigkeit oder die Geburt eines behinderten Kindes erschüttern können, zum anderen »der Hauke-Haiendeich«, der wie kein Deich zuvor »noch jetzt nach hundert Jahren« Bestand hat. In diesem Sinne gelingt Storm mit seinem *Schimmelreiter* ein überwältigendes Bekenntnis zur Humanität. CLAUDIA STOCKINGER

Theodor Fontane

* 30. Dezember 1819 in Neuruppin/Brandenburg (Deutschland)
† 20. September 1898 in Berlin (Deutschland)

(d.i. Henri Théodore Fontane) – Sohn eines Apothekers, Kindheit in Neuruppin/Brandenburg, 1827 Übersiedlung nach Swinemünde, 1832–1833 Gymnasium Neuruppin, dann Gewerbeschule in Berlin; 1836–1843 Apothekerlehrling in Berlin und -gehilfe in Leipzig, Dresden und Letschin; 1839 erste Novelle; 1844 freiwilliger Militärdienst, Mitglied des literarischen Vereins ›Tunnel über der Spree‹ (bis 1865), 1847 Approbation als Apotheker, Teilnahme an der 1848er-Revolution, 1849 freier Schriftsteller; erste Buchveröffentlichung; 1850 Rückkehr nach Berlin; 1852 und 1855–1859 Journalist in London; 1874–1876 Reisen nach Österreich, Italien und in die Schweiz; umfangreiches Prosaschaffen (über 15 Romane und Novellen) in den letzten zwei Lebensjahrzehnten; Romancier, Erzähler, Lyriker, Journalist, Theater- und Literaturkritiker.

Frau Jenny Treibel oder »Wo sich Herz zum Herzen find't«. Roman aus der Berliner Gesellschaft

Der 1892 erschienene Roman soll nach den Worten des Autors »das Hohle, Phrasenhafte, Lügnerische des Bourgeoisstandpunktes [...] zeigen, der von Schiller spricht und Gerson meint« (Brief an den Sohn Theo vom 9. Mai 1888). Exponentin dieses Standpunkts ist die Berliner Kommerzienrätin Jenny Treibel, die in die Köpenicker Straße aufgestiegene Tochter eines Kolonialwarenhändlers aus der Adlerstraße. Sie lädt Corinna, die Tochter ihres Jugendfreundes, des jetzigen Professors Willibald Schmidt, zu einem Diner ein. Dort entfaltet die intelligente und geistreiche Corinna ihren ganzen Charme und Witz, zum Entzücken des jungen Engländers Mr. Nelson, der Ehrengast des Abends ist. Tatsächlich aber brennt sie dieses Feuerwerk nur ab, um Leopold Treibel, den jüngeren Sohn der Gastgeber, für sich einzunehmen, wie ihr Vetter Marcell Wedderkopp, der sie liebt, mit schmerzlicher Eifersucht beobachtet. Auf dem Heimweg gibt sie Marcell zu verstehen, dass sie entschlossen ist, den ihr geistig und an Vitalität weit unterlegenen Leopold zu heiraten, um sich damit eine bessere gesellschaftliche Position zu erobern.

Auf einem Ausflug nach Halensee findet sich einige Tage später die Gesellschaft wieder zusammen. Jenny, am Arm Willibald Schmidts promenierend, gedenkt unter Tränen der vergangenen Zeiten und beteuert, dass sie »in einfacheren Verhältnissen und als Gattin eines in der Welt der Ideen und vor allem auch des Idealen stehenden Mannes wahrscheinlich glücklicher geworden wäre« – ganz im Sinne des Gedichts, das ihr Willibald einst widmete und in dem er nur dort wahres Leben sah, »wo sich Herz zu Herzen find't«. Währenddessen entlockt Corinna Leopold geschickt ein Liebesgeständnis und verlobt sich mit ihm; Frau Jenny ist außer sich. Ihr heftiger Widerstand richtet sich weniger gegen die Person Corinnas als gegen die Tatsache ihrer Mittellosigkeit. Zwar versucht der alte Treibel, »der ein guter und auch ganz kluger Kerl« ist, seiner Frau das Empörende und Überhebliche ihres Standpunktes klarzumachen, aber dann siegt doch der Bourgeois in ihm: »Wenn sie am Ende doch recht hat?« Nun erscheint Jenny eine von ihr bis dahin weit von sich gewiesene Verlobung ihres Sohnes mit Hildegard Munk, der Schwester ihrer Schwiegertochter Helene, immer noch wünschenswerter als eine Verbindung mit Corinna, denn Hildegard entstammt immerhin der Familie eines wohlhabenden Hamburger Holzhändlers. Leopold, der Corinna aufrichtig liebt, beteuert ihr in täglichen Briefen zwar stets aufs Neue seine Entschlossenheit, sich gegen die Mutter durchzusetzen, doch ist er zu weich und energielos, um dem Entschluss die Tat folgen zu lassen. Corinna, tief gelangweilt und sich allmählich über die Beweggründe der Kommerzienrätin – die auch beinahe ihr eigenes Handeln bestimmt hätten – klar werdend, gibt Leopold frei und heiratet Marcell, der als Archäologe und zukünftiger Professor ihrer eigenen Welt angehört. Auf der Hochzeit finden sich die beiden Familien Treibel und Schmidt wieder in alter Freundschaft vereint.

Mehr andeutend als ausführend, geben die Dialoge dennoch ein klares und umfassendes Bild der Sprechenden und der Welt, in der sie leben. Es ist auch Fontanes eigener Lebenskreis, den der Roman in autobiographischen Anspielungen zitiert; so spricht aus Willibald Schmidts ironischer Ablehnung des bourgeoisen Protzentums der Autor selbst, und so tragen Frau Jenny und Corinna Züge von Fontanes Schwester und Tochter. AXEL DILLER

Effi Briest

Der 1890 begonnene, 1894/95 in der *Deutschen Rundschau* und 1895 als Buch erschienene Roman greift eine Ehetragödie auf, die in den 1880er Jahren Aufsehen erregt hatte: 1886 duellierte sich der preußische Offizier Armand von Ardenne mit dem Düsseldorfer Amtsrichter Emil Hartwich, dem er eine Affäre mit seiner Ehefrau Elisabeth, geb. v. Plotho, unterstellte. Fontane erfuhr nähere Einzelheiten im Hause von Carl Robert Lessing; daneben gestaltete auch Friedrich Spielhagen den Stoff in seinem Roman *Zum Zeitvertreib* (1896).

Im Hause des Ritterschaftsrats von Briest auf Hohen-Cremmen hält ein Jugendfreund Frau von Briests, Baron von Innstetten, um die Hand der Tochter des Hauses an. Die Stellung Innstettens – er ist Landrat des Kreises Kessin in Hinterpommern –, seine vielversprechende berufliche Zukunft, sein Ruf als »Mann von Charakter« machen eine Verbindung wünschenswert; und so folgt die 17-jährige und noch kindliche Effi dem mehr als 20 Jahre Älteren in sein Kessiner Haus, ohne eine rechte Vorstellung von der Ehe zu haben, ja ohne den zeremoniell-steifen Innstetten eigentlich zu lieben. Nachdem das Ungewohnte der neuen Umgebung zunächst anregend auf Effi gewirkt hat, langweilt sie sich, von ihrem Mann oft allein gelassen, bald in dem gesellschaftlich unergiebigen Kessin. Zudem wird sie durch merkwürdige Spukgeräusche und

-erscheinungen geängstigt, ohne bei ihrem Mann Verständnis und Trost zu finden. Die Geburt einer Tochter lässt Effi reifer und fraulicher werden; aber auch das Kind kann sie aus ihrer inneren Vereinsamung nicht befreien. Allmählich und fast gegen ihren Willen entwickelt sich eine Liebesbeziehung zwischen ihr und dem neuen Bezirkskommandanten Crampas, einem erfahrenen, leichtsinnigen »Damenmann«, dem »alle Gesetzmäßigkeiten [...] langweilig« sind. Das Verhältnis bleibt jedoch ohne Leidenschaft, das Verbotene und Heimliche ihres Tuns ist Effis offener Natur zuwider. So begrüßt sie es als Erlösung, dass Innstetten nach Berlin versetzt wird und die Beziehung zu Crampas damit ein unauffälliges Ende findet.

Das Ehepaar verlebt ruhige und harmonische Jahre in Berlin. Da findet Innstetten eines Tages während der Abwesenheit seiner Frau die Briefe, die Crampas in Kessin an Effi geschrieben hat. Er fühlt sich tief in seiner Ehre verletzt, und wenn auch keinerlei Gefühl von Hass oder Rachsucht in ihm aufkommt, sieht er doch keinen anderen Weg zur Wiederherstellung seines Ansehens vor sich selbst und der Welt, als Crampas zum Duell zu fordern; Crampas fällt. Obwohl Innstetten sich der Fragwürdigkeit des geltenden Ehrbegriffes bewusst ist, obwohl er erkennt, dass »alles einer Vorstellung, einem Begriff zuliebe« geschehen ist, »eine gemachte Geschichte, halbe Komödie« war, kann er sich doch über die Gebote der Gesellschaft nicht hinwegsetzen: »Und diese Komödie muß ich nun fortsetzen und muß Effi wegschicken und sie ruinieren, und mich mit […].« Er lässt sich von seiner Frau scheiden; das Kind bleibt bei ihm. Da Effis Eltern ihr aus gesellschaftlichen Rücksichten die Zuflucht in Hohen-Cremmen verweigern, lebt sie fortan zusammen mit dem Kindermädchen ihrer Tochter Annie in einer bescheidenen Berliner Wohnung. Dort findet auf ihr wiederholtes Bitten ein Wiedersehen mit der nun zehnjährigen Annie statt. Aber die Begegnung ist schmerzlich und bitter: Das Kind ist der Mutter entfremdet und verhält sich, offensichtlich vom Vater dazu angehalten, abweisend. Nach diesem Besuch bricht Effi, die schon lange kränkelt, zusammen. Auf Vermittlung ihres Arztes holen die Eltern die Todkranke endlich heim; dort klingt ihr Leben aus. Dem vereinsamten, freudlos dahinlebenden Innstetten aber bleibt nur das Bewusstsein, »daß es ein Glück gebe, daß er es gehabt, aber daß er es nicht mehr habe und nicht mehr haben könne«.

Bereits die zeitgenössische Kritik hatte den an Flauberts *Madame Bovary* (1956) erinnernden Roman, der zu Fontanes größtem Erfolg wurde, als Alterswerk klassifiziert. Fontane erzählt die Geschichte Effi Briests unaufgeregt, ohne Pathos und mit distanzierter Ironie; eine direkte Anklage erhebt er so wenig, wie er eine Schuldfrage aufwirft, obgleich am Anachronismus des preußischen Offiziers- und Ehrenkodexes kein Zweifel bleibt. So wenig sich Effi in ihrer seelischen Isolierung dem Verhängnis entziehen kann, so wenig ist es dem korrekten Innstetten möglich, anders als nach den Normen der Gesellschaft zu handeln. Nur in Andeutungen schildert Fontane die entscheidende Beziehung zwischen Effi Briest und Crampas: Effis lange, einsame Spaziergänge, ihr verändertes Wesen und Aussehen – viel mehr erfährt der Leser nicht. Das, was in den Redenden und Handelnden vorgeht, was sich entwickelt und was entschieden wird, kann sich nicht artikulieren in jenem Geflecht von Zwängen und Konventionen, denen diese Menschen unterliegen.

AXEL DILLER

MIX
Papier aus verantwortungsvollen Quellen
FSC® C013736

Gedruckt auf chlorfrei gebleichtem, säurefreiem und alterungsbeständigem Papier

Bibliografische Information der Deutschen Nationalbibliothek
Die Deutsche Nationalbibliothek verzeichnet diese Publikation in der Deutschen Nationalbibliografie; detaillierte bibliografische Daten sind im Internet über http://dnb.d-nb.de abrufbar.

ISBN 978-3-476-04051-0

www.metzlerverlag.de
info@metzlerverlag.de

Gestaltung: Finken & Bumiller, Stuttgart
(Umschlagfoto: photocase.com / Seleneos)
Satz: Dörlemann Satz, Lemförde
Druck und Bindung: Kösel, Krugzell · www.koeselbuch.de

Printed in Germany
Verlag J.B. Metzler, Stuttgart